선을 넘는 한국인
선을 긋는 일본인

한민

엄혹한 생태 여건 속에서 종족 유지와 서식지 확대를 꾀하고 있는 토종 문화심리학자다. 문화를 사회 현상에 접근하는 새로운 틀로써 이해하고 있으며, 한국인의 마음 이론은 한국인이 만들어야 한다는 생각을 하고 있다. 일본을 이해하려는 노력만큼 한국과 한국인을 이해하려는 노력이 필요하다고 느껴, 같은 집단주의 문화로 분류되지만 엄연한 차이가 있는 두 나라를 문화심리학의 관점에서 연구해 오고 있다.

고려대학교 심리학과를 졸업하고, 같은 학교 대학원에서 심리학 석사, 박사 학위를 받았다. 미국 클라대학교의 얀 발지너 교수 연구실에서 박사 후 과정을 보냈으며 고려대학교, 충북대학교, 숙명여자대학교, 우송대학교 등에서 10여 년간 심리학과 문화심리학을 가르쳤다. 현재는 고려대학교 세종캠퍼스 교양교육원에서 강의하고 있다.

대표 저서로《슈퍼맨은 왜 미국으로 갔을까》《우리가 지금 휘게를 몰라서 불행한가》《개저씨 심리학》《문화심리학》(공저)《신명의 심리학》(공저) 등이 있다. 카카오 브런치와 네이버 밴드 '한선생 문화심리학', 유튜브 채널 '5분 심리학'에서 거침없는 입담과 귀에 쏙쏙 들어오는 설명으로 문화와 마음 이야기를 전하고 있다.

브런치 brunch.co.kr | @onestepculture
네이버 밴드 band.us | @hansculture

선을 넘는 한국인 선을 긋는 일본인

초판 1쇄 발행 2022년 1월 20일 | 초판 6쇄 발행 2023년 11월 30일

지은이 한민 | **발행인** 박윤우 | **편집** 김송은 김유진 성한경 장미숙 | **마케팅** 박서연 이건희 이영섭 정미진 | **디자인** 서혜진 이세연 | **저작권** 백은영 유은지 | **경영지원** 이지영 주진호 | **발행처** 부키(주) | **출판신고** 2012년 9월 27일 | **주소** 서울시 마포구 양화로 125 경남관광빌딩 7층 | **전화** 02-325-0846 | **팩스** 02-325-0841 | **이메일** webmaster@bookie.co.kr | **ISBN** 978-89-6051-908-4 03180

※ 잘못된 책은 구입하신 서점에서 바꿔 드립니다.

만든 사람들
편집 김동준 | **편집 진행** 김정현 | **디자인** 이세연

선을 넘는 한국인

심리학의 눈으로 보는
두 나라 이야기

선을 긋는 일본인

한민 지음

부·키

차례

프롤로그 골든 크로스는 이미 시작됐다   007

1부 ◆ 한국 문화와 일본 문화 이렇게나 다릅니다

먹방의 나라 한국 vs 야동의 나라 일본   017

쎈 언니들의 나라 한국 vs 귀여운 소녀들의 나라 일본   026

온라인 게임의 한국 vs 콘솔 게임의 일본   033

떼창하는 한국인 vs 감상하는 일본인   040

막장의 한국 드라마 vs 이세계의 일본 애니   047

욕하는 한국인 vs 예의 바른 일본인   056

사람을 믿는 한국인 vs 시스템을 믿는 일본인   061

반일의 이유 vs 혐한의 이유   068

한국의 국뽕 vs 일본의 국뽕   077

오냐오냐 한국 부모 vs 칼 같은 일본 부모   084

문화 읽기의 디딤돌: 문화를 어떻게 이해해야 할까   094

2부 ◆ 한국인과 일본인의 '종특'의 탄생

표정이 큰 한국의 탈 vs 표정 없는 일본의 탈　　　103

주체성 자기의 한국인 vs 대상적 자기의 일본인　　　111

한국인의 정 vs 일본인의 아마에　　　118

선을 넘는 한국인 vs 선을 긋는 일본인　　　128

한국의 갑질 vs 일본의 이지메　　　135

자기애성 성격의 한국인 vs 회피성 성격의 일본인　　　145

한국인의 동일시 vs 일본인의 환상　　　153

감정적 한국인 vs 이성적 일본인　　　162

한국인의 화병 vs 일본인의 대인공포증　　　170

산으로 들어가는 자연인 vs 방으로 들어가는 히키코모리　　　177

문화 읽기의 디딤돌: 개미가 코끼리를 이해하는 방법　　　184

3부 ◆ 문화를 뜯어 보면 숨은 그림이 보인다

한을 품은 한국 귀신 vs 자리를 지키는 일본 귀신　　　193

삼세판의 씨름 vs 단판의 스모　　　201

영웅이 된 도둑 vs 강한 자가 영웅　　　208

'날 넘고 가라' 한국의 스승 vs '나만 따라 해라' 일본의 스승　　　218

미륵의 한국 vs 지장의 일본　　　225

괜찮아요? vs 다이죠부?　　　232

한국인의 부끄러움 vs 일본인의 하지　　　238

분노하는 한국인 vs 혐오하는 일본인　　　247

한국의 어울림 vs 일본의 와　　　257

아버지면 죽이고 보는 한국 vs 아버지를 죽이지 못한 일본　　　265

한국의 '알다' vs 일본의 '와카루'　　　273

문화 읽기의 디딤돌: 다른 나라 문화를 본받기 어려운 이유　　　281

4부 ◆ 한국인과 일본인의 심층 심리

한류는 어디서 비롯되었을까 289

왜 한국인들은 고속버스춤을 출까 295

'한'이란 무엇일까 301

곰과 호랑이는 왜 사람이 되고자 했을까 308

프로불편러들의 나라 315

드립의 민족 321

'찢었다'는 말은 어디서 왔을까 326

일본인은 왜 빈집에 돌아와서도 인사를 할까 333

일본인에게 '벽'이란 무엇일까 339

일본에는 왜 변신물이 많을까 346

일본 애니 주인공은 왜 필살기에 집착할까 354

거인과 제국주의의 향수 359

일본인이 선을 넘는 경우 368

포켓몬스터로 본 일본의 친구 개념 374

문화 읽기의 디딤돌: 문화 연구에 무의식이 중요한 이유 383

에필로그 종의 나라 vs 칼의 나라 389

골든 크로스는
이미 시작됐다

한국의 위상이 달라졌습니다. 일찌감치 세계 10위권의 경제력과 군사력을 갖췄고 올림픽, 월드컵 등 스포츠에서도 좋은 성적을 냈으나 항상 미진함이 남아 있던 문화에서조차 세계적인 영향력을 갖게 된 것입니다. 2000년대 중반부터 언젠가 이런 날이 오리라 믿었던 저였지만 이렇게 갑자기 그날이 오리라고는 예상하지 못했습니다.

빌보드 1위(BTS), 아카데미 수상(〈기생충〉〈미나리〉), 넷플릭스 1위(〈오징어 게임〉〈지옥〉) 등 당장 눈에 띄는 지표들뿐만이 아닙니다. 한류에 힘입어 한국어를 배우려는 외국인들이 급속도로 늘고 있고 한국 드라마나 영화를 이해하기 위해 한국의 역사와 문화를 공부하는 이들도 많아지고 있습니다. 한두 명의 스타에서 콘텐츠로, 콘텐츠에서 문화로 이어지는 3차 한류의 시작이라 할 수 있겠습니다.

참으로 상전벽해라고 할 만합니다. 한국이 꽤 괜찮은 나라일 때의 기억이 많을 요즘 젊은이들에게는 잘 와닿지 않을 이야기지만, 제가 자랄 때만 해도 한국의 문화적 역량은 그야말로 비웃음의 대상이었거든요. 너도 나도 "난 한국 영화 안 봐, 난 한국 노래 안 들어" 같은 말로 자신의 고상함을 드러내던 때가 있었죠.

우리가 특히 열등감을 느꼈던 나라는 일본이었습니다. 초강대국 미국이나 현대 문명의 초석을 놓았던 유럽도 부러움의 대상이기는 했습니다만, 한때(삼국시대) 우리가 문명을 전해 준 나라라는 인식 때문이었을까요, 창피하게도 그 나라에 식민 지배를 당했던 기억 때문이었을까요. 한국인들은 특히 일본에 뒤처진다는 사실을 힘겨워했던 것 같습니다. 오죽하면 "가위바위보를 해도 일본은 이겨야 한다"라는 말이 있었겠습니까.

그러나 식민지 시절과 전쟁을 겪고 현대 국가의 꼴을 갖춰 가기 시작하던 한국에 일본은 그야말로 넘사벽, 넘을 수 없는 4차원의 벽이었습니다. 휘황찬란한 거리, 세련되고 화려한 패션, 최첨단의 전자제품과 더불어 아이들의 눈을 사로잡았던 애니메이션과 만화, 게임 등 일본은 모든 면에서 한국에 저만치 앞서 있는 나라였죠.

여러모로 발버둥쳤지만 한국인들은 오랫동안 어쩔 수 없는 현실의 벽을 느껴야만 했고, 일부 어른들의 자조 섞인 "한국은 어차피 일본 따라간다"라는 말이 씁쓸하게 들려오곤 했습니다. 최근의 어느 시점까지도 일본을 이긴다는 것은 상상할 수 없는 일이었고, 2019년 한국에 대한 갑작스러운 일본의 '무역 제재'는 일본에 대한 열등감과 공포를 극대화했던 사건이었죠.

한국이 본격적으로 일본에 대한 자신감을 얻게 된 시점은 바로 그 무역 제재를 별다른 타격 없이 벗어나면서부터였을 겁니다. 한국의 정부와 기업들은 전력으로 대안을 모색했고 국민들은 일본 물품 불매운동 등으로 대항했습니다. 일본한테는 안 될 거라며 포기하려는 이들도, 저러다 말겠지 하며 비아냥거리는 이들도 있었지만 일본이 야심차게(?) 시행한 무역 제재의 결과는 놀랄 만큼 미미했습니다.

그리고 작년부터 전 세계를 뒤덮은 코로나 팬데믹 또한 일본에 대한 우리의 시각을 재정립하는 계기가 되었습니다. 우리나라가 드라이브스루 검사, 확진자 동선 공개, 마스크 5부제 시행 등 빠른 대처로 K-방역이라는 브랜드를 만들어 갈 때, 일본에서는 코로나 초기 어떻게든 확진자 수가 적어 보이게 하려고 애썼던 소위 '크루즈국 사건'부터 우편과 팩스로 이루어지는 재난지원금 행정, 확진자들에 대한 차별과 따돌림, '검사를 하지 않으면 확진자가 없다'는 식의 정부와 당국의 태도 등 위기 대처의 표본으로 불렸던 과거 일본의 모습을 찾아보기가 어려웠죠.

아직은 우리가 일본을 앞질렀다 말할 수는 없습니다. 누가 뭐래도 일본은 세계 3위의 경제대국이고 게임, 애니메이션 등 문화적 영향력도 상당합니다. 그러나 오랫동안 '넘사벽'이었던 일본은 더 이상 없습니다. 많은 분야에서 한국은 일본과 어깨를 나란히 하고 있고 심지어 어떤 분야는 일본을 넘어서고 있죠.

어떻게 이런 일들이 가능했을까요? 한국인이 일본인보다 잘나서? 훌륭한 유전자를 타고나서? 매우 위험한 생각입니다. 전혀 사실도 아니고요. 그랬으면 우리가 일제강점기를 겪는 일도 없었겠죠. 세계사에서 누군가가 앞서고 누군가가 뒤처지는 일은 흔합니다. 잘난 민족이 계속 잘나가는 거라면 지금 세계를 지배하는 건 이집트여야 할 겁니다. 그 이유를 유전자같이 타고나는 자질에서 찾으려는 행위는 현대사회의 지성인이라면 해서는 안 될 일입니다.

답은 문화에 있습니다. 일본이 세계정세에 재빠르게 대응해서 아시아 최초의 선진국이 되고 전 세계에 오랫동안 영향력을 끼쳐 온 것이나, 한국이 국권을 빼앗기고 동족상잔의 비극과 분단을 겪으며 경제적으로, 문화적으로 오랫동안 일본을 비롯한 선진국들의 뒤를 쫓는 신세였다는 사실도 두 나라의 문화에서 답을 찾을 수 있습니다. 일본이 잃어버린 N십 년을 지나며 여러모로 침체된 모습을 보이고 있는 이유와 한국이 같은 기간 정치, 경제, 군사, 문화에 이르도록 약진하고 있는 이유 또한 문화에 있습니다.

일본의 경제 제재(?)가 시작되면서 일본을 이해하려는 시도들은 많이 있었습니다. 전문가들의 책도 많이 나오고 일본에 대해 조금 안다는 유튜버들도 나름 조회수를 뽑았죠. '저 인간들이 도대체 왜 저럴까?' 일본과 일본인에 대한 의문은 한국인의 평생 숙제와 같은 것입니다. 사실 이어령 선생님의 《축소 지향의 일본인》으로부터 전여옥 전 의원의 《일본은 없다》, 몇 분 안 계시는 문화심리학자 김정운 선배님의 《일본 열광》 등 일본 이해에 대한 책들은 종종 있어 왔죠.

하지만 이와는 별개로 한국과 한국인을 이해하려는 노력은 그에 미치지 못했던 듯합니다. 아예 없었던 것은 아니지만 별로 주목을 받지 못하거나 '객관성이 부족한 자기중심적 해석'으로 받아들여질 때가 많았죠. 그래서 저는 한국과 일본을, 한국 문화와 일본 문화를 비교해 보려고 합니다. 물론 유치하게 한국의 장점과 일본의 단점을 비교하겠다는 말씀이 아닙니다.

사람들에게는 문화와 관계없이 보편적인 욕구가 있습니다. 먹고 자고 사랑하고, 남보다 우월해지고 싶고 힘 있는 사람이 되고 싶은 욕구가요. 그러나 그러한 욕구를 충족하는 방식이 모두 같지는 않습니다. 제가 비교하고자 하는 부분은 인간의 보편적 욕구에 대한 한국과 일본, 두 나라의 대처 방식입니다.

그 면에서 한국인과 일본인은 커다란 차이를 보입니다. 지난 세월 동안 일본이 앞서고 한국이 뒤처졌던 이유도, 일본이 주춤거리는 동안 한국이 바싹 뒤를 따라잡은 이유도 여기에 있습니다. 또한 앞으로 일본이 다시 일어서고 한국이 내리막을 걷는 날이 온다면 그 이유도 여기서 찾을 수 있을 겁니다.

이 책의 글은 다양한 문화심리학의 이론과 나름 학술적으로 숙성된 견해를 가지고 쓴 글입니다. 제 견해가 마음에 들지 않으실 수 있습니다만 근거가 없거나 상상만으로 제 주장을 펼친 것이 아니라는 사실은 알아 주시기 바랍니다. 생각이 다른 분의 반론이나 토론은 언제든 환영입니다.

그러나 자기 견해 없는 학자들이 흔히 그러듯, 객관의 뒤에 숨어 술에 술 탄 듯 물에 물 탄 듯 하나 마나 한 소리로 독자 여러분의 시간을 뺏지 않겠습니다. 그것만은 확실합니다. 제 전작《슈퍼맨은 왜 미국으로 갔을까》에서도 말씀드렸습니다만, 여러분은 공부 많이 한 사람이 자신 있게 쓴 책을 읽으실 자격이 있습니다.

저는 이 책을 우선 저와 비슷한 분들을 위해 썼습니다. 〈마징가Z〉가 우리나라 만화가 아니라는 것을 알고 충격에 빠졌던,《슬램덩크》를 읽고 소니를 들으며 일본에 대한 선망과 열등감을 동시에 지니고 성장기를 보낸 분들 말이죠. 아마도 저와 동년배(?)일 그분들이 이제는 떳떳한 마음으로 세상을 바라보는 데 도움이 됐으면 하고요.

또 한편으로는 한국이 못 나갔던 시절을 잘 모르는 청년들도 이 책을 봐 주었으면 좋겠다는 생각을 합니다. 어느 나라든 흥망성쇠가 있습니다. 잘나갈 때가 있으면 쇠퇴할 때도 오겠죠. 오늘의 짜릿한 국뽕 한잔에 만족하지 말고 언제든 찾아올 위기를 대비하고 극복할 수 있는 혜안을 갖게 되시길 바랍니다. 물론 제 책 한 권으로 그렇게 되긴 어렵겠지만 세상에 대한 거시적인 시각을 갖춰야겠다고 다짐하는 계기는 충분히 될 수 있을 겁니다.

자, 그럼.

멸종 위기 1급 토종 문화심리학자가 펼쳐 놓는 한국인과 일본인 이야기 속으로~ 빠져 봅시다.

한국 문화와
일본 문화
이렇게나 다릅니다

1부에서는 한국과 일본의 문화적 현상을 다룹니다. 한국과 일본은 꽤 다른 나라입니다. 문화의 방향성이 다르다고나 할까요? 물론 비슷한 점도 많습니다만 차이가 나는 부분은 꽤 명확합니다. 여기서는 두 나라의 문화적 차이와 함께 그러한 차이가 나는 이유에 대해 생각해 보았습니다.

문화적 차이가 발생하는 이유는 간단합니다. 사람들은 보편적인 욕구를 갖지만 그 욕구를 충족하는 방식은 문화에 따라 다르기 때문이죠. 쉽게 말씀드리자면, 사람들은 모두 옷을 입지만 옷의 재료나 형태, 기능은 사람들이 사는 지역과 미의식, 습관에 따라 다 다르지 않습니까.

한국인과 일본인도 마찬가지입니다. 같은 호모 사피엔스에다가 유교, 집단주의 문화 등 비슷한 점도 많기에 살면서 해야 할 일과 원하는 바는 비슷할 수 있죠. 하지만 그것을 충족하는 방식까지 같다고 할 수는 없습니다. 한국과 일본 사람들은 비슷한 욕구를 충족하기 위해 어떤 방법들을 찾았을까요?

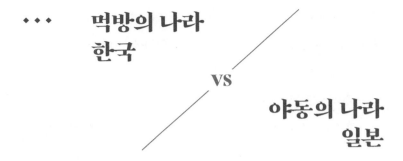

**먹방의 나라
한국**

vs

**야동의 나라
일본**

야동과 먹방은 일본과 한국을 대표하는(?) 문화콘텐츠입니다. 그리고 그 둘의 공통점은 포르노······ 라는 점이죠. 보통 야동(야한 동영상)이라고 하는 포르노porn는 1980년대 비디오 성인영화가 등장하기 시작한 이후로 일본의 가장 대표적인 성 산업의 하나가 되었습니다.

　먹방은 아프리카 TV, 유튜브 등 1인 미디어의 등장 이후에 나타나기 시작한 한국의 대표적 문화 현상입니다. 주로 BJ 또는 유튜버가 뭔가를 먹는 모습을 보여 주는데요, 대단히 많이 먹거나 대단히 희한한 것을 먹거나 아니면 대단히 맛있게 먹는 모습으로 시청자를 끌어들입니다. 먹방은 외국에서 food porn이라 불리고 있는데요, 섹스나 식사나 인간의 원초적 행위를 보여 준다는 점에서 포르노라는 표현이 적절해 보입니다.

섹스와 식사, 인간의 가장 원초적인 욕구인 이 두 행위는 왜 두 나라를 대표하는 콘텐츠가 된 것일까요? 먼저 야동, 아니 일본의 경우부터 살펴보겠습니다.

일본을 일컫는 말 중에 '성진국'이라는 말이 있습니다. 성性의 선진국이라는 뜻이죠. 사실 일본의 성 문화는 그 섬세함과 적나라함으로 세계적인 명성을 얻고 있습니다. 풍속 산업으로 알려진 일본의 성 산업은 대표격인 AVadult video뿐 아니라 소프란도, 이메쿠라, 테레쿠라, 노조키야のぞき屋(여성을 엿볼 수 있는 가게) 등 여러 가지 성적 판타지를 활용한 업소는 물론 다양한 페티시를 충족할 수 있는 용품과 애니메이션, 게임에 이르기까지 상상할 수 있는 모든 분야에 퍼져 있습니다.

일본에 성 산업이 이토록 잘 발달되어 있는 것은 우선 그들의 문화에 기인합니다. 과거 일본에는 남녀가 같은 목욕탕에서 목욕하는 혼욕에서부터 친족 내 결혼인 근친혼(물론 허용 범위가 있습니다), 마을의 청년들이 처녀의 방에 찾아가 성관계를 맺는 요바

이夜這い, 손님이 오면 아내를 빌려주는 풍습 등 한국인인 우리의 눈으로 보기에는 이해하기 어려운 문화가 많았습니다.

이러한 성 문화는 바다와 높은 산으로 고립된 지역이 많은 지리적 특징과 계속된 전란으로 남녀의 성비가 균형을 이루기 어려웠던 역사적 조건, 성性을 보상으로 삼기 쉬운 남성적 무사 문화 등이 영향을 미쳤을 것으로 추정됩니다. 이러한 문화는 19세기 말 메이지 유신에 이르러서야 법적으로 금지됩니다만, 실질적으로 사라지기까지는 시간이 걸렸고 지금도 일본인의 성 의식의 기반을 이루고 있으리라 보입니다.

이렇게 성 산업이 활성화되어 있는데도 이것이 일본인의 실제 성생활로 이어지지는 않는 듯합니다. 2018년 글로벌 섹슈얼 헬스케어 기업 '텐가TENGA'가 실시한 조사에 따르면, 성관계 및 자위 만족도 · 빈도, 성적 능력, 파트너와의 교감 등을 종합 평가한 성생활 만족도 지표The Good Sex Index에서 일본은 37.9점으로 조사 대상 18개국 중 꼴찌에 그쳤습니다. 조사국들의 평균 점수는 62.3점입니다.

한편 한국은 이 조사에서 40.7점으로 일본에 한 단계 앞선 17위를 차지했습니다. 우리나라의 순위도 언젠가 한번 고려해 볼 만한 주제이긴 합니다만, 성진국 일본의 순위가 꼴찌라는 것은 다소 의외입니다.

일본에서 몇 년 전부터 유행하고 있는 초식남이라는 말에서 그 이유를 유추해 볼 수 있는데요, 초식남이란 남성다움을 강하게 드러내지 않으면서 자신의 취미 활동에 적극적이나 이성과의 연애에는 소극적인 남성을 일컫는 말입니다.

이 용어를 처음 쓴 일본의 칼럼니스트 후카사와 마키는 초식남이 등장하게 된 배경으로 물질적으로 풍요로운 시대에 태어나 치열하게 살 필요가 없었던 점, 그리고 소위 '잃어버린 10년' 동안 성장하며 미래에 대한 큰 기대를 갖지 않고 스스로 만족하는 데 집중하게 된 점 등을 꼽았습니다.

일본인의 낮은 성생활 만족도는 이러한 초식남이 증가하면서 이성 교제나 성관계에 관심이 적어진 결과라고 볼 수 있을 것 같은데요, 그렇다면 AV 등 여전히 활발한 일본의 성 산업은 어떻게 이해해야 할까요?

이미 산업화된 성 산업의 경제적 측면도 있겠습니다만, 그 이면에는 일본인의 근본적인 욕구가 있다고 추정됩니다. 문화적 욕구보다 더 근본적인 교류의 욕구, 사회적 욕구입니다. 인간은 사회적 동물입니다. 진화생물학자 로빈 던바는 영장류의 사회적 본능이 생존 가능성을 증가시켰다고 말합니다. 인간은 살아남기 위해 무리를 지었고 더 잘 살아가기 위해 다른 이들과 소통해 왔습니다.

타인과의 지속적인 상호작용은 정신뿐 아니라 신체 건강에도 직접 영향을 미칩니다. 가족을 비롯해 친구, 이웃과 잘 지내는 사람이 그렇지 않은 사람보다 훨씬 더 건강하고 행복합니다. 수많은 연구가 지지하는 사실입니다. 스마트폰, 인터넷, 게임, 각종 멀티미디어의 발달로 혼자서도 얼마든지 생활을 유지하며 심지어 즐겁게 살 수 있는 시대가 되었습니다만, 그럼에도 인간에게 내재된 사회적 욕구는 아직 사라지지 않았습니다.

일본에서는 다른 사람들을 만나고 그들과 교류하고 싶은 욕구가 성으로 표현되는 것 같습니다. 일본인에게 가장 문화적으로 보편화된 방식으로 말이죠. 바로 엿보기입니다. 일본인은 내부와 외부, 자신과 타인, 내집단과 외집단을 명확히 구분하는 것을 좋아합니다. 또한 자신의 영역을 확실히 지키는 것과 동시에 타인의 영역을 침범하는 것을 극도로 꺼립니다. 그로부터 안정감이 비롯되죠.

따라서 일본인은 타인의 영역에서 일어나는 일을 보고 싶다는 욕구를 갖게 됩니다. 그렇지 않겠습니까? 사람은 금지된 것을 소망하는 존재니까요. 일본에 몰래카메라 형식의 예능이 많은 것, 카메라 기술이 발달한 것도 같은 이유에서 비롯된 현상이라고 생각됩니다. 남의 경계 내부를 엿본다는 쾌감 말이죠.

성은 인간의 가장 은밀한 행위입니다. 사랑을 나눌 때 남녀는 으슥하고 어두운 곳, 벽으로 사방이 막힌 곳을 찾아 들어갑니다. 그 벽을 들추고 가장 은밀한 행위를 볼 수 있다니 쾌감은 더 커지겠지요. 또한 성행위는 두 사람이 서로를 구분하는 모든 것을 벗어 던지고 임하는 최고 수준의 사회적 교류입니다. 몸과 몸을 맞대는 정도가 아니라 서로가 서로의 안으로 들어가 내부를 탐닉하게 되죠.

이 두 가지 욕구(교류+엿보기)를 충족시켜 주는 것이 야동, 즉 포르노인 것입니다. 야동에는 타인과 나 사이의 벽을 허물고 사람 사이의 온기를 나누고 싶다는 일본인의 욕망이 반영되어 있습니다.

그렇다면 한국은 어떨까요? 일본과 비슷한 사회적 현상이 한국에도 나타나고 있습니다. 한국의 성생활 만족도는 일본에 한 단계 앞선 17위이고 초식남과 유사한, 결혼을 하지 않고 홀로 라이프를 즐기는 이들이 점차 늘어나고 있습니다. 주말 예능 〈나 혼자 산다〉가 최고 시청률을 자랑하는 데는 이유가 있는 것이죠.

경제적 문제와 같은 현실적 어려움으로 결혼을 기피하고 소확행 등 자신의 개인적 즐거움에 집중하는 것은 개인주의 문화의 대두와 함께 문화 보편적 현상입니다. 그리고 사회적 관계에서 소외될수록 그런 관계에 목마름을 느끼는 것도 문화 보편적이지요. 그러나 그 욕구를 충족하는 방법은 문화에 따라 다르게 나타납니다.

한국의 경우는 밥이죠. 한국인에게 밥은 사회적 관계를 매개하는 중요한 상징입니다. 오랜만에 만난 친구에게 "밥 한번 먹자"라고 하는 것 외에도 한국 문화에서 밥의 의미를 짐작할 수 있는 맥락은 많습니다.

한국인은 이성에게 작업을 걸 때도 "저랑 밥 한번 드실래요?", 누군가가 고마울 때도 "내가 밥 한번 살게", 친구가 아플 때도 "밥은 꼭 챙겨 먹어"라고 말합니다. 밥을 통해 한국인은 상대방에 대한 관심과 사랑을 표현하고 또 느껴 왔습니다.

이렇듯 밥은 한국 문화에서 매우 중요한 역할을 해 왔습니다. 한국인에게 함께 밥을 먹는 행위는 마음을 나누고 우리가 가족(식구)임을 확인하는 동시에 서로를 위로하고 용서하는 의식입니다.

그런데 최근 사회가 여러모로 변화하면서 누군가와 머리 맞대고 밥 먹을 시간 자체가 별로 없어졌지요. 생활 주기도 달라지고 혼자 사는 생활 패턴이 보편화되고 있습니다. 그러나 그렇다고 해서 함께 밥을 먹으면서 충족해 왔던 욕구들마저 사라졌다고 볼 수는 없습니다.

먹방이 그 증거입니다. 누가 더 많이 먹고, 누가 더 희한한 음식을 먹느냐는 먹방의 본질이 아닙니다. 한국인은 나와 마주 앉아 밥을 먹는 사람이 보고 싶은 것입니다. 늦은 시간 퇴근해 지친 몸으로 돌아온 집, 나를 맞아 줄 사람도 없는 집에서 늦은 식사를 하며 어느새 컴퓨터를 켜고 먹방을 검색하는 것이죠.

TV에 요리하고 먹는 프로그램이 많은 이유도 마찬가지입니다. 우리가 왜 연예인들 놀러 다니면서 먹는 걸 봐야 할까요? 그들과 함께 밥을 먹는 느낌을 받기 위해섭니다. 혼자 먹으면 외로우니까요.

혼밥, 혼술이 더 이상 어색하지 않고 나 혼자 사는 것이 새로운 생활 스타일로 받아들여지고 있지만 대인 관계에 대한 욕구는 그렇게 쉽게 사라질 수 있는 것이 아닙니다. 먹방은 관계에 대한 욕구가 가장 한국적으로 드러난 문화 현상일 것입니다.

그 방식 역시 물론 꽤나 한국적입니다. 보통 야동이 일방적으로 성행위 장면을 보여 준다면, 먹방은 시청자와의 쌍방향 소통이라는 특징이 있습니다. 시청자들이 채팅창이나 댓글을 통해 먹방에 반응하고 BJ나 유튜버가 시청자들의 요구를 반영하는 식이죠. 먹방 중에 실시간 댓글 창이 같이 떠 있는 경우도 흔한 모습입니다.

끊임없이 서로에게 영향을 미치고 피드백하며 함께 뭔가를 만들어 가는 것. 한국인들이 좋아하는 사회적 교류의 방법입니다. 각자의 영역에 선을 긋고 그 안으로 침범하는 것을 꺼리는 일본인들과는 다른 방식이죠.

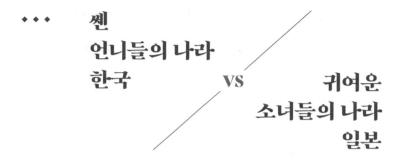

쎈
언니들의 나라
한국 VS 귀여운
소녀들의 나라
일본

세계의 문화를 여러 가지 기준으로 분류한 홉스테드에 따르면, 일본은 굉장히 남성적인 사회로 꼽힙니다. 반면에 한국은 여성적인 사회로 분류되는데요, 의외라고 생각하시는 분 계실 줄 압니다.

　홉스테드의 남성성–여성성 구분은 우리가 흔히 생각하는 의미가 아니라 의사소통 방식에 가깝습니다. 어떤 주장이나 의견이 좀 더 일방적으로 전달되는 쪽이 남성적, 대안을 좀 더 고려하고 서로의 의견을 주고받는 방식이 여성적이라고 규정되는 것이죠.

　홉스테드는 다른 여러 요인을 분석하여 남성적 문화는 남녀의 성 역할이 명확하게 구분되는 사회, 즉 남자는 자기주장이 강하고 거칠고 물질적인 성공을 추구하는 반면, 여자는 보다 겸손하고 부드러우며 삶의 질에 관심을 두는 사회라고 정의했습니다. 여성적 문화는 사회적 남녀 역할이 중첩되는 사회, 즉 남성과 여성이 모두 겸손하고 부드러우며 삶의 질에 관심을 두는 사회라고 보았죠.

이 기준에 따르면 일본은 조사에 참가한 50개국 중에 남성성 1위, 한국은 41위(순위가 낮을수록 여성성 높음)에 해당합니다. 일부 한국인이 생각하는 것과는 다소 다른 결과죠. 사실 한국을 '유교 가부장 사회'로 규정하는 경우가 많지만, 한국은 모계사회의 특징을 많이 지니고 있습니다. 적어도 여성의 가문(집안)이 상당한 영향력을 가졌던 사회임에는 틀림없죠. 조선의 왕들이 외척을 그리도 경계했던 이유입니다.

조선 전기(임진왜란 전)만 하더라도 여성의 사회적 지위는 상당히 높았습니다. 결혼 전의 성(아버지의 성)을 그대로 쓰는 것은 물론, 제사에도 남성과 같이 참여했고, 아들과 딸을 가리지 않고 상속을 받았죠. 고려 시대에는 여성의 사회적 활동도 상당 수준으로 이루어졌다고 합니다.

이러한 여성의 지위가 뒤바뀐 것은 병자호란 이후 사회가 급

속하게 보수화되면서부터였습니다. 시집살이와 칠거지악七去之惡으로 대표되는 여성들의 한恨은 한국 역사에서 그리 오래된 일은 아니었던 것입니다.

그래서일까요. 현대사회로 접어들면서 한국의 여권은 빠른 속도로 신장되기 시작했습니다. 일제강점기, 대한민국 임시정부는 이미 '대한민국의 인민은 남녀귀천 및 빈부의 계급이 무한 일체 평등임'을 공표하고 있으며, 이는 1948년 제정된 헌법 정신으로 이어져 여성의 참정권이 공식화되죠. 불과 수십 년 전까지 유교 가부장 국가였던 것을 고려하면, 그리고 서양의 일부 나라들도 1970년대가 되어서야 여성의 투표권이 인정된 것에 비하면 상당히 빠른 속도라 하겠습니다.

물론 200여 년 가까이 지속된 남녀 차별적 문화까지 하루아침에 변화한 것은 아니었지만 한국인들은 계속해서 문제를 개선하려 노력했죠. 한국의 여성은 독립운동에, 경제 부흥에, 교육에, 사회에 기여하며 성차별의 인식을 타파하고 자신의 자리를 찾아왔습니다.

지금은 그 어느 때보다 남녀 간의 갈등이 큰 것처럼 보이지만 저는 거쳐야 할 과정이라 생각합니다. 균형을 잡아 가는 과정인 것이죠. 남녀가 서로 반목하고 서로를 없애야 할 적이라 규정하는 것이 아니라 함께 살아갈 공존의 주체라는 사실만 붙잡고 계시면 됩니다.

어쨌든, 어느 분야에서나 늘 그래왔듯이 한국은 겉으로 보면 우당탕탕 대소동이지만 거시적 관점에서는 한 발 한 발 달라져 왔습니다. 그렇다면 일본은 어떨까요?

일본의 성역할에 대한 생각은 아직도 매우 전통적입니다. 최근 한국에서는 〈스우파(스트리트 우먼 파이터)〉의 열기가 뜨거웠는데요, 무대를 휘어잡는 쎈 언니들의 활약에 많은 시청자가 열광했습니다. 그동안 크게 주목받지 못했던 댄서들의 역량과 저력, 그리고 댄서(안무가)라는 직업, 춤에 대한 열정과 철학은 시청자들에게 깊은 감명을 주었죠.

일본인은 이런 한국 여성들을 '무섭다'고 생각하는 경향이 있습니다. 스우파 댄서뿐 아니라 K-팝 가수에 대해서도 이런 생각은 이어지는데요, 일본의 여성은 매우 나긋나긋하고 여리여리한 모습을 주로 보여 주기 때문입니다. 이러한 일본의 여성성을 가장 잘 드러내 주는 것이 J-팝과 애니메이션, 게임 등 일본의 문화콘텐츠에 등장하는 '소녀들'입니다.

일본에서는 가수나 연예인은 물론이고 일반인 여성에게도 이런 '여성스러운' 여성상이 널리 받아들여지고 있는데요, 세계적으로도 일본 여성은 여성스럽고 순종적이라는 인식이 널리 퍼져 있을 정도죠. 이러한 인식은 일본의 전통적인 여성에 대한 태도에서 기인합니다.

일본의 여성에 대한 인식을 요약하면 '약자'라고 할 수 있습니다. 남녀의 역할을 음양의 이치로 이해하고 서로의 위치에 맞는 역할을 강조(부부유별 등)했던 한국과는 전혀 다른 방식의 이해입니다. 남자는 강하고 여자는 약하다는 힘의 논리(?)에 따른 구분이라 할 수 있죠.

일본 문화에서 강자와 약자는 단순히 힘이 세고 약한 것으로 구분되지 않습니다. 강자는 자신에게 주어지는 사회적 역할을 능히 수행할 수 있으며, 자신의 이름(명예)을 비롯한 자신의 것들을 지킬 수 있는 존재죠. 또한 강자는 약자를 지배하며 약자에게 무엇이나 요구할 권리가 있습니다.

반면 약자는 강자의 지배에 복종해야 하며 강자의 지위에 도전하거나 강자의 요구에 거부하는 것은 있을 수 없는 일로 간주됩니다. 심지어 강자는 약자의 도움을 받는 것조차 수치로 생각합니다. 그래서 일본 만화의 주인공들은 그렇게 강해지겠다고 외치고 또 다짐하는 것이죠. 약자의 운명이 그러하니 말입니다.

일본의 여성이 약자로 간주된다는 사실은 여러 분야에서 드러납니다. 일본에서 쓰이는 말 중에 여자력女子力이란 말이 있습니다. 순종적이고 귀엽고 여성스러운 매력을 뜻하는 신조어인데요, 여자력으로 여성을 평가하는 문화가 있다는 뜻이겠지요.

물론 여성의 여성성은 여성의 매력을 구성하는 요인 중 하나일 수 있습니다. 그러나 그 기준을 사회가 정해 놓고 여성들에게 맞출 것을 요구하는 것은 현대사회의 기준에 별로 부합하지 않아 보입니다.

이 외에도 남성어와 여성어가 따로 있는 일본어의 특성이라든지, 여성 출연자의 치맛속을 들여다보거나 신체를 만지는 행위가 TV쇼에 버젓이 방송된다든지, 육아에서 여성의 책임이 지나치게 강조되는 등 남성과 여성의 차이를 명확히 규정해 놓고 그것을 지키지 않았을 때 그 대상을 비난하는 분위기는 한국과는 분명히 구분되는 일본의 문화적 특징입니다.

이러한 일본의 여성에 대한 태도는 전통적인 성 문화와 맞물려 여성을 성적 대상화하는 경향을 더욱 강화시키는 것으로 보입니다. 여성을 남성과 대등한 존재가 아니라, 약자로서 남성의 지배와 요구에 순응해야 하는 존재로 인식하게 하는 것이죠. 일본의 다채로운 19금 콘텐츠를 소비하시는 분들은 이 점에 유의하셔야겠습니다.

당연하겠지만 개인차는 있습니다. 일본에서도 어떤 사람은 대단히 성평등적이겠고 한국에도 과거 남성 중심적 문화에서 유형화된 사람의 부류가 여전히 존재합니다. 일본도 현대 민주주의 국가 중 하나인 만큼 성평등 정책 등 제도적으로 한국이 본받아야 할 부분도 있고 한국의 여성 인권이나 사회 활동 등의 수준이 완벽하다는 이야기도 아닙니다.

저는 한국과 일본의 여성에 대한 태도에는 차이가 있고 그 차이는 두 나라의 문화적 배경에서 비롯되었을 수 있다는 말씀을 드리려는 것입니다. 하지만 여기서 알 수 있는 분명한 사실이 있습니다. 한국인은 자신들에게 주어진 현실을 그대로 받아들이지는 않을 것이라는 사실이죠. 그것이 과거에 아무리 옳고 당연했던 것이었을지라도 말입니다.

일본에서도 여권 신장을 위한 많은 노력이 있어 왔습니다. 일본 여성은 가만히 있었다고 생각해서는 안 되죠. 그러나 소수의 노력으로 전체적인 문화적 인식을 바꾸기는 힘들어 보입니다. 일본인들은 특히나, 이미 있던 것을 바꾸는 데 상당한 거부감이 있는 사람들이니까요.

온라인 게임의 한국 VS 콘솔 게임의 일본

· · ·

한국은 자타공인 게임 대국입니다. WCGWorld Cyber Games 성적을 바탕으로 국가별 게임 실력을 분류했을 때, 한국은 '신의 영역'으로 나뉠 정도입니다. 그만큼 한국인의 게임 실력은 타의 추종을 불허하죠.

스타크래프트, 리그 오브 레전드LOL, 오버워치 등 종목에 관계없이 각종 e스포츠 대회의 우승을 차지하고 상금을 싹쓸이하는가 하면 유수의 게임 회사에서 심혈을 기울여 출시한 작품을 몇 시간도 안 되어 클리어해 버리는 등 게임 세계에서 한국인의 위엄은 말 그대로 '후덜덜'합니다.

이쯤에서 떠오르는 의문이 있습니다. 한국인들은 왜 이렇게 게임을 잘할까요? 한국인과 게임은 'why Korean', 즉 '왜 한국인 은'으로 시작하는 검색어 자동 완성 기능의 첫머리에서 game을 볼 수 있을 만큼 세계인들이 궁금해하는 주제입니다.

정작 한국인들은 이 현상에 대해 별로 궁금해하지 않는 것 같습니다. 한국인이 게임 대회에서 우승하거나 상금 랭킹이 높다 는 기사에는 어김없이 '얼마나 하고 놀 게 없으면 게임만 그렇게 하냐'는 식의 댓글이 베댓이 되곤 합니다.

과연 그럴까요? 저는 한국인이 '하고 놀 게 없다'는 말에 대 해서는 대단히 동의하지 않는 편인데요, 이런 인식이 게임 말고 도 대단히 여러 곳에서 발견되기 때문입니다.

어떤 영화가 천만이 넘었다는 소식에도 '한국 사람들은 하고 놀 게 없어서 영화만 그렇게 본다'. 주말에 산들이 등산객으로 가 득 찬다는 소식에도 '한국 사람들은 하고 놀 게 없어서 산만 그렇 게 간다'. 프로야구 관객이 몇백만 명이 넘었다는 소식에도 '한국 사람들은 하고 놀 게 없어서 야구장만 그렇게 간다'.

가만, '하고 놀 게' 없다고요? 게임도 하고 산에도 가고 영화 도 보고 야구도 보러 가는데 말입니다. 오히려 하고 놀 게 많은 거 아닌가요? 그러니 '하고 놀 게 없어서' 게임을 한다는 말은 별로 맞는 말이 아닌 것 같습니다.

우리가 간과하는 것은 사람들이 게임을 하는 이유입니다. 여러분은 왜 게임을 하십니까? 게임은 하고 싶어서 하는 거죠. 누가 시켜서 하는 게 아닙니다. 게임을 잘하는 것도 마찬가지입니다. 잘하고 싶으니까 잘하게 된 것이죠.

그러니 문제는 간단합니다. '한국인들은 왜 게임을 잘할까?'라는 질문을 '한국인들은 왜 게임을 잘하고 싶을까?'로 바꾸면 됩니다. 현상에 그치는 것이 아니라 현상 너머에 있는 욕구로 초점을 바꾸는 것이죠. 이것이 문화심리학적인 사고입니다.

서두가 다소 길었지만, 이제부터 본격적으로 한국 사람들이 게임을 잘하는 이유를 살펴보도록 하겠습니다. 일단, 사람들은 재미있어서 게임을 합니다. 게임에는 재미를 주는 많은 요소가 있습니다. 아름답고 멋진 그래픽, 게임에 몰입하게 만드는 스토리 라인, 주어진 과제를 수행했을 때 받게 되는 보상 등등.

그러나 게임의 재미에는 이러한 게임 자체의 요소 외에 다른 것이 더 있습니다. 사람들이 재미를 느끼는 이유나 맥락은 저마다, 그리고 문화마다 다릅니다.

게임을 하는 이유 중 한국 문화에서 두드러지는 것은 '여럿이 어울리고 싶다'는 욕구입니다. 피시방은 혼자도 가지만 대개 친구들과 어울려 갑니다. 그러고는 대개 같은 게임, 같은 서버에 접속해서 같은 파티를 이루어 놀죠. 친구들이 같이 가지 못하는 경우에는 같은 게임 안에서 종종 만나는 유저끼리 시간을 정해서 게임을 하기도 합니다. 혼자 게임을 할 때에도 많은 사람이 있는 게임을 선호하는 경향이 있지요.

한 게임 안에 많은 유저가 동시에 접속해 서로의 역할을 하는 방식의 게임을 MMORPG(멀티 유저 다중 접속 롤플레잉 게임)라고 합니다. 리그 오브 레전드, 오버워치, 배틀그라운드 등 현존하는 거의 모든 게임이 채택하고 있는 방식이죠.

여러 게임 방식 중에서 한국인들은 특히 MMORPG를 선호하는 편인데요, 다른 사람과의 다채로운 상호작용에 열려 있는 한국인의 성향이 반영된 현상이라 생각됩니다. 한국인들이 여럿이 팀을 이루어 플레이하는 게임에서 두각을 나타낼 수 있는 건 이러한 문화적 배경이 있기 때문이 아닐까요.

반면, 일본인들은 게임기와의 일대일 플레이를 하는 게임 방식을 선호합니다. 콘솔 게임이라고 하죠. 콘솔 박스에 게임 CD를 넣고 조이스틱 같은 것으로 플레이하는 방식입니다. 플레이스테이션(플스), 엑스박스, 예전에 가카(?)께서 "우리는 왜 이런 거 못 만드느냐?!"라고 진노하셨던 닌텐도 같은 종류죠.

콘솔 게임이 한 사람(혹은 두 사람)의 플레이어와 게임기 간의 상호작용에 그친다면 MMORPG에는 접속자의 수에 따라 수백 수천 가지의 상호작용이 존재합니다. 실제로 MMORPG는 정해진 스토리 라인 외에도 유저들이 행동할 수 있는 자유도가 매우 높은 편입니다.

유저들은 게임 안에서 직업을 갖고 물건을 사고파는 것뿐만 아니라 사기를 치고 싸우고 동맹을 맺고 전쟁을 합니다. 때로는 게임 내에서의 상호작용이 오프라인으로도 이어져 즉석 만남을 갖거나 실제의 연애/결혼/현피로 이어지는 경우도 있습니다.

물론 일본인들이 MMORPG를 안 하는 것은 아닙니다만, 그 안에서의 상호작용의 양과 질은 한국인들과 매우 다릅니다. 유머 사이트 같은 데 떠도는 온라인 게임에서 '줄 서 있는' 일본인 유저들 사진 보신 분들 계실 겁니다. 대인 관계를 불편해하고 정해진 규칙을 따르려는 일본인의 행위 양식이 온라인에서도 그대로 이어지는 것 같습니다.

한국인들이 게임을 잘하고 싶은 또 다른 이유이자 가장 큰 이유는 지기 싫어서입니다. 어떻게 보면 가장 단순하고 확실한 이유입니다. 지기 싫으니까 잘하게 될 수밖에 없죠.

한국과 일본을 연구해 온 문화심리학자들에 따르면 한국인은 다른 사람에게 영향을 미치고 싶어 하는 '주체성 자기'가 우세합니다(2부에서 자세히 보실 수 있습니다). 주체성 자기가 강한 사람은 자신을 사회적 영향력을 미치는 중심적 존재(주체)로 보기 때문에, 타인을 이끌고 통제하고 가르치고 관리하려는 욕구가 크지요.

'이긴다'는 것은 자신의 영향력을 타인에게 미칠 수 있는 일 중에 가장 강력한 것입니다. 반대로 '진다'는 것은 자신의 영향력이 가장 별 볼일 없을 때겠죠. 따라서 한국인들은 누군가에게 이기고 싶은, 그리고 지고 싶지 않은 욕구가 강합니다.

그러나 현실 세계에서 내가 다른 사람을 이기는 일은 자주 경험할 수 있는 종류의 일이 아닙니다. 오히려 현실의 나는 한없이 힘없고 약한 사람이기 쉽죠. 게임은 이러한 '승리'를 상대적으로 쉽게 경험할 수 있게 해 줍니다. 게임에서의 승리는 상당 부분 나의 순수한 노력의 결과니까요.

한국에서 일어나는 문화 사회적 현상은 대개 부정적으로 해석이 됩니다. 그것도 한국인에 의해서요. 한국인이 게임을 잘하는 이유를 '놀이 문화가 부족해서'라든지 '지나친 경쟁에 내몰려 게임을 게임으로 즐기지 못하고' 등으로 해석할 수는 있습니다. 그러나 이런 해석이 누구에게 어떤 도움이 될까요?

이기고 싶어서 열심히 했고 그러다 보니 잘하게 됐다. 이게 제가 생각하는 한국인이 게임을 잘하는 이유입니다. 그리고 이기고 싶은 마음이 어딘가 '자기가 꽂힌 분야'와 맞아떨어지면 한국인들은 거기서 또 기막힌 성취를 이룰 수 있지 않을까요?

떼창하는
한국인

VS

감상하는
일본인

어느덧 한국을 상징하는 공연 문화로 굳어진 떼창. 오늘은 그 떼창에 대해 말씀드려 보겠습니다. 사실 한국이 떼창의 원조국은 아닙니다. 록이나 메탈 음악이 유래한 서구에서 먼저 시작된 문화죠. 최근 개봉한 〈보헤미안 랩소디〉에서 볼 수 있는 퀸의 '라이브 에이드'(1985) 공연 장면에서도 열정적인 떼창을 하는 영국 관객을 볼 수 있습니다.

한국의 떼창이 세상에 알려지기 시작한 것은 1998년 록밴드 메탈리카가 내한했을 때부터였습니다. 큰 기대 없이 내한한 메탈리카는 관객들의 열정적인 떼창에 감명을 받았고, 그 기억을 잊지 못해 몇 번에 걸쳐 한국을 더 방문합니다.

그중에서도 2006년 공연 때는 관객들이 노래는 물론 간주의 기타 애드리브까지 떼창으로 따라 하는 진기명기를 선보였고 점차 떼창은 한국을 대표하는 공연 문화로 알려지게 되었습니다. 노래의 클라이맥스나 공연 말미의 몇 곡 정도를 따라 부르는 외국 관객에 비해, 한국 떼창에는 몇 가지 특이한 점이 있습니다.

기타나 드럼 소리를 따라 하기도 하고 가수는 노래를 하지 않는 간주 중에 노래를 부르기도 하죠. 어떤 뮤지션은 아예 한 소절을 부르고 마이크를 관객에게 넘겨 돌림노래를 만들기도 합니다. 댄스 가수인 경우는 춤을 따라 추고 래퍼들의 랩을 처음부터 끝까지 함께하기도 합니다. 노래가 아닌 다양한 비명과 구호(예를 들어 우윳빛깔 아무개……)와 같은 추임새(?) 등도 한국 떼창의 특징 중 하나입니다.

그 이후, 한국을 방문하는 뮤지션들은 관객의 열정적인 떼창에 놀라고 또 감격하면서 즐거운 무대를 만들고 있다고 합니다. 이러한 떼창 영상이나 뮤지션들이 떼창을 언급한 영상은 유튜브에 많이 있으니 확인하실 수 있습니다. 팬들에게 논란을 불러일으켰던 '에미넴 하트 사건'도 한국 공연에서 일어난 일이죠.

당시 에미넴은 일본 오사카 공연을 마치고 한국에 왔었는데요, 일본 공연에서 일본 특유의 조용한 관람 분위기 때문에 김이 팍 샜다가 그 빠르고 어려운 랩을 다 따라 하며 호응해 준 한국 팬들에게 감사의 의미로 띄운 것이 이 하트입니다. 이게 논란이 된 이유는 에미넴이 평소에 팬들한테 하트 날리고 하는 사람이 전혀 아니었기 때문입니다.

팬들 사이에서는 하트가 아니라 새로운 욕이라는 설이 유력하게 받아들여지기도 했었죠. 그럼 우리의 떼창이 이렇게 유명하더라는 얘기는 그만하고 이제부터는 왜 떼창이 한국을 대표하는 공연 문화가 되었는지 그 배경을 살펴보도록 하겠습니다.

우리가 떼창을 하는 건 해외 뮤지션들의 공연 때만이 아닙니다. 국내 가수의 콘서트에서나 대학교 축제, 군대 위문 공연, 길거리 버스킹 등 공연이 있는 곳에서는 언제 어디서든 떼창이 함께합니다. 심지어 탄핵 촛불집회가 한창이던 2016년 겨울 광화문 광장에서도 떼창이 울려 퍼졌지요.

이것은 떼창이 그만큼 자연스럽게 우리 삶에 녹아들어 있다는 증거로, 다시 말해 떼창은 한국 문화의 산물이라는 얘깁니다. 떼창을 가능하게 하는 한국의 문화로는 첫째, 한국의 전통적 공연 문화를 꼽을 수 있습니다. 무대와 관객이 명확히 분리된 서양이나 일본의 연극과는 달리 한국의 전통극은 무대와 관객의 구별이 명확하지 않습니다.

배우가 관객에게 말을 걸기도 하고 관객석 안으로 들어가기도 합니다. 관객들은 그런 배우들과 말을 주고받으며 스스로 극의 일부가 되지요. 어떨 때는 먼저 배우에게 말을 걸기도 합니다. 아직도 전통 탈춤이나 마당극에서 흔히 볼 수 있는 이런 장면은 오랜 시간 동안 한국의 공연 문화였습니다.

판소리 같은 전문 음악인의 공연에서도 관객들은 수시로 '얼씨구' '잘한다' '그렇지' '그래서' 등의 추임새를 넣어 창자 및 연주자와 소통해 왔습니다. 이렇듯 무대와 관객이 소통할 수 있다는 생각이 공연에서의 떼창을 가능케 했을 것으로 생각됩니다.

이는 궁극적으로 사람과 사람 사이의 경계에 대한 생각에서 비롯된다고 추정됩니다. 요약하자면, 한국인들은 나와 타인 사이의 경계를 언제라도 서로 오갈 수 있다고 생각한다는 것입니다. 이 주제에 대해서는 나중에 더 구체적으로 말씀드리겠습니다.

또 하나는 우리의 노래 부르는 방식입니다. 우리의 옛 노래들은 '메기고 받는' 형식으로 이루어진 것이 많은데요, 메기고 받는다는 것은 한 사람이 앞 구절을 부르면 여러 사람이 뒤 구절을 받아 부르는 형식을 말합니다. 그리고 누구 한 사람이 선창을 하는 것이 아니라 여러 사람이 한 구절씩 돌아가면서 맡습니다. 판소리나 가곡 등 전문 창자가 부르는 노래가 아닌 민요 중에 이런 종류가 많지요.

논밭에서 일터에서 쉬면서 놀면서 불렀던 이런 노래들은 '노래는 같이하는 것'이라는 인식으로 현대 한국인들에게 전해졌을 겁니다. 요즘도 노래방 가면 남이 노래 부를 때 서로 같이 불러서 어느새 떼창으로 넘어가는 경우가 종종 있고, 각자 순서 지켜 노래를 부르다가도 시간이 10분쯤 남으면 함께 부를 수 있는 〈말 달리자〉 같은 노래를 찾아 부르곤 하죠.

반면, 일본인의 공연 관람 문화는 우리와 정반대입니다. 유튜브에서도 한국과 일본의 공연 실황을 비교해 놓은 영상을 찾아볼 수 있는데요, 일본 공연에서는 떼창을 거의 들을 수 없습니다. 기껏해야 가수가 노래할 때 박수를 치는 정도고 가수가 떼창을 유도해도("Sing with me!") 호응하는 관객은 그렇게 많지 않습니다.

일본인들이 떼창을 하지 않는 이유는 일단 공연에 대한 생각 때문입니다. 일본의 전통 공연은 무대와 관객이 명확하게 구분되어 있고 배우가 관객에게 들어가거나 관객이 무대로 올라가는 일은 좀처럼 없습니다. 더군다나 일본은 메이와쿠迷惑, 즉 다른 사람에게 민폐를 끼쳐서는 안 된다는 인식이 매우 강한 사회입니다.

뮤지션의 음악을 감상하러 공연장에 온 만큼 다른 사람을 방해해서는 안 된다는 생각이 앞서는 것이죠.

다른 이들이 가수의 노래를 잘 들을 수 있도록 조용히 노래를 감상하는 일본 관객이 더 성숙(?)한 것 아니냐고 하는 사람들도 있습니다만, 이런 분들은 문화와 문화적 동기를 잘못 이해하시는 겁니다. 문화적 행동은 '성숙'이라는 척도로 측정할 수 있는 것이 아니니까요.

일본인들은 공연은 '가수의 노래를 들으러 가는 것'이고, '그러려면 남들을 방해해서는 안 된다'는 동기를 가졌기 때문에 떼창을 안 하는 것이고, 한국인들은 공연은 '신나게 놀러 가는 것'이고 '그러려면 가수와 관객이 하나가 돼서 마음껏 놀아야 하니까' 떼창을 하는 것이죠.

한국 문화의 입장에서만 말해 볼까요? 떼창은 단지 가수의 노래를 따라 한다는 의미가 아닙니다. 가수와 관객, 공연과 현실, 너와 나의 경계를 허물고 그 자리에 있는 모든 이들이 주체가 되는 새로운 세계가 열리는 것입니다.

불과 두어 시간의 짧은 공연이지만, 내가 사랑하는 뮤지션의 숨소리 하나도 그 의미를 알 수 있고 옆에 서서 함께 노래 부르는 사람과 나누는 눈빛만으로도 하나 될 수 있는 공간. 그 안에서 우리는 함께 즐기며 스트레스를 풀고 서로 공감하고 위로받고 에너지를 얻습니다.

뮤지션들 입장에서도 자신들의 음악을 사랑해 주는 팬들과 하나 되어 만들어 내는 새로운 경험이 어찌 즐겁지 않겠습니까? 공연은 팬들과 소통하는 자리입니다. 음악을 제대로 들으려면 공연장을 찾을 게 아니라 집에서 헤드폰 쓰고 음반을 듣는 게 낫겠죠.

초반에 나왔던 메탈리카의 기타리스트 커크 해밋의 말로 글을 마치겠습니다.

우린 정말 한국 팬들을 좋아한다. 1999년 처음 방문했을 때 관객들의 반응과 음악에 열광하는 모습에 놀랐다. 한국 팬들이 아마도 일본 관객들처럼 '조용하게' 미쳐 있을 것이라 생각했는데 완전히 생각과 어긋났다. 한국인들은 우리처럼 미쳐 있었다. 시끄럽고 에너지가 넘치며 노래를 부르고…… 야외 공연을 하는 동안 너무 습해서 셔츠를 벗고 기타를 쳤다. 기타 스트랩이 살에 닿는 게 싫어서 절대 상의를 벗지 않지만 한국에선 예외였다.

막장의
한국 드라마

vs

이세계의
일본 애니

일본의 문화콘텐츠는 신기하고 환상적인 이야기들을 보여 줍니다. 더 이상 수식어가 필요 없는 미야자키 하야오 감독의 아름다운 작품들은 물론 과거와 현재, 지구와 우주, 현실과 환상을 초월하는 일본 애니메이션의 상상력은 제가 더 언급할 필요가 없을 정도입니다. 일본 애니메이션 산업의 매출은 연 10조 원에 달할 정도이고 그중 절반이 해외에서 판매된 금액일 만큼 일본 애니메이션의 입지는 확고합니다.

어린 시절 즐겨 보던 꿈과 희망의 명작 만화들이 대부분 일본에서 만들어졌다는 것을 깨닫고 얼마 동안 충격에 빠졌던 기억이 있습니다. 당시(1980년대) 우리나라의 애니메이션이나 특수촬영 수준은 좀 많이 아쉬웠거든요.

물론 〈로보트 태권 V〉나 〈우뢰매〉의 인기도 대단했었습니다만 일본 콘텐츠에 익숙해진 사람들의 눈을 만족시키기에는 부족함이 많았습니다. 그래서 오랫동안 많은 분들이 일본의 문화적 잠재력을 찬양하며 한국은 왜 저런 걸 못 만드냐고 애석해했지요.

제가 여러 곳에서 말씀드린 것처럼 '우리는 왜 저런 걸 못 만드나?'라는 질문은 문제가 있습니다. 다른 이들이 잘하는 것을 우리가 잘할 필요는 없죠. 그들은 그걸 잘할 수 있는 토양(문화)이 있었기 때문에 잘하는 겁니다. 토양이 다른데 뭘 못한다고 부끄러워할 일인가요?

옳은 질문은 '우리는 왜 저런 걸 못 만드나?'가 아니라 '우리는 뭘 잘 만들 수 있을까?'일 겁니다. 그렇다면 한국 문화콘텐츠의 특징은 무엇일까요? 우리는 어떤 토양에서 무엇을 길러 내고 있었을까요?

일본의 애니메이션과 비교할 수 있는 한국의 문화콘텐츠는 드라마와 영화입니다. 일본에도 드라마와 영화가 있고 한국에도 애니메이션이 있지만, 일본의 애니메이션과 한국의 드라마와 영화에 두 나라의 문화가 가장 잘 반영되어 있다고 생각됩니다.

두 나라 사람들이 현실을 보는 방식과 관련되어 각 문화콘텐츠의 차이는 두드러집니다. 일본인은 애니메이션을 통해 환상의 세계를 보려 하는 반면, 한국인은 드라마와 영화를 통해 현실 세계를 보려 한다고 할까요?

물론 일본 애니메이션이 '인간의 문제'에 손 놓고 있는 것은 아닙니다. 그 방법이 현실에 직접 개입하는 식이 아니라는 뜻이죠. 대부분의 일본 애니메이션은 현실에 존재하지 않는 세계, 존재하지 않는 인물들 간의 사건을 통해 '비유적으로' 현실의 문제를 떠올릴 수 있게 합니다. 우주나 미래, 판타지 세계를 배경으로 한 깊이 있고 철학적인 질문들을 던지는 것은 일본 애니메이션만이 할 수 있는 접근이죠.

그러나 한국의 드라마나 영화는 현실을 직접 다룹니다. 일본이나 중국 등 주변국에 비해 한국은 역사 관련 콘텐츠의 제작이 단연 두드러지죠. 일제강점기, 6.25, 군사정권, 민주화 운동, IMF 등 가슴 아픈 역사도 거침없이 다룬다는 점이 한국의 특징입니다.

일제강점기 위안부와 학도병의 사랑을 다룬 〈여명의 눈동자〉, 6.25 전쟁에서 피어난 형제애를 담은 〈태극기 휘날리며〉, 전후 혼돈의 시기를 그려 낸 〈야인시대〉, 개발 시대의 꿈과 야망을 담은 〈야망의 세월〉, 군사정권 시기의 정경 유착을 배경으로 펼쳐지는 세 남녀의 우정과 사랑을 그린 〈모래시계〉.

한국의 문화콘텐츠들은 드라마 〈서울의 달〉이나 〈육남매〉, 영화 〈국제시장〉이나 〈장수상회〉처럼 격동의 현대사를 살아 온 개개인의 삶에 집중하기도 하고, 〈제N공화국〉 시리즈처럼 생존하는 인물들이 실명으로 등장하며 아예 현대사를 통째로 옮겨 놓기도 했습니다.

물론 일부 작품은 논쟁에 휘말리기도 했지만 한국 문화콘텐츠들은 때로는 담담하게, 때로는 격렬하게, 때로는 새로운 시각으로 당대의 사건과 그와 관련한 개인의 삶을 조명해 왔습니다.

그 나라의 특수한 사정이 반영되어 있으니만큼 이러한 콘텐츠가 세계인의 폭넓은 관심을 얻기는 어려운 것이 사실입니다만, 〈변호인〉〈택시운전사〉〈1987〉 등 민주화 운동을 다룬 영화는 홍콩과 같이 비슷한 경험을 하고 있는 사회의 시민들로부터 뜨거운 관심을 받기도 했죠.

주제가 남녀 간의 사랑이든 친구 사이의 우정이든 가족의 소중함이든 깡패 조폭이 나오는 범죄영화든 간에 한국인들은 현실에서 비롯된 이야기가 아니면 쉽게 공감하지 못하는 듯합니다. 적어도 한국 사람이 나오는 한국 이야기인 경우에는 말입니다.

왜 이 말씀을 드리냐 하면, 한국인들은 〈해리포터〉나 〈반지의 제왕〉 시리즈, 마블 코믹스의 영화 같은 판타지, 슈퍼 히어로 물도 대단히 열광적으로 보거든요. 할리우드 영화사들이 한국 시장을 일종의 테스트 마켓으로 본다는 얘기까지 있을 정도입니다. 온갖 환상적인 이야기가 넘치는 일본 애니메이션의 입지도 꽤 탄탄하고요.

그러나 한국에서 생산되고 소비되는 문화콘텐츠의 성격은 전혀 그렇지 않습니다. 한국 콘텐츠에서는 괴물이나 귀신도 대단히 현실적으로 묘사됩니다. 귀신, 도깨비나 수백 년을 사는 외계인이 나와도 집세 걱정하고 월급 걱정하며 사람을 사랑하고 사람들과 함께 살아갑니다. 초자연적 존재가 갖는 특성은 분명히 있지만 하는 행동들은 영락없는 사람들이죠.

사후 세계를 다룬 〈신과 함께〉나 이승도 저승도 아닌 꿈의 세계 '그승' 이야기 〈쌍갑포차〉도 주된 내용은 현실 사람들의 사랑과 갈등입니다. 한국 콘텐츠에서 신이나 초자연적 존재 등 비현실적 설정은 현실을 묘사하고 더 강조하기 위한 도구의 의미를 갖습니다.

한국에서는 괴물도 현실의 모순과 부조리가 형상화된 존재로 나타나는데요, 사람들은 괴물과 싸우며 괴물보다 더한 현실을 마주하죠. 봉준호 감독의 〈괴물〉이 그렇고 넷플릭스에서 방영된 〈킹덤〉의 좀비들이 그렇습니다. 괴물은 죽지만 괴물을 탄생시킨 현실은 그대로 남아 있음을 보며 관객들은 통쾌함보다는 찝찝함을 느끼게 되죠.

애니메이션도 마찬가지입니다. 영화 〈기생충〉의 원작(?)이라는 웃지 못할 평까지 받고 있는 〈아기공룡 둘리〉에는 공룡과 외계인, 타조가 등장하지만 그 이야기는 매우 현실적입니다. 제가 어릴 때 방영했던 〈달려라 하니〉나 〈영심이〉는 물론 〈검정고무신〉 〈안녕 자두야〉 등등 모두 현실 세계에 있을 법한 주인공의 어디에나 있음직한 이야기를 다루는 작품이 많습니다.

그래서 한국 애니메이션은 부모님의 시청 지도가 은근히 필요한 것들이 있습니다. 알록달록 예쁜 색감에 귀엽고 아기자기한 캐릭터가 나온다고 아이들에게 보여줬다간 아직 현실을 감당할 능력이 안 되는 아이들이 충격을 받을 수도 있거든요.

이를테면 〈마당을 나온 암탉〉이나 횟집에서의 고등어 탈출기 〈파닥파닥〉 같은 경우는 충격적 결말 때문에 극장에서 아이들이 울고 불고…… 하는 해프닝도 있었다네요. 이것이 한국 문화콘텐츠가 현실을 다루는 방식입니다.

그러면 한국 문화콘텐츠들은 현실만을 보여 줄까요? 사실

현실을 잊고 싶을 때 보는 게 드라마나 영화입니다. 한국인은 현실을 잊고 싶을 때 어떤 드라마를 볼까요?

제가 생각하기에 그것은 '막장 드라마'입니다. 막장 드라마에는 현실에선 구경도 하기 힘든 재벌 3세들, 판검사들과 의사들이 즐비합니다. 그들은 대개 출생의 비밀을 가지고 있으며 그들이 사랑하는 사람과는 대략 배다른 남매 사이입니다.

막장 드라마는 그 설정이나 등장인물들의 면모, 그들의 언행 등에서 극도의 비현실성을 보여 줍니다. 한두 번도 아닌 서너 번 꼬인 관계에 일상생활에서는 좀처럼 듣기 어려운 대사와 리액션까지…… "예나, 선정이 딸이에요" 같은 얘기를 들으면 마시던 주스 정도는 바로 흘려 줘야 하고, 따귀를 때려도 물 따귀는 기본이요 정성스레 준비한 김치 싸대기 정도는 돼야 기억에 남죠.

그러나 우리는 현실이 때로는 더 막장일 수 있음을 알고 있습니다. 막장이라고 비웃었던 설정들이 심심찮게 공중파에 보도되는 현실에서 사람들은 '00의 상상은 현실이 된다'를 느끼지 않을까요. 이런 점 때문에 막장 드라마에 열광하는 사람들이 있는 게 아닌가 합니다.

이처럼 현실성이야말로 한국 문화콘텐츠의 가장 큰 특징이라 할 수 있습니다. 물론 일본에 현실을 다룬 드라마나 영화가 없지는 않습니다. 특히 〈심야식당〉이나 〈고독한 미식가〉, 우리나라에서 리메이크된 〈리틀 포레스트〉 등 일본의 드라마나 영화에서 고즈넉하고 잔잔하게 묘사되는 일상에는 한국 콘텐츠에서는 찾아볼 수 없는 맛이 있죠.

하지만 현실을 직접 다루는 것은 아무래도 일본인들에게 익숙한 방식이 아닌 듯합니다. 일본의 어두운 면을 들춰 낸 고레에다 히로카즈 감독의 〈아무도 모른다〉나 〈어느 가족〉 등의 영화는 일본에서 그리 환영받지 못했습니다. 똑같이 칸 영화제 대상을 수상했지만 한국에서는 〈기생충〉의 수상에 대해서 대통령과 여러 정치인을 비롯해 각계각층의 찬사가 이어진 반면, 일본에서는 〈어느 가족〉의 수상에 대해 냉담한 반응 일색이었죠. 적어도 정치권의 반응은 그랬습니다. 정치와 일상이 서로 나뉘어 있는지는 모르겠지만 말입니다.

'일본에 이런 가족은 존재하지 않는다'로 요약할 수 있는 이러한 반응에서는 엄연히 존재하는 현실을 애써 보지 않으려는 어떤 절박함마저 느껴집니다. 그걸 인정하는 순간 받아들여야 하는 현실의 무게가 감당하기 어려워서일까요. 최근 일본 애니메이션의 트렌드로 '이세계물'이 떠오르고 있는 이유도 살짝 짐작할 수 있을 것 같습니다.

한국인들의 관심은 현실에 있습니다. 예로부터 공자께서 괴력난신怪力亂神을 금하신 까닭일까요, 아니면 단군신화에서부터 보여지듯 세상을 사랑했기 때문일까요. 개똥밭에 굴러도 이승이 좋다는 속담처럼 한국인들은 거기가 개똥밭일지언정 이승(현실)에서 구르고 부딪치고 싸우며 살아갈 겁니다.

··· 욕하는한국인

VS

예의바른일본인

한국에는 욕이 많습니다. 대표적인 것만 꼽아 봐도 '개'가 들어가
는 종류와 '좆' '씹' 등 성기가 들어가는 종류를 비롯해 과거의 형
벌에서 비롯된 것들(오라질, 젠장할, 육시랄 등), 염병, 지랄, 미친 등
과 같이 신체/정신적 질병과 관련된 종류, 근친상간 등의 패륜적
의미를 지닌 것들(니미랄, 제기랄, 지기미 등) 등 상당히 다양하죠.

이 외에도 동물과 관련된 것, 신체의 장애나 훼손과 관련된
것, 또 이상의 것들이 조합된 형태까지 하면 매우 다양한 욕이 존
재하고 또 사용되고 있다는 것을 알 수 있습니다. 그래서인지 한

국에는 다양한 욕이 수록된 욕 대사전까지 있을 정도죠.

반면 일본에는 욕이랄 것이 거의 없습니다. 일본 애니나 드라마 등을 보면 기껏해야 바카ばか(바보)나 아호あほ(멍청이) 정도를 들을 수 있는데요, 바카는 바카야로에서 왔는데 한자로 말 마馬자와 사슴 록鹿 자를 씁니다. 말과 사슴이 욕이라니 참 귀엽죠?

우리말로 젠장이라고 번역되는 '칙쇼'는 축생畜生, 즉 짐승이란 뜻입니다. 우리나라에서 '짐승'은 연인 사이에서도 가끔 쓰는 뭐 그런 표현에 불과합니다(쟈기 짐승~). 젠장은 '난장亂杖'이라는 형벌에서 온 말인데 '제기 난장 맞을'의 약어입니다. 난장은 죄인이 죽건 말건 아무 데나 함부로 때리는 형벌입니다. 즉, 젠장은 '네 아이가 난장 맞아 죽으라'는 몹시 험한 뜻으로 짐승하고는 큰 차이가 있죠.

애니메이션에서 종종 들리는 '아호'도 멍청이, 천치 정도의 수준입니다. 물론 일본에도 이보다는 많은 비속어가 있습니다만 '이러저러한 놈' 정도로 상대를 경멸적으로 부르는 종류가 많고 '꺼져' '똥 먹어' 내지는 '죽어 버려' 정도이지 한국 욕처럼 구체적으로 '무엇을 사용해서 어떻게 죽이겠다'는 식의 표현은 거의 없습니다.

아무래도 우리가 한국 사람이다 보니 한국 욕을 더 많이 아는 것도 있겠고 외국의 다양한 욕 표현을 알아들을 만큼 외국 말을 모르는 것도 사실이겠습니다만, 적어도 한국과 일본을 비교하자면 한국의 욕이 훨씬 많고 다양하다는 것은 사실 같습니다.

왜 한국 사람들은 욕을 많이 하고 일본 사람들은 욕을 별로 하지 않을까요?

어떤 사람들은 한국 사람이 욕을 많이 하니까 나쁜 사람이고 일본 사람은 욕을 안 하니까 좋은 사람이라고 생각하는 것 같습니다. 네, 맞습니다. 초등학교 수준에서 딱 맞는 말입니다. 친구들끼리 욕 하지 말고 사이좋게 지내야 착한 어린이죠.

그런데 말입니다. 문화는 '착하다' '나쁘다'로 평가할 수 있는 대상이 아닙니다. 문화는 특정 집단의 사람들이 주어진 환경에 적응하기 위해 오랜 시간에 걸쳐 만들어 온 것으로 사회의 유지와 존속을 위한 기능을 가지고 있기 때문입니다.

과연 욕의 기능은 무엇일까요? 욕은 표면적으로 상대에 대한 공격의 의미를 담고 있습니다. 욕의 표현들을 보면 대부분 상대에 대한 멸시와 조롱, 저주와 협박에 관한 내용들이죠. 그러나 욕의 현시적 의미가 실제로 실행되는 경우는 거의 없습니다. 우리가 욕하는 내용들이 실현된다면 세상은 끔찍한 반사회적 범죄로 가득 찰 겁니다. 물론 한국에 그런 범죄가 넘쳐 나지는 않습니다. 따라서 욕의 실질적인 기능은 따로 있다고 봐야 하겠죠.

욕의 실질적 기능은 바로 부정적 감정을 표출하는 것입니다. 욕을 하는 상황은 좌절이나 상실로 인해 화가 치솟을 때입니다. 상대방에 대한 실망과 배신감, 미움도 함께하죠. 이러한 부정적 감정들은 정신 건강에 매우 해롭습니다. 좌절이나 상실이 빨리 회복되고 상대방의 사과와 사죄가 뒤따른다면 좋겠지만, 인간사에 그런 일이 매번 있을 거라 기대하긴 어렵습니다.

이때 분하고 억울한 마음을 억누르기만 한다면 어떨까요. 한국에서는 그럴 때 화병이 난다고 합니다. 화병은 화가 나도 제대로 화를 낼 수 없고 자신의 마음을 이야기할 사람도 없을 때 발생하는 병입니다. 욕은 이러한 나쁜 감정을 배출해 줍니다.

화나는 일이 있을 때 아무도 없는 곳에서 욕이라도 시원하게 한바탕 한다면 조금이나마 숨통이 트이지 않을까요? 없는 데서는 나라님도 욕한다지 않습니까? 한국에서 욕은 평소에 누적된 부정적 감정을 표출하는 수단입니다.

다음으로, 욕은 욕하는 사람을 강하고 위험해 보이게 해 줍니다. 일종의 자기 과시 기능이라고 할 수 있죠. 아이와 어른 사이에서 한창 자기 정체성을 확립해 가는 청소년들이 욕을 많이 하는 이유이기도 합니다. 일부러 거친 말을 하면서 다른 이들이 자신을 무시하지 못하게 방어하는 것이죠.

물론 나이를 먹을 만큼 먹고도 욕을 입에 달고 다니는 사람은 한국에서도 평판이 좋지는 않습니다. 그런 사람들은 대개 감정 조절 능력이 부족하거나 욕을 통해 자신의 허약한 내면이 드러나는 것을 방어하려는 이들이죠.

한편, 한국 문화에서 욕이 사용되는 맥락이 또 하나 있는데요, 욕은 의외로 친한 사이에서도 많이 쓰입니다. 특히 어릴 때부터 많은 시간을 함께했던 X알 친구들이 주고받는 대화를 들어 보면 대부분이 욕입니다. 그렇다고 그들이 서로를 원수로 여기고 공격하려 한다고 생각하면 오산입니다.

즉, 한국 문화에서는 욕이 정情스러운 관계의 상징이기도 하다는 말씀입니다. 요새는 찾아보기 힘든 시장의 욕쟁이 할머니들은 세상에 고객들에게 쌍욕을 날리며 장사를 하십니다. 일부러 욕쟁이 할머니의 가게에 찾아가는 이들이 원하는 것은 욕 너머에서 느껴지는 할머니의 따뜻한 정입니다.

욕은 문자 그대로가 아니라 욕을 나누는 이들 사이 관계의 깊이와 질을 나타냅니다. 결국 한국 문화에서 사람들이 자기를 표현하는 방식이자 의사소통의 방법인 것이죠. 그렇다면 욕을 안 하는 일본인들은 부정적 감정을 어떻게 해결하고 있을까요?

사람을 믿는 한국인 VS 시스템을 믿는 일본인

2012년 OECD에서 실시한 행복지수 연구 중, 힘든 상황에서 도움을 요청할 수 있는 사람이 있는지 묻는 항목에서 한국은 조사 대상 36개국 중 35위를 차지했습니다. 세상에 믿을 놈 하나 없다더니 그 말이 딱입니다.

　과연 그렇겠다 싶은 것이 대한민국은 사기 범죄에서 세계 1위를 달리고 있습니다. 2013년 한 해 동안 한국의 사기 범죄는 27만 4086건이 발생했습니다. 연평균 25만 건, 하루 60건 이상의 빈도입니다. 같은 기간 일본은 3만 8302건에 불과합니다.

2018년 3월 통계청이 발표한《2017 한국의 사회지표》에 따르면 2017년 우리 국민의 가족, 이웃, 지인 등 일반인에 대한 신뢰는 4점 만점에 2.7점으로 그리 높은 편이 아닙니다. 4점 만점이면 1-전혀 신뢰하지 않는다, 2-신뢰하지 않는다, 3-신뢰하는 편이다, 4-전적으로 신뢰한다, 와 같은 식으로 측정했을 텐데 2.7점이면 신뢰할지 말지 망설이는 수준에 해당합니다.

공공 부문에 대한 신뢰는 더 가관입니다. 의료 기관이 2.6점으로 상대적으로 가장 높고, 다음으로 교육계, 금융기관이 2.5점, 검찰과 대기업에 대한 신뢰는 2.2점으로 낮은 수준을 보이고 있습니다. 정부 부처에 대한 신뢰도는 그나마 전년에 비해 0.3점이나 올라서 2.3점이지만, 국회는 1.8점으로 가장 낮습니다. 2점보다 낮다는 것은 대놓고 믿을 수 없다는 뜻이죠.

정치사상가 프랜시스 후쿠야마는 자신의 저서《트러스트》에서 '국가 경쟁력은 한 사회가 고유하게 지니고 있는 신뢰의 수준에 의해 결정된다'고 주장합니다. 그렇군요. 우리는 이래서 아직 '선진국'이 아닌 것이었습니다.

그런데 이상합니다. 한국인하면 정情 아닌가요? 끈끈한 우리-정 관계로 맺어져 있고 매일같이 '우리가 남이가'를 부르짖는 한국인들은 왜 서로 사기를 못 쳐서 안달이고 어려울 때 도움받을 사람이 하나 없을까요?

지금까지 인용한 조사 결과만 보면 한국인은 거의 믿을 수 없는 사회 시스템에서 서로 사기 치기 바쁜 사람들이 호시탐탐 서로 등쳐 먹을 기회만 노리며 살아가는, 세상에서 가장 못 믿을 족속처럼 느껴집니다. 각계의 전문가들과 언론도 한국은 '저신뢰 사회'라는 전제에서 모든 이야기를 시작합니다.

그런데 말입니다. 국가 비교 통계 사이트인 넘베오NUMBEO 에서 2018년 120개국을 대상으로 한 조사에서 해외 여행객들이 꼽은 세계에서 가장 안전한 나라로 한국이 뽑혔습니다. 2019년 조사에서는 순위가 조금 내려가긴 했지만 한국을 다녀간 많은 외국인이 밤늦게까지 돌아다녀도 안전한 나라라고 이야기합니다.

한국에는 유럽의 관광지에서 흔히 만날 수 있는 소매치기도 없고 커피숍이나 식당에 가방이나 노트북을 놓고 다녀도 집어 가는 사람이 없습니다. 지하철에 놓고 내린 물건도 나중에 분실물 보관소에 가 보면 웬만큼 찾을 수 있죠.

한국에서는 전기가 끊어지거나 심지어 시위를 할 때에도 도시가 파괴되거나 상점이 털리는 일 따위는 일어나지 않습니다. 우리보다 신뢰 수준이 높다는 국가들에서도 종종 발생하는 일인데 말입니다. 우리가 당연하게 받아들이고 있는 한국의 치안 수준과 이런 문화는 신뢰와는 별 상관이 없는 걸까요?

요점부터 말씀드리겠습니다. 신뢰에는 두 차원이 있습니다. 사적 신뢰와 공적 신뢰가 그것입니다. 다른 이들에 대한 일반적인 신뢰 수준과 그 사회의 기관 및 시스템에 대한 신뢰 사이에는 차이가 존재합니다.

한국인 심리를 연구해 온 연구자의 입장에서 한국인의 일반적 신뢰 수준은 높은 편이나 기관 및 시스템에 대한 신뢰 수준은 낮다고 말씀드릴 수 있습니다. 공적 영역에 대한 낮은 신뢰는 우선 역사적으로 한국의 국가 시스템이 한국인들에게 행해 왔던 일들을 떠올려 보면 자연스럽게 이해할 수 있습니다.

한국인들의 기억이 닿는 한 구한말에서부터 극히 최근까지 한국의 국가 시스템은 한마디로 정상이 아니었습니다. 망국과 식민지, 내전과 독재를 경험한 이들이 시스템을 신뢰할 수 없는 것은 당연한 일입니다. 그럼에도 불구하고 사회가 유지되고 이만큼이나 발전해 올 수 있었던 것은 한국인들의 아마도 사적 신뢰 체계 때문일 것이라고 생각합니다.

한국인들은 기본적으로 다른 사람의 마음도 내 마음 같을 거라는 전제 아래 살아갑니다. 그래서 정도 많고 다른 이들과 가까워지기도 쉽지만, 또 그렇기 때문에 오해도 많고 속상할 일도 많죠.

이러한 믿음 체계가 커피숍에 노트북을 놓고 다녀도 집어 가는 사람이 없는 이유이고 사기 범죄가 많은 것 역시 이 때문이라고 볼 수 있습니다. 사람들은 '저 사람이 설마 내 노트북을 가져가겠어?'라는 생각으로 물건을 두고 다니고, 사기범들은 '저 사람이 설마 나한테 사기를 치겠어?'라는 사람들의 신뢰를 거꾸로 이용하는 것이죠.

일본은 어떨까요? 앞서 언급한 《트러스트》의 프랜시스 후쿠야마는 한국을 대표적인 저신뢰 사회로 분류한 반면 일본은 미국, 독일 등과 함께 고신뢰 사회로 분류하고 있습니다. 그러나 최근 이러한 통념을 다시 생각케 하는 연구 결과들이 제기되고 있습니다.

사회학자 사토 요시미치의 한국과 미국, 일본을 비교한 연구에서 한국인들의 일반적 신뢰수준은 53%로 미국(34%)과 일본(20%)을 훨씬 상회하는 것으로 나타났습니다. 도쿄 대학 사회심리학 교수 하리하라 모토코는 2010년 서울과 뉴욕, 도쿄의 지하철에서 승객들 사이의 상호작용을 비교했습니다.

100구간당 상호작용의 빈도에서 서울 45.4회, 뉴욕 26.2회, 도쿄 6.6회의 상호작용을 보였습니다. 다른 사람과 이야기를 나누거나 자리를 양보하는 등의 행동이 이루어졌다는 말입니다. 하리하라 교수는 한국인들의 대인 관계망의 크기가 미국이나 일본에 비해 크다고 말합니다. 인간관계를 맺는 데 적극적이고 스스럼이 없다는 것입니다.

사회심리학자 야마기시 토시오는 일본은 신뢰가 높은 사회는 아니라고 단언합니다. 일본은 '안심할 수 있는 사회'이지 '신뢰가 높은 사회'는 아니라는 겁니다. 그에 따르면 신뢰란 불확실성에도 불구하고 상대가 나에게 손해를 끼치지 않을 것이라 믿고 기대하는 것입니다. 타인에게 그런 믿음과 기대가 있다면 일본인들의 일반적 신뢰 수준이나 대인 관계망의 크기가 그렇게 작게 나오지는 않았겠죠.

저는 '알고 봤더니 한국이 고신뢰 사회고 일본이 저신뢰 사회더라'라는 말씀을 드리려는 것이 아닙니다. 신뢰에는 일반적 신뢰와 공적 영역에 대한 신뢰가 있고 그 둘은 서로 다른 차원에서 이해되어야 한다는 것이죠. 신뢰의 차원은 반드시 구분되어야 합니다.

한국 사회의 공적 영역에 대한 낮은 신뢰는 반드시 개선되어야 할 사안입니다. 그러나 일반적 영역에서의 높은 신뢰 수준 역시 우리 문화의 중요한 특징이자 우리가 당면한 여러 사회적 문제의 해결에 핵심적인 열쇠로 작용할 수 있는 자산이라는 점을 간과해서는 안 될 것입니다.

　마찬가지로, 일본의 높은 신뢰는 그들의 사회 시스템과 공적 영역에 기반한 것입니다. 반면, 타인에 대한 낮은 신뢰 역시 일본 문화의 중요한 특징이며 일본을 제대로 알기 위해서는 이 두 가지 측면을 모두 이해하는 것이 필요하다는 사실 역시 제가 강조하고픈 지점입니다.

··· 반일의 이유 / vs / 혐한의 이유

가깝고도 먼 나라라는 말이 있을 정도로 한국과 일본의 사이는 좋지 않습니다. 한국인들이 일본을 싫어하는 이유는 두 나라의 역사와 밀접한 관계가 있습니다. 삼국시대 이래로 임진왜란에 이르기까지 왜구에게 시달린 데다 끝내는 나라를 빼앗기기까지 했으니까요.

그래서 지금도 스포츠 한일전이라도 있을라치면 일본에는 '가위바위보'도 져서는 안 된다며 투지를 불태우는 한국인들을 흔히 볼 수 있죠. 사실 인접한 국가끼리 사이가 껄끄러운 것은 세계사에서 흔히 있는 일입니다. 영국과 프랑스, 독일과 폴란드 같은 나라도 오랫동안 치고받아 온 역사 때문에 축구 같은 데서 맞붙게 되면 한일전을 방불케 하는 분위기가 만들어지죠.

그러나 한국의 반일 감정은 단순히 오래된 이웃 사이의 해묵은 감정으로 이해하기에는 무리가 있습니다. 징용 피해자, 위안부 할머님 등 일제강점기를 직접 경험한 분들이 여전히 생존해 계시는 데다가 일제강점기는 6.25와 분단 등 지금까지 이어지는 한국의 불행한 현대사의 원인이기도 하거든요.

더 큰 문제는 일본이 과거의 과오를 인정하지 않고 역사, 영토, 산업 등 다방면에서 지속적인 도발을 해 오고 있다는 점입니다. 일제강점기의 강제징용이나 위안부 강제 동원과 같은 역사적 사실을 왜곡하거나 엄연한 한국의 영토인 독도를 일본 영토라고 주장하는 것은 물론, 최근의 무역 제재(?)와 같이 조선이나 반도체 등 한국이 우위를 점하고 있는 산업들에 끊임없이 부당한 조치를 취하고 있습니다.

일본인들은 한국은 왜 이미 끝난 문제를 계속 걸고 넘어지느냐, 이미 사과했는데 왜 계속해서 사과를 요구하느냐…… 하며 불만입니다만, 역사 왜곡 같은 사안은 결코 끝난 문제가 아닐 뿐더러 앞서 사과한 내용도 내각이 달라지거나 하면 순식간에 뒤집으니 한국인들 입장에서는 그 사과의 진정성을 의심하지 않을 수 없는 것이죠.

그런데 일본은 왜 한국을 싫어하는 것일까요? 일본 정부는 과거사나 영토 문제 등에 대한 한국의 입장에 '어린아이처럼 떼쓴다' '감정적으로 나온다'는 식으로 반응하고 있는데요, 이런 반응은 일본의 문화적 배경에 따르면 상대를 아주아주 낮게 평가하는 어법입니다.

일본 문화에서 떼를 쓰거나 자신의 감정을 드러내는 것은 어린아이들이나 할 행동으로 평가받습니다. 어린아이들이 해도 부모의 엄한 훈육과 주변의 따가운 시선을 받아야 하죠. 다시 말해, 일본은 한국을 '어린아이'로 본다는 이야기입니다.

과거사나 영토 문제 등 양국 간의 민감한 사안에 대해서 잘 모르는 일본인들이 들으면 한국 쪽이 나쁘다고밖에 생각할 수 없는 것이죠. 세상에 국가 간의 문제에 어린애처럼 떼를 쓰다니 말입니다.

한국을 떼쓰는 어린아이쯤으로 보는 일본의 인식은 근대 이전으로 올라갑니다. 다음은 일본 근대화의 아버지이자 게이오 대학의 설립자이며 만 엔짜리 지폐에 얼굴이 올라 있는 후쿠자와 유키치의 조선에 대한 평가입니다.

조선은 아시아의 일소 야만국으로서 그 문명의 상태는 우리 일본에 미치기에는 너무 멀리 뒤떨어져 있다. 이 나라와 교류해서 우리가 얻을 것은 하나도 없다.

조선인의 완고 무식함은 남양의 미개인에게도 뒤지지 않는다. 조선은 상하 모두가 문명이 무엇인지 알지 못하고, 학자는 있지만 다만 중국의 문자만 알 뿐 세계정세는 모르고 있다. 그 나라의 질을 평가한다면 글자를 아는 야만국이라 하겠다.

조선인은 고집이 세고 인정하려 하지 않고 약속을 안 지키고, 편협하고, 사리에 어두우며 밥만 축내는 냄새가 나는 더러운 기생충 같은 존재다.

후쿠자와 유키치는 일본이 근대화하여 강대국이 되기 위해서는 조선과 중국 같은 나라들이 있는 미개한 아시아를 벗어나 유럽과 같은 길을 걸어야 한다고 생각했습니다. 위의 기술은 그의 책 《탈아론》의 구절들입니다. 후쿠자와 유키치의 이러한 생각에는 제국주의 시대의 비서구 지역을 미개사회로 보고 유럽을 인류 문명의 정점으로 보는 사회진화론적 인식이 깊게 배어 있습니다.

일본은 후쿠자와 유키치가 제공한 이론을 근거로 서구 문물을 받아들여 산업화에 성공하고 당대 유럽처럼 제국주의의 길을 걷습니다. 그리고 그 대상이 된 것이 조선을 비롯한 아시아 나라들이었죠.

이 과정에서 일본과 다른 아시아 나라들을 구분짓는 인식이 발생하게 되는데요, 모든 나라에는 '각자 알맞은 자리'가 있다는 것입니다. 다음 인용문들은 루스 베네딕트의《국화와 칼》에서 가져온 것들입니다.

◆ **삼국동맹**(1940년, 독일, 이탈리아, 일본) **당시의 선언문**
대일본제국 정부와 두 나라는 세계 만방이 각각 알맞은 자리를 취하는 것이야말로 항구적 평화의 선결 요건이라고 본다. 각국이 각자에게 알맞은 자리를 찾아내는 것, 그리하여 만민이 안전하고 평화롭게 살도록 하는 것이야말로 가장 위대한 과업이라 아니할 수 없다.

◆ **진주만 공격 당일 일본의 성명서**(1941년)
모든 국가가 세계에서 각자 알맞은 자리를 취하도록 하려는 일본 정부의 정책에는 조금도 변함이 없다. 일본 정부는 현 사태의 영구화를 참을 수 없다. 그것은 각국이 세계에서 각자 알맞은 자리를 지키도록 한다는 일본의 기본 정책에 어긋나기 때문이다.

◆ 일본 육군성 중령의 발언(1942년)

일본은 그들의 형이며 그들은 일본의 아우다. 이 사실을 점령 지역 주민들에게 철저히 인식시키지 않으면 안 된다. 이때 주민들에게 지나친 배려를 표시하면 그들에게 일본의 친절에 편승하려는 마음을 불러일으킴으로써 일본의 통치에 해로운 영향을 끼칠 우려가 있다.

일본에게 세계 여러 나라들의 '알맞은 자리'란 일본이 형이 되고 다른 나라들은 아우가 되는 것을 의미합니다. 형은 아우를 돌보고 아우는 형을 따릅니다. 이 얼마나 (그들에게는) 아름다운 세상일까요.

한편 형과 아우란 강자와 약자를 의미하기도 합니다. 강자는 약자에게 무슨 일이든 해도 되고 약자에게는 그것을 거부할 권리가 없다는 것이 강자와 약자에 대한 일본인들의 인식이기도 하죠. 약자가 당한 일은 그들이 강하지 못했기 때문에 일어난 일입니다. 강자에게는 그 일을 뉘우치거나 사과할 의무가 없는 것입니다.

일본인들이 한국을 혐오하는 이유도 여기서 나옵니다. 동생이 건방지게 형한테 맞먹는 것은 물론, 약자가 강자에게 사죄와 보상을 요구하는 것을 받아들일 수가 없는 것이죠. 이는 최근 두드러지고 있는 한국의 성장과도 관련이 있습니다.

한국의 위상은 후쿠자와 유키치가 살던 시대와 전혀 다릅니다. 군사력 세계 7위의 군사 강국이자 IMF가 발표한 세계 10대 선진국에 드는 한국은 일본이 절대 만만하게 볼 수 있는 나라가 아니죠.

일본과의 GDP는 1965년에는 무려 9배 차이가 났지만, 2018년 기준으로 한국이 3만 1362달러, 일본이 3만 9286달러로 그 격차가 상당히 줄어들었습니다. 2020년 3월 OECD가 발표한 구매력 평가PPP, Purchasing-Power Parity 기준 GDP(2017년 통계)는 한국이 4만 1001달러로 4만 827달러인 일본을 앞질렀습니다.

여기에 한류 등 커지고 있는 한국의 문화적 영향력이 전통적 문화 강국 일본의 입지를 위협하고, 최근 진행되는 남북 협력의 분위기 또한 동아시아에서 일본의 우위가 더 이상 지속될 수 없다는 일본의 인식으로 이어지고 있습니다. 종전 선언을 반대하는 유일한 나라가 일본이죠.

반면 일본은 버블 경제 붕괴 이후 경제의 활력을 상실한 소위 '잃어버린 30년'이 계속되는 데다가 2011년 발생한 동일본 대지진 및 후쿠시마 원전 사고의 후유증으로 좀처럼 전기를 마련하지 못하고 있는 모습입니다.

물론 일본은 여전히 세계 3대 경제대국이며 여러 분야에 걸친 일본의 영향력 또한 여전히 막강합니다. 그러나 WTO 화이트 리스트 배제나 무역 제재 등 최근 일본의 연이은 한국 때리기는 이러한 우위가 언제까지 지속될지 모른다는 불안이 반영된 행보로 보입니다.

나카지마 다케시 도쿄 공업 대학 교수(근대 일본 정치사상가)는 아사히 신문과의 인터뷰에서 한국이 경제성장으로 국력을 키우는 한편 세계에서 일본의 상대적 지위가 하락한 것이 최근 한국에 대한 부정적 논조가 확산한 주요 원인이라고 말했습니다.

그는 "한국의 자세도 '일본에 할 말은 한다'로 변화해 갔다. 일부 일본인은 자신을 상실하는 가운데 이웃 나라인 한국이 자기주장을 강화하는 태도가 마음에 들지 않았다. 보수파, 특히 장년층에서 (혐오 감정이) 더 나타났다"라고 설명하고 있습니다.

실제로 최근 아사히 신문의 여론조사 결과를 보면 한국에 대한 혐오 감정이 젊은 세대보다는 노년층에서 강한 것으로 나타나고 있습니다. 나카지마 교수는 "한국을 과거에 얕본 듯한 중, 노년 세대에 그런 경향이 어느 정도 있는 것은 납득할 수 있다. 이 세대가 시대의 변화에 따라가지 않고 있다. 그것이 지금 일본 내셔널

리즘의 모습"이라고 규정하고 있습니다. 과거에 형성된 한국에 대한 인식을 현재에도 이어 가려는 일본의 속마음이 혐한의 주요 이유인 것입니다.

사실 현재 일본의 젊은 세대에서는 한국의 이미지가 크게 나쁜 것 같지 않습니다. 한류를 즐기는 청년들도 많고 한국에 여행 오는 일본인도 많이 늘었죠. 그러나 일본의 주요 서점에는 여전히 혐한 코너가 자리를 차지하고 있고 대도시의 거리에서는 혐한 시위가 벌어집니다.

물론 혐한 시위에 맞불 시위를 하는 일본인들도 있고 일부 지자체에서 헤이트 스피치 방지법을 입안하는 등의 노력도 있지만 한국에 대해 강경한 태도를 취하고 있는 아베 정권의 지지율이 고공 행진을 계속한다거나 언론에서 지속적으로 한국을 헐뜯는 기사가 나오고 그러한 내용을 담은 프로그램들이 방영되는 것을 보면 혐한이 일본 중, 노년 세대에 한정돼 있다고 보기만은 어려운 것이 현실입니다.

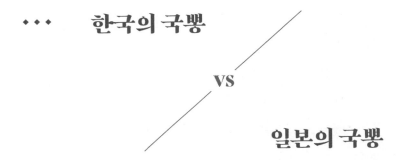

한국의 국뽕 vs 일본의 국뽕

바야흐로 대국뽕의 시대입니다. 국뽕이란 나라 국國에 마약의 한 종류인 히로뽕(필로폰)의 뽕을 합친 말로, 자신이 속한 나라에 대해 느끼는 자부심을 일컫는 말입니다. 최근 유튜브나 방송에는 국뽕에 한껏 취한 콘텐츠들이 많죠.

　실제로 요즘 국제사회에서 한국의 위상을 보면 근거가 없지 않습니다. 경제, 군사 등 외적인 부분부터 K-팝과 드라마, 영화 등 세계에 영향력을 넓혀 가고 있는 한국 문화와 부당한 권력을 퇴진시킨 민주주의, K-방역이라는 브랜드가 되어 가고 있는 코로나 사태 대응 등 한국인으로서 자부심을 느낄 만한 사건들이 많기 때문이죠.

우리만 그렇게 느끼는 것이 아니라 유발 하라리, 마이클 샌델, 빌 게이츠 등 세계적 석학들과 유명인들도 여러 매체에서 한국을 칭찬하고 있습니다. 음악, 영화 등 대중문화에서 언급되는 한국은 일일이 인용하기 식상한 지경입니다.

그러다 보니 일부 유튜버나 방송 차원이 아니라 일반 국민 차원에서도 자국에 대한 자부심이 실제로 상승하고 있는 것 같습니다. 지난해 4월 한국리서치가 실시한 조사에서는 한국인임이 자랑스럽다는 응답이 80%, 한국에 사는 것이 만족스럽다는 응답이 76%, 다시 태어나도 한국에 태어나고 싶다는 이들이 71%에 달했습니다. 얼마 전까지 유행이었던 '헬조선'이라는 말도 어느새 자취를 감춘 듯합니다.

한편, 국뽕하면 일본을 빼놓을 수 없습니다. 일본은 예전부터 '세계에서 사랑받는 일본'이라는 말을 내세우며 자의식이 높기로 유명하죠. 일본은 아시아에서 최초로 산업혁명과 근대화에 성공한 나라이며 일찌감치 무역과 교류로 세계의 문화와 예술에 영향을 미치기도 했습니다. 여담으로, 전통극 가부키의 무대장치는 오페라에, 도자기를 포장할 때 썼던 우키요에는 인상과 미술에 영향을 주었다고 하죠. 뭐 그뿐이 아닙니다.

제2차 세계대전에서의 패전을 극복하고 1980년대에는 이미 미국을 위협하는 경제대국으로 성장하였으며 자동차, 전자, 첨단 소재 산업 등 전통적인 산업 강국으로 군림하고 있습니다. 대중문화에 미친 일본의 영향은 더 대단합니다. 우리나라만 해도 어려서부터 일본 만화 한 편 안 보고 자란 아이가 없고 변신로봇, 괴수, 사무라이, 닌자 등 전 세계 사람들의 눈을 사로잡은 대표적인 문화콘텐츠들이 일본에서 나왔습니다.

그 외에도 잘 보존된 전통이나 질서 있고 깨끗한 거리, 치안 등 일본인들이 스스로를 자랑스러워할 만한 이유는 충분합니다.

그러나 최근 일본의 국뽕 현상에는 문화심리학자로서 간과할 수 없는 중요한 변화가 두드러지고 있습니다. 여전히 세계 3위의 경제대국이자 강대국으로서의 위상을 지키고 있는 일본입니다만 요즈음 드러나는 일본의 자국뽕은 좀 지나치다는 생각이 듭니다.

아래는 최근 발행된 일본의 국뽕 서적들의 제목입니다.

* 영국, 일본, 프랑스, 미국에 살아 보세요, 나는 일본이 가장 살기 좋았습니다

- 유럽 살아 봤지만 9승 1패로 일본 승리
- 세계로부터 존경받는 일본
- 천황이 있는 일본, 세계가 동경
- 일본인이 되고 싶다, 유럽 27개국에서 본 일본인
- 일본인은 왜 세계에서 존경받는 것인가
- 이슬람 사람들은 왜 일본을 존경하는가?
- 일본 싸워 주셔서 감사해요, 아시아가 칭찬하는 일본
- 일본에 사는 영국인이 영국으로 돌아가지 않는 진짜 이유
- 일본은 왜 아시아 국가에서 사랑을 받는가

사실 일본은 오랫동안 세계적인 선도 국가였기 때문에 그런 부분들에 대한 뽕은 이해할 만한 여지가 있습니다. 하지만 일본에는 사계절이 있다거나 깨끗한 물을 마실 수 있는 나라, 자동으로 문이 닫히는 택시 등 다른 나라에 대한 이해가 심각하게 모자라 보이는 것들로부터 저 위의 책들처럼 전혀 자기 객관화가 이루어지지 않은 자화자찬마저 등장하는 현실은 분명 문제가 있어 보입니다.

물론 이러한 인식이 모든 일본인의 생각은 아닐 것입니다. 지나친 자국뽕에 대해서는 일본인들 사이에서도 반성의 목소리

가 나오고 있긴 합니다. 그러나 최근 일본의 국뽕 유형에는 분명한 변화가 감지되고 있습니다. 일본의 압도적 우세를 아무도 의심할 수 없었던 1980~1990년대에는 이러한 현상이 그다지 눈에 띄지 않았었거든요.

국뽕의 심리는 일차적으로 자존감의 욕구와 동일합니다. 사람들은 자신이 다른 사람들보다 좀 더 나은 존재라고 생각하는 경향이 있죠. 그 결과 어느 정도 현실 왜곡도 발생합니다만, 그 정도가 지나치지만 않는다면 이러한 경향은 정신 건강에 상당히 도움이 됩니다.

자존감의 욕구는 자신이 속한 집단에 대해서도 나타나는데 이른바 집단 자존감group self-esteem이 그것입니다. 인간이 사회적 존재이기에 나타나는 지극히 자연스러운 현상입니다. 그리스의 역사가 헤로도토스 시대부터 자신의 나라가 다른 나라보다 뛰어나다는 인식은 있었죠.

그러나 현시점에서 한일 두 나라의 국뽕은 그 궤가 다릅니다. 국뽕을 만들고 향유하는 동기가 다르다는 말씀입니다. 한국의 국뽕이 오랫동안 바닥을 쳤던 집단적 자존감을 회복하고 슬슬 자부심을 느끼려는 모습이라면 일본의 국뽕에서는 왠지 모를 다급함이 느껴집니다. 일본이 이렇게나 살기 좋은 나라가 아니면 안 될 것 같다는 절박한 마음 말이죠.

분명 일본은 세계 3대 경제대국이자 막강한 나라임에는 틀림없습니다. 하지만 일본의 영향력은 점점 감소하는 추세죠. 일본의 영광은 1990년대에 정점을 찍고 '버블 경제'가 붕괴되면서 소위 잃어버린 30년이 진행 중인 데다가 전통적으로 강세였던 자동차, 전자 산업들이 하향세를 그리고 있는 실정입니다.

게다가 2011년 발생한 동일본 대지진은 천문학적인 피해를 남겼으며 후쿠시마 원전 같은 경우는 아직도 복구가 요원한 상태입니다. 그래서 일본은 부족한 재정을 빚으로 충당하고 있습니다. 2019년 일본의 국채 비율은 GDP의 250% 수준으로 세계 1위입니다(한국 37%, 134위). 언제까지 이런 방식으로 막을 수 있을지 많은 전문가가 경고를 전하고 있죠.

더 불안한 것은 자연환경입니다. 아시다시피 일본은 네 개의 지각판이 맞물리는 '불의 고리'에 자리한 나라입니다. 현재도 80여 개의 활화산이 산재하고 100~150년의 주기를 갖는 대지진들이 이미 그 주기를 지난 채 예고되어 있습니다.

지진은 예로부터 일본인들을 가장 두려움에 떨게 한 요인입니다. 지진이 나면 땅이 조금 흔들리거나 갈라지고 끝나는 게 아니라 쓰나미와 화재 등의 2차 피해를 낳고 그 결과는 그동안 일궈

왔던 모든 것의 상실로 이어졌죠. 일본인들은 이러한 자연재해에 대처하기 위해 노력하면서 이 자리에 이르렀지만 그동안 일군 것이 많아지면서 불안 또한 커질 수밖에 없었습니다.

과연 지금의 일본이 예고된 재앙에 제대로 대처할 수 있을까요. 우리가 대비의 나라, 매뉴얼의 나라로 알아 왔던 일본의 대처는 최근의 잇따른 재난으로 그 민낯을 보였습니다. 물론 자연의 압도적인 힘 앞에 인간이 얼마나 무력한 존재인지를 깨닫는 계기가 되기도 했습니다만, 재난 이후의 복구 및 수습 과정에서 일본 정부가 보여 준 무책임하고 우유부단한 모습들에 가장 충격을 받은 것은 누가 뭐래도 일본인들 자신이었을 겁니다.

현재도 진행 중인 대지진의 후유증에 해마다 찾아오는 태풍 피해의 복구도 지지부진한 상황에서 코로나 사태까지 터졌습니다. 그리고 일본의 대응은 누가 봐도 잘한다고 하기는 어려운 것이 현실입니다.

그럼에도 일본인들이 일본이 최고의 나라다, 누구나 일본에서 살고 싶어한다…… 라고 되뇌는 이유는 최근 커지고 있는 불안을 달래기 위함으로 보입니다. 가장 살기 좋은 나라, 모두가 사랑하는 일본이어야만 마음속 불안을 누그러뜨릴 수 있을 테니까요.

오냐오냐
한국 부모

VS

칼같은
일본부모

예전에 일본에 갔었을 때의 일입니다. 저는 일본에 자주 가지도 않고 일본에서 오래 살았던 적도 없는 사람입니다만 이 사건은 아직도 뚜렷이 기억에 남아 있습니다. 도쿄에서 지하철을 타고 어딘가로 가는 중이었는데 한 역에서 유모차에 아기를 태운 젊은 엄마가 올라탔습니다.

그러려니 하고 딴생각을 하고 있자니 조금 후에 아기 우는 소리가 났습니다. 그러자 약속이라도 한 것처럼 열차 안 사람들의 시선이 일순 유모차와 엄마에게 쏠리는 것이었습니다. 아기 엄마는 눈에 띄게 초조해하며 연신 사람들에게 '스미마셍'을 연발하더니, 다음 역에서 내리고 말았습니다.

분명히 목적지까지는 더 가야 하는 듯했는데 말이죠. 사람들이 가하는 무언의 압박 때문에 내린 것 같았습니다. 저는 아기가 울었다는 이유로 열차에서 내리는 아기 엄마의 행동이 이해가 되지 않았습니다.

몇 년 후, 저는 4개월쯤 된 아이를 데리고 아내와 함께 지하철을 타고 어딘가로 가고 있었습니다. 한국에서의 일입니다. 몇 정거장 안 갔는데 아이가 웁니다. 그렇습니다. 원래 아기는 우는 존재입니다. 그래서 아내와 저는 내릴 생각 같은 건 애초에 하지 않은 채 아이를 달래고 있었습니다.

곧 재미있는 일이 벌어졌습니다. 주위 사람들이 저희를 흘끔흘끔 보더니, 옆에 서 있던 아저씨는 우스운 표정으로 까꿍을 해주시고, 앞에 서 있던 여학생은 핸드폰으로 〈뽀로로〉를 틀어 들이미는 한편, 자리에 앉아 계시던 아주머니는 "엄마 힘들게, 왜 우냐"라며 꾸중을 하시는 게 아닙니까. 물론 눈은 웃으시면서 말이죠.

그 순간 제 머릿속에는 몇 년 전 일본 지하철에서의 기억이 떠올랐습니다. 일본 아기 엄마는 왜 지하철에서 내려야 했을까요?

일본인들은 갓난아기가 대중교통을 이용하는 것을 민폐라

고 생각하는 경향이 있습니다. 유모차를 끌고 승차하는 일은 일본 민영 철도 협회가 발표하는 지하철 민폐 행위 중 7위에 해당합니다. 쓰레기 투기나 음주 승차보다 순위가 높을 정도죠.

일본 국토교통성의 2013년 조사 결과에 따르면, 혼잡할 때 유모차를 접지 않고 타는 승객이 있으면 불쾌하다는 응답이 42%에 이르렀습니다(한국 8%). 반면 유모차 승하차 시 주변 승객의 양보를 받은 적이 있다는 항목에는 13%만이 응답했습니다(한국 53%).

심리학자 기타오리 미쓰다카는 일본인들은 유모차와 함께 대중교통을 이용하는 것을 '타인의 사적 영역을 침해'하는 행위로 인식한다고 분석합니다. 일본인들에게 '자신의 영역'이 갖는 의미가 크다는 것은 알고 있었지만 이 정도일 줄은 몰랐습니다.

사회적 규범의 존재를 알기 전인 아기와 아기를 데리고 다니는 사람에게까지 같은 기준을 요구하다니요. 한국에서 이러한 일은 일어나지 않습니다. 우선 한국인들의 민폐에 대한 개념은 일본과 크게 다릅니다. 아기를 데리고 타는 것을 뭐라고 하는 사람은 아무도 없을뿐더러, 옆 사람과 대화를 하거나 전화 통화를 하는 모습도 얼마든지 볼 수 있습니다.

특정 종교의 포교 행위나 술 드신 분들의 고성방가 정도는 되어야 민폐라고 할 수 있죠. 잡상인이나 구걸하는 사람이 있어도 정도가 심하지 않으면 '먹고살기 힘들어 저러지' 하고 넘기는 경우가 많습니다.

그러나 아직 찜찜한 점이 남아 있습니다. 저는 아직도 초조해하던 일본 아기 엄마의 표정을 잊을 수가 없습니다. 아기 엄마는 왜 그렇게까지 초조해야 했을까요?

그 이유는 아기 엄마에 대한 일본인들의 태도에서 발견할 수 있었습니다. 아이가 남들에게 폐를 끼칠 경우, 일본에서는 비난의 화살이 엄마를 향하는 것이 보통입니다. 민폐를 끼치는 아이를 방치하는 엄마를 용서할 수 없다는 겁니다.

일본에서는 남녀 간의 전통적 성역할이 아직도 강하게 남아 있습니다. 남자는 밖에서 돈을 벌고 여자는 집에서 육아와 가사를 해야 한다는 주장에 찬성하는 비율이 40%에 달합니다(한국 10%). 한국도 꽤나 가부장적인 문화였지만 현대사회 들어 빠른 속도로 변화하고 있는 것과 비교되는 현상입니다.

따라서 일본 문화에서 엄마는 자식을 사회의 일원으로 키워내기 위해 많은 것을 희생하고 인내해야 하며, 일본 여성들은 상당 부분 이를 내면화하고 있습니다. 자신의 역할을 다하지 못한 경우에 스스로를 책망하고 주위 사람들에게 송구스러움을 느끼는 것이죠.

어떤 엄마들은 아이를 제대로 못 키웠다는 주변의 비난을 피하기 위해 한층 엄하게 아이를 혼내거나 그러한 비난을 원천 봉쇄하기 위해 아예 외출을 하지 않기도 한다는군요. 이제야 제가봤던 아기 엄마의 행동이 이해가 됩니다.

일본의 양육 태도는 감정 표현을 자제하는 문화 등과 맞물려상당히 엄격한 편입니다. 집 밖에서도 이러한 분위기는 이어집니다. 문화심리학자 가라사와 마유미의 연구에 따르면, 일본 어린이들은 어린이집 단계에서부터 지켜야 할 수많은 규칙을 배워야할 뿐만 아니라, 그러지 못했을 때 강도 높은 비판을 받는다고 합니다. 일본인들은 이러한 엄격한 양육을 당연하게 여기며 오히려한국이나 중국의 부모들이 자녀 교육을 제대로 시키지 않는다고생각합니다.

한편, 한국의 양육 태도는 "당신이 뭔데 우리 애 기를 죽여?"같은 말에서 알 수 있듯이 '기 살려주는 육아'로 요약할 수 있습니다. 식당이나 목욕탕 같은 공공장소에서 제멋대로 뛰어다니는 아이들을 나무라면 부모가 나타나 한다는 말이죠.

최근에는 '맘충'이란 말이 나올 정도로 한국에서도 아이를키운다는 이유로 민폐가 되는 행동을 하는 부모들에 대한 혐오가 나타나고 있습니다만 민폐의 기준이 일본과는 상당히 다르기도 하거니와 지나친 혐오에 대해서는 경계하는 목소리 또한 제기되는 실정입니다. 본질은 한국의 부모가 자녀에게 많이 관대하다는 점입니다.

특히 한국에 거주했거나 거주하고 있는 많은 외국인이 한국 부모의 관대한 양육 방식을 언급하고 있죠. 대표적인 사람이 유니버설 발레단의 국제부장을 지낸 미국인 김린 씨입니다. 그는 과거 실시된 한 인터뷰에서 한국의 엄마들은 서양의 엄마들보다 갓난아이의 울음에 훨씬 더 즉각적이고 적극적으로 반응한다고 주장했습니다.

일단 한국 엄마들은 아이와 같이 자는 게 당연하다고 생각하니까 그럴 수밖에 없습니다. 서양식 육아가 소개되고 아이와 같이 자는 것이 아이의 독립성을 키우는 데 좋지 않은 영향이 미친다는 말이 있어도 한국 엄마들은 불안해서라도 아이를 다른 방에 재우기를 꺼립니다. 주변에 외국 남자와 결혼한 여사친들이 좀 계신데 거의 예외 없이 이 문제로 남편과 싸우시더군요.

한국 엄마들은 아이와 함께 자면서 아이의 조그만 반응 하나하나에 응답합니다. 아이가 울면 먼저 기저귀가 젖지 않았나 확인하고 기저귀가 젖어서 불편한 것이 아니면 젖을 물려 보고 그래도 울음이 그치지 않으면 아이의 옷을 벗겨 어디가 찔려서 아픈 것이 아닌지 확인합니다.

아이가 계속 울면 아이를 안거나 업고 아이가 잘 때까지 보살피죠. 멀리 갈 것 없이 저희 아이들이 이렇게 컸습니다. 아이들이 조금 자라도 마찬가지입니다. 미국의 한국학자 부르스 커밍스는 한국 가정을 방문하고 다음과 같이 말했습니다.

나는 그들이 자식들에게 지나치게 관대한 데 놀랐다. 두 아이는 자유로운 새처럼 집 안을 온통 마음대로 헤집고 다녔다. 부모는 전혀 야단을 치거나 벌을 주려 하지 않았다. 밤이면 아이들은 부모의 팔에 꼭 안겼다.

한국인들은 일반적으로 아이들을 꽤나 허용적으로 키웁니다. 적어도 특정 시기까지는 말입니다. 칭찬도 많이 해 주고 해 달라는 것도 웬만하면 들어 줍니다. 감정 표현과 스킨십도 많은 편이죠. 부모가 엄격한 경우에는 조부모나 친척들이 이를 보완해 주는 모습도 보입니다.

외국인들에 의한 이러한 관찰은 뿌리가 깊습니다. 1653년 (효종 4년) 한국에 표류한 네덜란드인 하멜도 부모의 관대한 양육 태도에 관한 기록을 남겼고, 구한말 조선을 다녀간 다블뤼 주교도 조선 부모들의 끔찍한 자식 사랑을 인상 깊게 기록하고 있습니다.

정신 분석 이론을 연구하는 심리학자들은 어린 시절의 경험이 평생의 성격을 형성하는 데 가장 중요한 영향을 미친다고 봅니다. 특히 에릭슨이나 페어베언 같은 정신 역동 이론가들은 각 시기에 맺어지는 부모와 아이의 상호작용에 따라 자신과 세상에 대한 태도가 형성된다고 주장한 바 있습니다.

특히, 저는 한국과 일본의 육아 방식에 있어서 결정적 차이를 보이는 시기로 에릭슨의 심리사회적 발달 단계에서 주도성 대 죄의식이라 명명한 시기를 꼽고자 합니다. 이 시기는 약 4~7세 정도의 나이에 해당하며 아이의 정신적, 신체적 능력이 성숙하여 계획을 세우고 이를 달성하고자 노력하는 행동(주도성)이 나타나는 시기입니다.

이 시기 아이들은 사회적 규범에 대한 이해가 낮고 때로 매우 공격적이거나 위험한 행동을 할 수 있기 때문에 자신들 뿐만 아니라 다른 이들의 안녕을 침해할 수 있습니다. 따라서 부모는 죄의식을 수반하는 강한 제재를 앞세워 이를 조절하게 됩니다.

이 시기에 한국 부모들은, 특히 일본과 비교했을 때, 자녀의 행동에 대해서 상당히 긍정적인 피드백(격려와 칭찬)을 보이는데 이러한 면이 한국인들의 성격 형성에 영향을 주었으리라는 추정이 가능합니다. 반면, 사회적 규범(메이와쿠 등)을 강조하고 칭찬 등 부모의 긍정적 피드백이 적은 일본의 양육 방식은 일본인들의 문화적 성격을 만들어 낸 원인이라 생각됩니다.

문화에는 장단점이 있습니다. 한국의 양육 방식은 자신감 있고 사람들에게 스스럼없이 다가가는 인간 유형을 만들어 냅니다. 대신 그만큼 제멋대로 행동하다 보니 서로에게 눈살 찌푸릴 일도 많겠죠. 일본의 양육 방식은 규칙을 잘 지키고 역할에 충실한 사람들을 키워 냅니다. 대신 그들은 자신감이 부족하고 따라야 할 매뉴얼이 없는 상황에서 큰 불안감을 느끼게 될 겁니다.

각 문화에서 나고 자란 사람들은 자신의 문화가 가장 옳고 또 좋다고 믿죠. 문화심리학자이기 이전에 한국인으로서 한국의 양육 방식의 장점을 한 가지 추가해 볼까 합니다. 미국의 정치학자 프레드 앨퍼드의 책《한국인 심리에 대한 보고서》에는 한국의 어느 정신과 의사의 인터뷰가 나옵니다.

한국의 아이들은 두세 살이 되기까지 거의 무제한적으로 어머니의 손에 맡겨집니다. 그 결과 아이들은 서구인들은 잘 모르는 세계에 대한 자신감을 키우게 되죠. 물론 삶은 고되고 자신감은 오래가지 않아요. 하지만 그것은 우리에게 미래에 대한 희망으로 남아 있죠.

근거도 없고 막연한 것일지라도 자신감은 희망이 됩니다. '내가 괜찮은/능력 있는 사람인데 잘 되겠지 뭐' 같은 믿음 말입니다. 이런 사람들은 일시적인 고난과 어려움에 쉽게 좌절하지 않을 수 있습니다. 언젠가는 좋은 날이 올 거라는 믿음을 가지고 현재를 살아갈 수 있게 되죠.

문화를 어떻게 이해해야 할까

문화를 공부하면서 귀에 딱지가 앉게 들어 온 말들이 있습니다.

어떤 문화가 이렇다고 이야기하면 "다른 나라 사람들은 안 그러냐? 사람들 다 똑같다" 또는 "사람마다 다 다르지 그렇게 일반화할 수 있느냐?"라는 말들입니다. 이 책을 읽으실 여러분들도 분명히 갖게 되실 생각일 겁니다.

과연 한국의, 일본의 고유한 심리적 특성이 있을까. 한국과 일본의 문화적 개념이 다른 나라에는 없을까. 또는 그러한 특성은 한국인과 일본인 모두에게 나타나는 것일까? 내가 아는 한국인은, 일본인은 그렇지 않던데 하는 의문들이죠.

사람들은 어떨 때는 다 똑같고 어떨 때는 다 다른 것처럼 보입니다. 이게 문화를 이해하고자 할 때의 어려운 점입니다. 처음에는 이런 질문을 받으면 당황도 많이 하고 나중에는 억울해하기도 했지만 요즘은 비교적 차분하게 응대하는 편입니다. 나름의 해답을 찾았거든요. 독자 여러분께서도 꼭 답을 찾고 넘어가셨으면 합니다.

인간의 행동은 크게 세 차원으로 나눌 수 있습니다. 보편성과 상대성 그리고 개별성의 차원입니다. 보편성이란 인간이 인간이기 때문에 나타나는 행동의 유사성을 의미합니다. 인간의 DNA에 새겨진 유전적 정보들이 이런 종류의 행동을 만들어 냅니다.

먹고 자고 싸고 보금자리를 만들고 짝짓기를 하는, 생물이라면 다 하는 행동들과 권력을 쥐려 하고 권력자에게 복종하는, 사회성이 있는 동물들이 보이는 행동들이죠. 인간도 생물이고 사회성이 있는 동물이기에 인간 사회에서는 보편적으로 이러한 행동들이 관찰됩니다.

두 번째 차원은 상대성입니다. 인간 행동의 보편성은 그들이 사는 환경과의 상호작용을 통해서 다양성을 띠게 됩니다. 똑같이 먹고 자고 집을 짓고 짝짓기를 하지만 바닷가에 사는 사람들과 사막에 사는 사람들, 숲이나 극지방에 사는 사람들의 행동에는 상대성이 나타나죠.

여기가 바로 문화의 차원입니다. 문화란 사람들이 환경에 적응하기 위해 만들어 낸 유/무형의 생산물들의 총체입니다. 집, 생활 도구, 의복 등으로부터 가족, 결혼, 계급 등의 사회제도, 규범과 법령, 가치관까지가 상대성의 차원으로 이해되어야 하는 부분이죠.

사람들은 보편적으로 옷을 입지만 옷의 형태나 입는 방법, 의미는 문화마다 같다고 할 수 없고, 음식을 먹지만 음식의 재료나 조리법, 먹는 방법과 의미가 문화마다 다르다는 말씀입니다.

마지막 세 번째는, 개별성의 차원입니다. 개개인을 떼어 놓고 보면 사람들의 행동은 모두 다릅니다. 먹고 입는 것만 해도 사람마다 좋아하는 것도 다르고 먹고 입는 방식에도 차이가 있죠. 문화적 행동도 마찬가지입니다.

농경문화 사람들이 쌀농사를 짓지만 소 키우는 사람이 없는 것은 아니고 해양문화 사람들이 바다에 익숙하긴 하겠지만 모두 배를 타지는 않을 겁니다. 우리나라가 예전부터 효孝를 숭상해 왔지만 5000만 국민이 모두 효자 효녀인 것은 아니죠.

인간의 종種적 보편성은 환경과의 상호작용을 통해 문화적 상대성을 만들어 내고 문화적 상대성은 개개인의 성향 및 생물학적 보편성과 만나 무수한 개별성을 만들어 냅니다. 개별성 차원에서 보자면 인간 개개인을 모두 이해하는 것은 불가능한 일입니다.

그러니 '사람은 모두 똑같다'나 '사람은 모두 다르다'는 사람을 이해하는 올바른 방식이 아닙니다. 그런 전제로는 아무것도 이해할 수 없죠. 우리가 진정 가져야 할 의문은 '보편성을 가지고 있는 사람들에게서 왜 차이가 나타나는가' '개개인의 행동들에서 왜 특정한 행동의 패턴이 관찰되는가' 같은 것들입니다.

이러한 의문에 답을 제공해 줄 수 있는 가장 핵심적인 개념이 있으니 바로 유형pattern입니다. 유형이란 문화에는 어떠한 유형으로 분류될 수 있는, 구성원들에게 공유된 행위 양식이 있다는 뜻으로 인류학자 루스 베네딕트가 창안한 개념입니다.

베네딕트의 제자이자 문화와 성격 학파의 또 다른 학자인 마거릿 미드의 저서 《남성과 여성》에는 이 패턴의 의미가 잘 드러나 있습니다. 이 책의 주장을 요약하면 남녀의 성은 만들어진다는 것입니다.

어린아이는 생물학적으로 남성도 아니고 여성도 아닌 양성의 속성을 모두 지니고 있는데, 아이들에게 각각의 성별에 맞는 적합한 행동이 있다는 것을 교육시킴으로써 사회가 요구하는 남성성과 여성성을 내재화하게 됩니다. 이런 과정이 베네딕트가 말하는 패턴화입니다.

문화는 사람들이 주어진 환경에 적응하기 위해 만들어 낸 것들입니다. 사람들이 그 환경에서 계속해서 잘 살아가려면 이러한 것들을 후속 세대에게 가르쳐야 할 필요가 있겠지요. 교육을 통해 후속 세대는 해당 문화에서의 요구에 부응하는 공통적인 삶의 방식을 갖게 되는데 이것이 바로 문화의 유형입니다.

그런데 모든 인간은 기본적 욕구basic needs를 가집니다. 인간이라는 종으로서 갖게 되는 생물학적 보편성 때문이지요. 교육을 받는 어린아이들의 욕구와 교육이 상호작용을 하게 되면 문화 내에서 어린아이들의 성격이 형성되기 시작합니다.

성격이란 개인이 가지고 있는 욕구, 능력, 교육, 환경과의 상호작용을 통해서 생성되는 것입니다. 어린아이들의 성격이 형성되면 그에 맞는 어린아이들의 행동child behaviors이 발달하게 되죠. 그 예로 어리광, 투정, 떼쓰기, 놀이 등이 있습니다. 아이들이 자신의 욕구를 충족해 가는 과정에서 특정 유형의 행동들이 나타나는 것이죠.

어떤 문화에서 어린아이들이 주로 읽는 동화나 이야기, 꿈꾸는 환상, 많이 하는 놀이에는 그들의 바람과 희망, 좌절이 반영되어 있게 마련입니다. 따라서 문화라는 것은 일종의 투사 체계projective system라고 볼 수 있습니다.

어린아이들이 성장하면 한 사회를 구성하고 있는 성인들의 성격이 형성되고 이를 국가 같은 큰 집단으로 확대하면 그 나라의 문화적 성격이 형성되는 것이죠. 성인들의 성격을 이해할 수 있다면 당연히 그들의 행동adult behaviors을 예측할 수 있습니다.

한 문화에서 나타나는 특정 유형의 범죄나 자살율, 여가 활동 등이 그 예들이겠고요. 또 이러한 성격이 투사되면, 초자연적 존재에 대한 설명인 종교나 종교적 신념, 정신병의 원인과 치료에 관한 병인론etiology 등의 문화적 산물들이 파생됩니다.

저는 바로 이 관점, 상대성의 차원에서 문화의 유형이라는 개념을 가지고 한국과 일본의 문화를 비교해 보고자 합니다. 인간의 행동은 보편성의 틀 안에서 규정되지만 문화에 따른 상대성으로 구분되고 개개인은 개별적 존재지만 문화는 사람들의 행동을 패턴화시키니까요.

그러기 위해 두 나라의 사회적 현상이나 풍습, 가치관, 드라마, 영화, 애니메이션 등 문화콘텐츠를 많이 언급할 텐데요, 그동안 무심히 보아 온 문화적 요소들에 숨어 있는 두 나라 사람들의 마음을 들여다보는 기회가 되셨으면 합니다.

한국인과
일본인의
'종특'의 탄생

2부는 한국인과 일본인의 문화적 성격에 대한 글들입니다. 성격이란 한 사람의 고유한 행동 특성입니다. 개인의 타고난 기질과 주어진 환경이 성격을 만드는 요인이죠. 개인에게 성격이 있다면 집단에는 문화가 있습니다. 옛날부터 어떤 지역에서 오래 살아온 사람들은 거기서 살아남기 위해 필요한 여러 가지 습관과 가치를 발달시켰습니다. 그것이 문화입니다.

서로 다른 문화는 서로 다른 성격을 만들어 냅니다. 부모의 양육 방식에 따라 아이들의 성격이 달라지듯이 말이죠. 한일 두 나라 문화의 주된 특성은 결국 두 나라 사람들의 문화적 성격에서 비롯되었을 가능성이 큽니다.

한국과 일본, 두 나라 사람들은 각각 어떤 성격을 발달시켜 왔을까요? 문화 현상을 통해 추론한 두 나라 사람들의 대인 관계 양상, 감정 표현 방식, 문화적 정신병리와 방어기제는 두 나라 사람들의 문화적 성격과 밀접한 관련이 있어 보입니다.

2부에서는 이러한 주제를 심리학의 성격 이론들을 바탕으로 살펴봅니다. 나름 이론적이고 학술적으로 정성을 들인 부분입니다. 심리학 용어도 좀 나오고 하지만 심리학을 안 배우신 분들도 따라가시기 크게 어렵지 않으실 겁니다.

표정이 큰
한국의 탈
VS
표정 없는
일본의 탈

한국인과 일본인은 다릅니다. 그것도 많이 다르죠. 그 차이를 가장 크게 느낄 수 있는 부분이 바로 두 나라 사람들의 대인 관계 양상입니다. 많은 외국인이 한국과 일본 사람들의 대인 관계 차이를 이야기하고 있습니다. 일본인들이 깍듯하고 예의 바르지만 다소 조용하고 소극적이라면, 한국인들은 훨씬 적극적이고 감정 표현이 많다는 것입니다.

하회탈로 대표되는 한국의 탈은 그 표정이 매우 큽니다. 심지어 얼굴과 턱을 따로 만들어서 고개를 젖히면 턱이 더 벌어짐니다. 표정을 더 크게 만들 수 있는 것이죠. 한국의 탈춤에서 등장인물들은 자신들의 감정을 직설적으로 드러냅니다.

반면, 일본의 대표적 탈은 가면극 노오能의 탈, 노멘입니다. 노멘의 특징은 희로애락의 감정을 거의 담고 있지 않다는 점입니다. 대신 노오는 탈의 미세한 각도나 탈을 쓴 인물의 동작에 따라 등장인물의 감정을 표현합니다.

이러한 한국과 일본의 탈들이야말로 두 나라의 대인 관계를 가장 잘 요약해 주는 것이 아닐까 합니다. 탈, 즉 가면이란 성격과 속성이 같습니다. 성격을 뜻하는 personality는 그리스어 persona에서 왔는데, 이는 고대 그리스 연극에서 배우들이 쓰던 가면을 의미하는 단어입니다.

다시 말해, 성격이란 '개인이 뒤집어쓰고 다른 사람들을 대하는 또 다른 얼굴'이라는 것이죠. 이러한 성격의 심리학적 정의로 봐도 탈을 한일 두 나라 사람들의 성격을 이해하는 도구로 사용하는 것은 타당한 측면이 있다 하겠습니다.

물론 내성적이고 조용한 한국인이 없는 것도 아니고 외향적이고 잘 노는 일본인이 없는 것도 아닐 겁니다. 하지만 앞의 글에서 말씀드렸듯이 문화의 차이는 개인차가 아닌 문화 유형의 차이로 이해되어야 합니다.

한국과 일본 사이에는 제3자의 눈으로 분명히 구분되는 행동 유형의 차이가 존재합니다. 그리고 그것은 두 나라 사람들의 대인 관계에 대한 생각에서 비롯되는 것 같은데요, 이제부터 그 차이에 대해 말씀드려 보겠습니다.

일본인들의 대인 관계는 혼네本音와 다테마에建前라는 말로 요약할 수 있습니다. 혼네는 말 그대로 어떤 사람의 본심本心을 말합니다. 다테마에는 세울 건建에 앞 전前, 즉 '앞에 세운다'는 뜻으로 혼네와는 별개로 다른 사람들 앞에 세우는 '대인 관계용' 마음이라고 할 수 있습니다.

일본인들이 항상 예의 바르고 깍듯한 모습을 보이고 다른 사람들의 기분이 상할 만한 일을 하지 않으려 하는 것은 이 다테마에의 역할입니다. 일본인들의 다테마에는 사회적으로 주어진 자신의 책임을 다하기 위해 구성되어 있고 또 작동되지요.

반면 일본인들의 본심, 즉 혼네를 파악하는 것은 대단히 어려운 일입니다. 이는 수십 년이나 살 맞대고 살아온 부부 사이에서도 마찬가지라지요. 그렇기 때문에 겉으로 드러나는 행동으로 일본인의 본 마음을 짐작하는 것은 그들을 제대로 이해하는 길이 아닐 가능성이 큽니다.

사실 한국인들로서는 혼네와 다테마에의 개념을 이해하기

가 쉽지 않습니다. 한국인들은 '겉과 속이 다른 사람'을 표리부동하다고 하여 별로 좋게 생각하지 않거든요. 그만큼 한국인들은 자기의 생각이나 느낌을 있는 그대로 다른 사람에게 표현하는 것을 선호합니다.

이 지점쯤에서 고개를 갸웃하실 분이 계실 테죠. 한국인이 자기 생각과 감정을 잘 표현한다는 것이 잘 안 와닿으실 분들입니다. 그분들은 한국인은 자신이 무슨 생각과 느낌을 가졌는지도 모르고 더군다나 그것을 남들에게 표현하는 것에는 더더욱 서툰 사람이라고 생각하는 것 같습니다.

가부장적이고 권위주의적인 문화에서 자기 의견은 묵살되기 일쑤며 암기 주입식 교육의 폐해로 자신의 생각을 발전시키고 표현하는 능력을 키우지 못했다는 겁니다. 그건 자기 객관화가 덜 된 생각입니다. 외국인들의 시선으로 본 한국 사람들은 상당히 주관이 뚜렷하고 자기표현이 강한 사람들입니다.

특히 일본인들이 생각하기에 한국인들은 깜짝 놀랄 정도로 자기 생각을 마음대로 말해 버리는 사람들입니다. 일본인들은 다른 사람들의 기분 상할까 봐 절대 하지 않는 외모 품평이나 집단 간의 알력 같은 민감한 주제의 이야기들도 한국인들은 쉽게 쉽게 꺼내거든요.

그리고 우리가 표현이 억제돼 있다는 생각은, 역으로 강한 표현 욕구에서 나오는 것일 수 있습니다. 내가 나를 표현하고 싶은 마음이 없다면 내 표현을 가로막는 사회적 조건들(예를 들어, 권위주의적 문화나 획일적인 교육)이 눈에 들어올까요? 다시 말해, 한국 사람들은 강한 표현 욕구를 가지고 있으며 실제로 직설적이고 과감한 자기표현을 하는 사람들이라는 얘깁니다.

자신의 속마음을 감추고 상대방을 위한 또 다른 모습을 내세우는 일본인과, 다른 사람들에게 자신의 생각과 감정을 (비교적) 솔직하게 드러내는 한국인. 이러한 차이는 한국과 일본의 '나와 타인에 대한 생각'에서 비롯됩니다.

요점 위주로 말씀드리면, 한국인은 나와 다른 사람들 사이의 경계가 분명하지 않은 반면, 일본인은 나와 다른 사람들 사이에 뚜렷한 선을 긋는다는 것이죠. 나와 다른 이가 철저히 구분되는 존재라는 생각 때문에 혼네와 다테마에를 구분할 필요가 있는 것입니다.

그러나 한국인은 나와 다른 이들 사이를 확실히 구분 짓지 않습니다. '네 마음이 내 마음이고 내 마음이 네 마음'이죠. 친구가 되려면 그야말로 '너와 나' 구분이 없어야 합니다. 친구 사이에 조그만 것이라도 숨기는 것이 있다면 '너는 나를 친구로 생각하지 않는구나'라며 섭섭해하죠.

또한 한국인은 서로 속내를 털어놓았다고 생각하면 금방 친해집니다. 그 사이에서는 상당히 깊은 수준의 정서적 교감이 오가죠. 한국에서 이 모든 것이 이루어지는 데는 하룻밤 정도면 충분합니다. 그러나 일본인과 친해지는 것은 생각보다 어려운 일입니다. 며칠 정도의 짧은 우정으로 그의 혼네를 파악했다고 생각하는 것은 실수죠.

사람 사이의 '경계'에 대한 생각은 한국과 일본 문화를 가르는 중요한 기준입니다. 이 생각은 두 나라의 전통극에도 그대로 반영되어 있습니다. 탈 이야기를 시작한 김에 두 나라의 전통극에 나타나는 '경계'에 대한 이야기로 이어 가 보겠습니다.

한국의 탈춤 같은 전통극에는 무대와 관객의 구분이 거의 없습니다. 배우들이 관객들에게 말을 걸기도 하고 관객들도 배우들에게 농담을 하는 일이 흔합니다. 노래나 춤 같은 건 아예 배우와 관객 구분 없이 어우러지는 경우도 많고 관객 중 몇 명이 무대로 불려 나가 즉석 연기를 하기도 합니다.

한국의 전통극에서 무대(마당)는 극과 관객을 구분하는 최소한의 경계에 그치고, 관객과 배우는 그 경계를 넘나들며 극을 함께 만들어 나가는 특징을 보입니다. 물론 극의 큰 틀이야 짜여져 있지만 말이죠.

그러나 일본의 극(노오)에서 관객은 무대와 철저히 분리됩니다. 노오의 배우들은 하시가카리橋懸(배우가 무대로 들어가는 길)를 통해 현실과는 전혀 별개의 세계인 극의 세계로 들어가고, 일단 극이 펼쳐지면 그곳은 관객들이 앉아 있는 현실과는 전혀 다른 세상이 되는 것이죠. 한국 탈춤처럼 관객이 무대로 나가거나 배우가 관객석으로 들어가는 일 같은 것은 상상할 수 없습니다.

사실 일본의 전통극에도 가부키의 하나미치花道같이 배우와 관객의 교류를 위한 장치가 있기는 합니다. 가부키의 배우들은 관객석 가운데로 난 길인 하나미치를 따라 이동하며 연기를 하고 때로 관객에게 말을 걸기도 하죠.

하지만 이는 배우와 관객이 경계 없이 뒤섞인다기보다는 배우가 관객에게 침투한다는 느낌이 강합니다. 관객이 더 생생하게 극의 현장감을 느낄 수 있게 하는 도구인 것이죠. 관객은 감상자로서 극에 참여하게 됩니다.

연극, 특히 전통극에는 그 나라의 전통적 대인 관계에 대한 가정들이 반영되어 있습니다. 그 차이가 극명한 한국과 일본 전통극에서 드러나는 배우와 관객에 대한 생각을 통해 두 나라 사람들의 전통적 대인 관계에 대한 생각을 읽어 내는 것이 그렇게 무리는 아닐 겁니다.

일본인은 기본적으로 자신과 타인이 명확히 구분되는 존재라는 전제 아래 관계를 맺습니다. 서로에게 피해를 끼치는 것을 꺼려 하고 사회적으로 규정 지어진 행동반경 안에서 행동하는 것을 편안해하는 것은 이러한 전제에서 비롯되는 문화입니다.

반면, 한국인들은 기본적으로 자신과 타인의 입장을 자유롭게 오갈 수 있다는 전제 아래 대인 관계를 해 나갑니다. 한국인들이 말하지 않아도 상대의 마음을 알 수 있다고 생각하고(이심전심), 때로는 상대방의 영역에 지나치게 깊게 들어가거나(참견) 상대가 원치 않는 오지랖을 부리는 것 또한 이러한 전제에서 비롯된다고 할 수 있습니다.

대인 관계에 피로감을 느끼는 한국 젊은이들 중에는 이러한 '오지랖 문화'를 부정적으로 평가하고 남에게 폐 끼치지 않고 깔끔한 일본식 인간관계가 좋다고 생각하는 사람이 적지 않은 것 같습니다만, 문화는 그렇게 단편적으로만 바라봐서는 곤란합니다.

관심과 오지랖을 통해 한국인들이 당연한 듯 누리고 있는 정서적 지지가 이루어지고, 깔끔하고 예의 바르게 보이는 인간관계를 유지하기 위해 일본인들이 심리적 압박을 겪는다는 것은, 한국 문화에 익숙한 우리 눈에는 잘 보이지 않는 것들이기 때문이지요.

주체성 자기의
한국인

vs

대상적 자기의
일본인

한국인과 일본인은 얼마나 다를까요? 여러분의 생각은 어떠십니까? 다른 점이 많다는 분도 계시겠고 비슷비슷하다는 분도 계실 겁니다. 사실 한국과 일본은 동북아시아의 유교 문화권 국가로 비슷한 점이 많은 나라입니다. 인종적으로, 언어적으로, 문화적으로 그렇지요.

심리학에서는 세계의 문화를 비교적 간단한 기준으로 구분하고 있습니다. 개인주의 vs 집단주의죠. 이 분류에 따르면 한국과 일본은 집단주의 문화에 들어갑니다. 집단주의는 동양(대표적으로 중국)의 농경문화에서 기인한 것으로 추정하고 있죠. 공동작업이 많고 그만큼 집단의 평판이 중요한 농경문화권에서는 자신이 속한 집단이 자신의 행위를 결정하는 데 중요한 기준이 되었다는 겁니다.

어찌 보면 꽤 직관적인 이 분류(개인주의 vs 집단주의)는 문화에 관심을 갖기 시작하던 1990년대의 주류 심리학계에 채택되었고, 이에 대해 엄청나게 많은 연구가 이루어집니다. 그리고 집단주의 문화의 대표로 주로 일본과 한국, 중국 등의 동아시아 국가들이 선택되었죠. 이것이 비교문화심리학cross-cultural psychology입니다.

다시 말해, 주류 심리학(비교문화심리학)의 관점에서 한국과 일본은 같은 집단주의 문화권으로 이해된다는 말씀입니다. 심리학에서는 한국인이나 일본인이나 비슷한 이유에 의해서 비슷한 행동을 할 것이라는 가정이 존재한다는 겁니다.

실제로 심리학의 비교문화 연구들을 찾아보시면 한국인과 일본인의 차이에 대한 것들은 극히 드뭅니다. 집단주의 문화의 일원으로 비슷한 특성을 갖는 것으로 묘사되고 있을 뿐이죠.

그런데 말입니다. 과연 그럴까요?

문화심리학에서 지적하는 비교문화심리학의 문제점은 개

인주의 vs 집단주의의 구분이 너무나 단순하다는 점입니다. 한국과 일본을 같은 집단주의로 이해하게 되면 한국과 일본의 차이는 설명할 도리가 없어지는 것이죠.

연구 하나를 소개하겠습니다. '긍정적 환상positive illusion'이라는 주제인데요, 긍정적 환상이란 주변에서 일어나는 불행한 일이 나에게는 일어나지 않을 것이라고 생각하는 착각적 사고입니다. 예를 들어, 60대의 암 발병률이 30%라고 할 때 당신이 60대가 되면 암에 걸릴 확률은 얼마나 될까? 하는 질문에 30%보다 낮은 대답을 하면 긍정적 환상이 있다고 판단하는 것입니다.

이러한 질문들을 개인주의 문화권과 집단주의 문화권 사람들에게 하면 대개 다른 결과가 나옵니다. 개인주의 문화권에서는 긍정적 환상이 나타나는 반면 집단주의 문화권에서는 긍정적 환상이 나타나지 않습니다.

개인주의 문화권 사람들은 자기 자신에 대해 긍정적으로 평가하고 또 자신에 대한 평가에 집단의 영향력이 중요하지 않기 때문에, 자신에게 나쁜 일이 생길 확률을 남들에 비해 낮게 추정하는 것이죠. 반면에 집단주의 문화권 사람들은 자신이 남보다 더 나을 것 없는 사람이라고 생각하고 또 그렇게 생각하는 것이 집단의 조화를 해치지 않기 때문에, 나쁜 일이 자신에게 생길 확률이 남들과 같다고 생각하는 것입니다.

비교문화심리학의 가정에 따르면 같은 집단주의 문화권인 한국과 일본에서는 긍정적 환상이 나타나지 않아야 합니다. 그런데 한국과 일본의 차이가 나타납니다. 한국 사람들은 긍정적 환상을 갖고 있는 반면에(20점 만점에 8.61) 일본 사람들에게는 긍정적 환상이 거의 없었습니다(20점 만점에 0.13).

몇 차례의 연구로 결론을 내리긴 이릅니다만, 한국인과 일본인 사이에 어떤 차이가 있을 가능성이 존재한다는 것입니다. 그 차이는 무엇일까요? 어떤 이유 때문에 한국인들에게 긍정적 환상이 나타나는 것일까요?

한국인과 결혼하여 한국에서 20년 이상 생활한 문화심리학자 이누미야 요시유키 박사는 그 이유를 한국인과 일본인의 '자기관self-construal'에서 찾았습니다. 자기관은 자기self를 어떤 존재로 보느냐 하는 관점을 뜻하는 개념인데요, 특히 다른 이들과의 관계에서 자기를 어떤 존재로 인식하는가를 의미합니다.

비교문화심리학에서는 개인주의 문화의 자기관을 '독립적 자기independent self', 집단주의 문화의 자기관을 '상호 의존적 자기interdependent self'라고 합니다. 개인주의 vs 집단주의 문화를 바탕으로 마커스라는 미국인 심리학자와 기타야마라는 일본인 심리학자가 만든 개념이지요.

독립적 자기는 '다른 사람들과 내가 서로 독립적인 존재라는 생각'입니다. 이들은 다른 사람의 영향력과 관계없이 자신의 목표와 지향을 우선하여 행동하는 경향이 있습니다. 한편 상호 의존적 자기는 '나는 다른 사람들과 서로 의존하고 협조하는 존재라는 생각'입니다. 내 행동은 다른 이들의 존재와 기분, 생각을 고려한 뒤에 나올 수 있겠죠.

따라서 자기 자신에 대한 지나칠 정도의 긍정적 인식(긍정적 환상)은 상호 독립적 자기관(개인주의)을 지닌 이들에게는 나타날 수 있지만 상호 의존적 자기관(집단주의)을 지닌 이들에게는 나타나기 힘들다는 추정이 가능합니다. 만약, 한국인과 일본인이 모두 상호 의존적 자기를 가졌다면 긍정적 환상은 두 나라 사람들 모두에게 나타나서는 안 되는 것이죠.

한국인들에게 긍정적 환상이 나타났다는 것은 한국인의 자기관에는 상호 의존적 자기로만은 설명되지 않는 다른 특성이 있다는 뜻일 겁니다. 이누미야 박사는 그러한 한국인 자기관의 특징을 '주체성 자기'라고 이름 붙였습니다. 주체성 자기란 '다른 사람에게 영향력을 미치려고 하는 나'를 뜻합니다.

한국인의 주체성 자기와 대비되는 일본인들의 자기관을 '대상성 자기'라고 하는데, 이는 '다른 사람들의 영향력을 받아들이려고 하는 나'를 의미합니다. 주체성 자기와 대상성 자기는 '다른 이들과 나 사이에 작용하는 영향력의 방향'에 따라 구분됩니다.

그러니까 주체성 자기 vs 대상성 자기 이론은 한국인과 일본인의 행동이 자기관, 즉 자신을 어떤 존재로 보는가에 대한 생각에서부터 달라진다는 이론입니다. 그러한 차이에서 사람들의 행동 방식이 달라지고 결국 문화의 양상이 달라진다는 생각이죠.

주체성 자기가 우세한 사람은 자신을 다른 사람들에게 영향력을 행사할 수 있고 또 행사하고 싶어 하는 존재로 봅니다. 자신이 다른 이들보다 더 능력 있고 대단하다고 생각하고 다른 사람에게 이래라 저래라 하는 것을 좋아하지요.

대상성 자기가 발달한 사람은 자신을 다른 사람들의 영향력을 받아들여야 하는 존재로 봅니다. 자신을 잘 드러내지 않고 다른 사람이 하자는 대로 잘 맞춰 주는 사람이지요. 자신은 다른 사람들보다 나을 것이 없다고 생각합니다.

긍정적 환상에서 나타나는 한국과 일본의 차이는 이러한 주체성 자기와 대상성 자기에서 비롯된 것이 아닐까요?

남들에게 영향력을 미칠 수 있는 존재로 자신을 바라보는 한국인은 자신의 가치, 능력, 비전을 높이 평가합니다. 남들은 30%

확률로 암에 걸려도 나는 안 걸릴 수 있다고 생각하는 것이죠.

반면, 일본인은 타인들의 영향력을 받아들이는 데 초점을 맞추기 때문에 자신의 행동(자기 인식조차도)이 다른 사람의 기분을 상하게 하거나 전체의 화합을 해치지 않는지 늘 고려합니다. 남들이 30% 확률로 암에 걸린다면 나도 그 정도일 거라고 생각하는 것입니다.

긍정적 환상에 대한 한일 비교 연구는 세계의 문화를 개인주의와 집단주의로 구분하는 비교문화심리학의 가정에 중요한 시사점을 던집니다. 한국과 일본처럼 집단주의 안에서 보이는 차이는 어떻게 설명할 것인가…… 하는 것이죠. 그리고 주체성 자기 vs 대상성 자기 이론은 그 질문에 대해, 특히 한국과 일본의 심리적 차이에 대해 꽤 매력적인 대안을 제시해 줍니다.

한국인의 정 / vs / 일본인의 아마에

정情은 가장 한국적인 정서로 알려져 있습니다. 한국인들의 인간 관계와 마음의 질을 이해하기 위해 꼭 알고 넘어가야 하는 개념 이죠. 그러나 정이 무엇인가에 대해서부터 이견이 많습니다. 그도 당연한 것이 우리는 정에 대한 수많은 맥락을 공유하고 있기 때문이지요.

과연 한국인들의 정이란 무엇일까요? 우선, 정은 친밀한 사람들 사이의 따뜻한 감정을 뜻합니다. 유명 영어 강사 한 분은 정을 영어로 attachment, 즉 애착이라고 옮기던데, 정이 애착 자체는 아니지만 애착에서 오는 감정이니 뭐 그렇다고 합시다. 그러나 애착에서 오는 감정이 정의 전부일까요?

사실 오래 사귄, 친밀한 관계에서 비롯되는 애착과 사랑은 한국인들에게만 발견되는 것이 아닙니다. 소위 말하는 개인주의 문화에서도 친구들 사이의 끈끈한 정(이라고 볼 수 있는 것들)은 발견됩니다. 아껴 주고, 함께 있으면 편하고, 오랜만에 보면 반갑고, 잘못을 이해해 주고, 흉허물 없이 굴 수 있는 그런 마음들 말입니다. 그런 것들이 정이라면 정이 정말 '한국적'인 것이라 말할 수 있을까요?

정에 대한 문화적 맥락은 다양합니다. 그러나 그중에 어떤 것이 진짜 정이냐를 따지는 것은 정의 본질을 이해하는 데 도움이 되지 않습니다. 이쯤에서 글의 본론으로 들어가 보겠습니다.

정이 한국적인 정서라고 할 수 있는 근거는 정이라는 감정의 '방향'에 있습니다. 앞의 글에서 말씀드린 것처럼, 한국인은 우세한 주체성 자기를 지니고 있습니다. 즉, 자기 자신을 사회적 영향력을 행사하는 주체로 보는 것이죠.

따라서 친밀한 관계에서 감정을 느끼고 표현하는 방식도 자신으로부터 상대방에게 표출하는 식으로 나타납니다. 예를 하나 들어 보겠습니다. 대학원에 다니는 외국 학생들에게 '한국에 와서 가장 한국적이라고 느꼈던 것이 뭐냐'고 물어본 적이 있었습니다.

한 학생이 답했습니다. 그 학생은 한국에 와서 어떤 하숙집에 숙소를 잡았는데, 이사 온 첫날부터 주인 아주머니가 '고향이 어디냐, 부모님 뭐하시냐, 형제가 어떻게 되냐, 생일은 언제냐' 등등 여러 가지를 꼬치꼬치 캐묻더랍니다. 집단주의 문화로 분류되지만 꽤나 개인적인 중국인인 이 학생은 처음 만난 사람이 개인사를 묻는 것이 불편했다는군요.

그렇게 얼마를 살다가 어느 날 아침, 아침밥을 먹으러 나갔는데 식탁에 미역국과 작은 케이크가 올라와 있더라는 겁니다. 영문을 몰랐던 학생이 이게 웬 거냐고 묻자 아주머니는 "오늘이 네 생일이라 준비했다"라며 생일 축하한다는 말을 전했답니다.

만리타향에서 전혀 기대하지 않았던 생일상을 받은 이 학생은 감동했고 '이것이 한국인의 정이구나' 하고 느꼈다는 이야긴데요, 여러분이 주목하실 점은 하숙집 아주머니의 행동입니다. 아주머니는 왜 잘 알지도 못하는 외국 학생의 생일을 챙겨 준 것일까요?

이런 일이 가능했던 것은 아주머니의 주관적 판단 때문입니다. 아주머니는 중국 유학생이 자신의 하숙집으로 들어온 순간 그 학생을 매우 친밀한 관계로 인식했으며 고향과 이름, 나이 등을 물어보면서 더 가까운 사이가 되었다고 생각했을 겁니다. 그리고 타국에 딸을 보내고 생일에 따뜻한 밥도 못 챙겨 줄 중국 부모님의 심정을 떠올리며 생일상을 차려 준 것이죠.

이 주관성이야말로 정의 한국적 특성입니다. 자신이 인식하는 상대방과의 관계에서 비롯되는, 그리고 자신이 상대방에게 해 주고 싶은 마음이 우선하는 친밀하고 따뜻한 감정이 정입니다. 국민 과자 초코파이의 광고 카피가 '말하지 않아도 알아요'인 것은 정의 주관성이 강조된 것입니다. 말하지 않았는데 어떻게 알 수가 있겠습니까. 내가 '안다고' 주관적으로 생각하는 것이죠.

이 주관성은 한국인 심리의 핵심적인 특징입니다. 그리고 주관성 때문에 우리가 알고 있는 많은 한국적인 현상이 일어납니다. 정의 경우로만 예를 들어도 많은 사례가 있지요.

시골 할머니 댁에 가면 할머니는 오랜만에 온 손주가 예쁘고 반가워서 뭘 그렇게 챙겨 주십니다. 고봉밥에 국에 전에 고기에 나물에…… 배가 터지게 먹고 나면 할머니는 과일, 떡, 약과, 수정과 등을 계속 내오십니다. 손주 배를 터뜨리실 작정 같습니다. 더 못 먹겠다고 손사래를 쳐도 할머니의 손주 사랑은 그칠 줄 모르죠.

이 마음이 바로 정입니다. 손주의 의견이나 상태보다는 주고 싶은 당신 마음이 앞서는 것. 자신의 사회적 영향력을 미치는 쪽으로 동기화된 마음인 것이죠. 명절이 끝난 후, 할머니는 아마 돌아가는 손주의 가방에 남은 전과 떡, 참기름이며 과일 등을 바리바리 챙겨 주셨을 겁니다. 그걸 들고 대중교통을 이용해야 할 손주의 난감함이나 의지와는 별개로 말입니다.

이런 속성 때문에 정은 때때로 지나친 참견이나 오지랖, 사생활 침해 등으로 오해될 수 있습니다. 정을 받는 사람은 상대방의 마음이 귀찮거나 부담스러울 수 있는 것이죠. 그러나 정을 주는 입장에서는 자신의 마음을 몰라주는 상대가 오히려 야속한 상황입니다.

최근 한국에서는 변화하는 시간의 물결 속에서 예로부터 지속되어 오던 모든 일이 그 의미를 달리해 가고 있습니다. 정과 정을 주고받는 방식도 마찬가지겠지요. 문화는 당대를 살아가는 이들의 필요에 따라 변화합니다. 참견과 오지랖을 불편해하는 사람이 많아지고 있다는 것이 그 증거입니다. 그 이전에 사람들과 맺는 관계의 질 자체가 이미 달라졌겠지만요.

그러나 점차 개인화되고 파편화되는 현대사회의 인간관계에서 한국인들의 정은 대단한 심리적 자원입니다. 세상이 달라지면서 서로의 정을 의심해야 하는 순간도 있고, 서로 더 조심하고 신경 써야 할 부분도 늘어났겠지만 모쪼록 정과 이상적인 관계 사이에서 지혜로운 접점이 발견되기를 바라 봅니다.

아마에甘え는 가장 일본적인 정서로 알려져 있습니다. 아마에는 우리말로 '응석'이나 '어리광'쯤으로 옮겨지는데요, 우리도 비슷한 개념을 갖고 있다는 뜻입니다. 정에 해당하는 일본어 또한 존재합니다. 닌조오人情 혹은 오모이야리思いやり가 그것입니다.

그러나 한국인이 응석이나 어리광이 가장 한국적인 정서라고 생각하지 않듯이 닌조오나 오모이야리가 가장 일본적인 정서라고 생각하는 일본인은 없습니다. 아마에라는 정서가 가장 일본적이라고 할 수 있는 이유는 무엇일까요?

1971년 도이 다케오는《아마에의 구조》라는 책에서 일본인들의 아마에에 대해 밝히고 있는데요, 그에 따르면 아마에는 어머니와 자녀의 관계에서 기인합니다. 어머니에게 모든 것을 의지하고 어리광을 부리는 아이의 마음, 이것이 아마에입니다. 이런 속성 때문에 도이 다케오는 아마에를 수동적 대상애對象愛라고 정의하는데요, 여기가 아마에가 한국인의 정과 구별되는 지점입니다.

앞에서 정의 가장 큰 특징이 자기중심성, 즉 주관성이라 말씀드렸었지요. 정은 상대방에 대해 내가 갖는 감정입니다. 내가 상대방에게 친밀감과 애정을 느끼고 내가 느낀 만큼 상대방에게 잘해 주고 싶은 마음이 정이죠.

아마에처럼 정도 어머니와 자녀 관계에서 유래되었을 것으로 추정됩니다. 어머니는 자식에게 모든 것을 줍니다. 아이는 조건 없이 제공되는 어머니의 사랑을 받으며 안정감과 만족감을 느끼죠. 일본의 아마에가 아이의 입장에서 느끼는 감정이라면 한국의 정은 어머니 입장의 감정이라 할 수 있습니다.

어머니의 조건 없는 사랑을 받으며 사랑하는 이에게 아낌없이 주는 어머니와 자신을 동일시하는 것이죠. 이는 실제로 어린 아이의 자의식이 발달하는 과정이기도 합니다. 일본인이 어머니에게서 사랑을 받는 아이의 감정 경험을 내면화했다면 한국인은 어머니의 감정 경험을 내면화한 것입니다.

즉, 한국인의 정은 행위의 주체로서 자기 자신이 느끼는 능동적인 사랑입니다. 다시 말해 능동적 주체애主體愛인 것이죠. 수동적 대상애로 정의되는 아마에와는 그 방향이 정반대인 것을 알 수 있습니다. 자신이 주관적으로 느낀 애정을 상대에게 베풀고자 하는 정에는 자신을 사회적 영향력을 발휘하는 주체적 존재로 인식하는 주체성 자기의 특성이, 상대방이 자신에게 주는 애정을 받으려는 아마에는 자신을 사회적 영향력을 받아들이는 대상적 존재로 인식하는 대상성 자기의 특성이 반영되어 있습니다.

이제 아마에가 과연 일본 문화와 일본인들의 삶에 어떤 의미를 갖는지 좀 더 자세히 살펴보도록 하겠습니다. 도이 다케오는 아마에가 일본인의 전반적인 인간관계와 일반적 경험으로 확장된다고 보았습니다.

그는 아마에를 '인간 존재에게 일어날 수 있는 분리의 상황을 부정하고 분리가 가져올 고통을 잊으려는 마음인 동시에, 분리가 현실로 나타날 경우 닥칠 갈등과 불안을 숨기려는 심리 상태'라고 규정하고 있습니다.

여기서 분리란 어떤 개인이 자신을 둘러싼 인간관계 혹은 자신이 속한 사회에서 떨어져 나온다는 의미입니다. 도이 다케오의 설명을 정신역동이론의 관점으로 이해하자면, 아마에는 일본인들이 분리불안에 대처하기 위한 문화적 방어기제이자 그 감정이라 할 수 있겠습니다.

분리불안은 어린아이들이 어머니에게서 떨어졌을 때 느끼는 감정입니다. 즉, 일본인들은 자신의 존재가 불안하다고 느낄 때, 어머니와 분리되지 않았을 때의 안정감과 만족감을 찾아가려 한다는 것이죠. 참고 견디다가 외롭고 힘들 때 마지막으로 누구에게든지 기대고 싶은 마음이 바로 아마에인 것입니다.

그러나 일본에서 아마에에 대한 인식은 별로 좋지 않습니다. 일본이라는 사회를 유지하는 가장 중요한 원리로 메이와쿠를 꼽을 수 있는데요, 다른 사람에게 폐를 끼쳐서는 안 된다는 것입니다. 우리나라 사람들에게 '질서 의식'쯤으로 이해되고 있는 이 메이와쿠는 상상 이상으로 일본인들의 행동에 큰 영향을 미치고 있습니다.

아마에의 경우도 그렇습니다. 아마에는 힘들고 외로울 때 누군가에게 기대고 싶은 마음입니다. 그러나 일본인들은 아마에조차 남에게 폐가 된다고 생각하는 것 같습니다. 그러다 보니 좀처럼 아마에를 드러내려 하지 않고, 또 그래서는 안 된다는 인식이 강합니다.

2013년 방영된 〈여왕의 교실〉이라는 드라마가 있습니다. 이 드라마는 동명의 일본 드라마를 번안한 것인데요, 여기에 일본의 아마에에 대한 인식을 알 수 있는 장면이 나옵니다. 초등학교부터 힘겨운 입시 지옥에 시달리던 학생이 선생님께 "공부하기가 너무 힘들어요"라고 말하자 선생님은 "어리광 부리지 마"라고 쏘아붙입니다.

여기서의 어리광은 아마에의 번역어입니다. 사회는 성적으로 너희들을 평가하고 성적이 좋아야 성공할 수 있으니 공부가 힘들다고 투정 부리는 것은 철없는 행동이라는 것이죠. 아무리 어려도, 아무리 상황이 힘들어도 어리광을 부려서는 안 된다는 문화적 인식이 드러나는 장면이 아닌가 합니다.

일본의 연인들이 며칠씩, 때로는 몇 주씩 연락을 하지 않고도 괜찮을 수 있는 이유도 필요 이상의 잦은(?) 전화가 연인에게 폐가 될 수 있다는 생각 때문입니다. 폐를 끼치지 않는 것은 좋지만 힘들고 보고 싶을 때 연인에게 전화하는 것조차 꺼려야 하다니 한국인으로서는 이해가 어려운 것이 사실이군요.

정리하자면 일본인들에게 아마에란 매우 간절하지만 쉽게 표현할 수 없는 마음, 어쩌면 표현해서는 안 되는 마음입니다. 힘들고 외롭다고 아마에를 드러냈다가는 '폐를 끼치는 인간' 또는 '자립하지 못한 인간'이란 평가를 받을지도 모르는 것이죠. 그 대상이 가족일지라도 말입니다. 이러한 아마에의 이중성은 일본인들의 마음에 매우 취약한 부분을 만들어 냅니다.

선을 넘는
한국인

VS

선을 긋는
일본인

어디선가 누군가에 무슨 일이 생기면~ 바람처럼 나타나서 문제를 해결하고 쿨하게 갈 길을 가는 사람은 누구일까요? 정답은 '지나가던 선비'입니다. 우리의 많은 옛날이야기에 나오는 '지나가던 선비'들께서는 이렇게 남의 일에 참견하기를 좋아하셨더랬습니다.

그러다가 '은혜 갚은 까치'에서처럼 죽을 고비를 맞을 때도 있지만 그럼에도 선비들은 그 장면을 그냥 지나칠 수는 없었던 모양입니다. 그 조상에 그 후손들 아니랄까요. 한국인의 오지랖

은 유명합니다. 오지랖이란 윗옷의 앞자락을 뜻하는 말로, 오지
랖이 넓다는 뜻은 남의 일에 지나치게 참견한다는 뜻으로 널리
사용되고 있죠.

한국인 대인 관계의 대표적인 특징 중 하나는 단연 '오지랖'
이라 할 수 있습니다. 공부는 잘 되고? 원서 어디 넣었니? 결혼은
언제 할 거야? 명절 때마다 미혼 취준생들을 괴롭히는 친척들의
오지랖이 먼저 떠오릅니다. 그뿐만이 아니죠. 누가 무슨 옷을 입
는지, 누구랑 밥을 먹는지, 무슨 차를 타는지, 연봉은 얼만지, 애
들 학원은 몇 개 보내는지 등등 인터넷에는 주변인들의 오지랖으
로 괴로워하는 사례가 넘쳐 납니다.

그러나 한국인들의 오지랖이 부정적인 편에서만 드러나는
것은 아닙니다. 옛이야기에 등장하는 프로참견러 '지나가는 선
비'들은 자신의 목숨이 위험해질지언정 중생들의 목숨을 구하고
사회의 문제를 해결해 왔습니다.

이수현 씨라는 분이 계셨습니다. 2001년 일본 도쿄에서 선
로에 떨어진 취객을 구하고 목숨을 잃은 분이죠. 이수현 씨는 일
면식도 없었던 일본인을 구하기 위해 달려오는 지하철 앞으로 뛰
어들었습니다.

지금은 대부분의 지하철역에 스크린 도어가 생겨서 볼 수 없

는 모습이지만, 한국에서는 얼마 전까지 선로에 떨어진 사람들을 구한 시민들의 모습을 종종 볼 수 있었죠. 그들이 공통적으로 하는 말이 있습니다. "남 일 같지 않아서 그랬다"라는 겁니다.

생판 모르는 남을 위해 달려오는 열차 앞에 뛰어드는 사람들, 교통사고 현장을 지나치지 못하고 교통정리를 하거나 사고 잔해를 치우는 사람들, 그 무섭다는 청소년들에게 술 담배 하지 말라고 훈계를 하는 사람들.

그들이 남 일에 참견하는 이유는 남이 '남이 아니기 때문'입니다. 우리 아버지 어머니 같아서, 우리 아들 딸 같아서 걱정을 하고 개입을 하게 되는 겁니다. 물론 상대방은 그렇게 생각하지 않는 경우도 많지만 말이죠.

상대방이 원하지 않는 참견은 사생활 침해입니다. 또한 나이나 직위 등 위계가 개입된 참견은 갑질이 될 수 있습니다. 그러나 남의 일에 참견하고자 하는 한국인들의 동기는 파편화되어 가는 현대인의 삶을 지지해 줄 버팀목이 될 수도 있고, 공통의 문제에 대처하는 사회적 연대의 출발점이 될 수도 있습니다.

IMF 금 모으기나 태안 유조선 사고, 코로나 사태 등 사회가 어려운 시기마다 빛을 발하는 소위 '국난 극복의 유전자'. 최근 요소수 사태가 일어났을 때에도 소방서 같은 곳에 자신이 갖고 있던 요소수를 두고 가는 시민들을 볼 수 있었죠. 이런 현상들은 남일을 남의 일만으로 생각하지 않는 한국인들의 오지랖 때문인지도 모릅니다.

그렇다면 일본은 어떨까요? 결론부터 말씀드리면 일본인들은 남의 일에 참견하지 않습니다. 참견을 극도로 꺼린다고 할까요. 일본인들이 남의 일에 참견하지 않는 이유는 첫째, 민폐를 저지르지 않으려는 동기에서입니다.

민폐, 즉 메이와쿠는 일본인들의 행동을 규정하는 가장 중요한 사회적 규범 중 하나로 '조용하고 깨끗하고 질서 잘 지키는 일본'이 작동하는 원리로 이해되고 있습니다. 그러나 메이와쿠가 적용되는 맥락은 한국인들의 상상을 초월할 정도로 넓죠.

예를 들면, 일본인들은 자신에게 주어진 사회적 역할을 다하지 못한 데 대해서도 민폐라고 인식하는 것은 물론, 국가나 사회가 국민에게 제공하는 서비스에 대해서도 그것이 자신이 끼친 민폐라는 생각을 하는 것 같습니다.

2011년 동일본 대지진 당시 구조된 한 할머니가 자신을 구조한 구조대원들에게 "민폐를 끼쳐서 죄송합니다"라는 말을 남겨 화제가 된 적이 있습니다. 2015년 이슬람 무장 테러 단체 IS에 납치되어 살해당한 기자의 부모 역시 "제 자식 문제로 민폐를 끼쳐 죄송하다"라는 인터뷰를 했지요.

어떤 이들은 지진의 잔해에서 며칠씩 생사의 고비를 넘기고, 사랑하는 자식이 만리타국에서 살해당한 와중에도 자신을 낮추고 사회를 생각하는 일본 문화와 일본인들의 정신력에 찬사를 보냈지만, 다른 각도에서 생각해 보면 위험에서 국민들의 생명과 재산을 보호하는 것은 국가의 존재 이유가 아닙니까. 그게 그렇게 죄송할 일인지 잘 이해가 가지 않습니다.

일본인들의 민폐에 대한 이러한 생각을 이해하기 위해서는 온恩이라는 개념을 이해할 필요가 있습니다. 간략히 요약해 보면, 일본인들에게 온은 태어나면서 주군, 천황, 국가, 일반적인 사회와 타인들의 존재로부터 받게 되는 사회적 의무를 뜻합니다.

또한 일본에는 온가에시恩返し라 하여 입은 은혜는 반드시 갚아야 한다는 생각이 있는데요, 은혜를 입고도 갚지 않으면 이는 온을 입힌 상대와 사회에 엄청난 민폐가 되기 때문입니다. 이 때문에 일본인들은 자신에게 주어진 역할을 다하는 것뿐만 아니라 국가나 사회로부터 제공되는 것들에 대해서도 늘 갚을 길 없는 온을 입은 죄스러움을 갖고 살아야 합니다.

물론 실제로 죄스러움을 느낀다기보다는 이러한 행위 양식이 문화적으로 행해지고 또 의사소통 방식으로 받아들여진다는 말씀입니다. 다시 말해, 위에 예로 든 상황에서 "폐를 끼쳐 죄송하다"라는 말을 하지 않으면 일본인들은 그 행동이 문화적으로 적절치 않다고 받아들일 가능성이 크다는 것이죠. 대개의 경우, 그 결과는 이지메입니다.

따라서 일본인이 남의 일에 참견을 하지 않는 보다 근본적인 이유는 다음과 같습니다.

나의 참견은 어떤 이에게 온이 될 수 있고, 온을 입은 이는 반드시 온을 갚아야 하는데, 사회적으로 받아들여질 수준으로 온을 갚는 것이 부담이 될 뿐더러, 온을 갚지 않는 것은 더 큰 민폐가 되기 때문에, 애초에 남에게 영향을 주고받는 일 자체를 피하는 쪽으로 행동하게 되는 것이죠.

일본인이 누구에게 한 끼라도 얻어먹는 것을 꺼리고 철저히 와리캉(더치페이)을 하는 이유도 여기서 찾을 수 있습니다. 누가 나한테 밥을 사 줬다면 나도 다음에 그에게 밥을 사 줘야 하니까 말이죠.

한국인들이 행동하는 방식은 이와는 꽤 차이가 있습니다. 한국인들에게도 결초보은, 은혜는 반드시 갚아야 한다는 생각이 있습니다만 일본인들에 비하면 상당히 융통성이 있죠. 은혜는 언젠가, 때 되면, 능력 되면 갚는 것이지 은혜 하나 입으면 하나 갚아야 되고 못 갚으면 갚는 날까지 전전긍긍하고 그러는 것이 아닙니다.

물론 한국에는 이러한 점을 악용해서 선의로 은혜를 베푸는 사람들을 등치는 유형의 인간들도 존재합니다. 이런 이들에게 초점을 맞추면 불필요한 일에 서로 참견하지 않고, 받은 만큼 주고 준 만큼 받는 일본식의 대인 관계가 깔끔하고 합리적으로 보일 수도 있겠죠. 하지만 남의 일이라서, 내가 책임지고 싶지 않아서 주위에서 일어나는 일에 관심을 갖지 않는 태도는 또 다른 문제의 원인이 될 수 있습니다.

한국의 갑질

vs

일본의 이지메

이지메いじめ는 가장 일본적인 병폐라 할 수 있습니다. 우리말로 왕따나 집단 따돌림으로 옮기는 이지메는 에도 시대의 촌락 공동 체에서 행하던 무라하치부村八分에 뿌리를 두고 있을 것으로 추정 됩니다.

　무라하치부란 마을 사람들이 힘을 모아야 하는 열 개의 항목 (탄생, 성인, 결혼, 장례, 제사, 화재, 수해, 질병, 여행, 건축 공사) 중 화재와 장례 두 개만 빼고 나머지 여덟 개의 일에 대해서는 따돌리는 것 을 뜻합니다.

잦은 전쟁과 지진, 쓰나미 등의 천재지변으로 강력한 응집력이 필요했던 일본의 촌락공동체는 이를 유지하기 위해 엄격한 규범 체계를 확립하게 되었는데, 마을의 규범을 어긴 이들을 촌락 내에서 처벌하던 것이 바로 무라하치부입니다.

우리는 이지메를 주로 학교 폭력과 관계된 맥락에서 이해하고 있습니다만, '공동체의 규범을 어긴 이들을 응징한다'는 의미의 이지메는 일본 사회 전반에서 매우 일반적으로 나타나는 문화적 현상이라 할 수 있습니다.

일본 문화에서 이지메의 의미는 무엇일까요? 일본인들은 이지메를 통해 어떤 욕구를 충족하고 있는 것일까요? 사회학자 나이토 아사오의 〈이지메의 구조〉에 따르면, 이지메의 기능은 '타인 조종에 의한 전능'으로 요약할 수 있습니다. 타인을 마음대로 조종함으로써 전능감을 느끼려고 하는 것입니다.

통제감의 욕구need for control는 인간의 가장 기본적 욕구 중 하나입니다. 삶에 대한 통제는 자신이 마음먹은 대로, 제 뜻대로 삶을 살 수 있느냐를 좌우하는 중요한 요소죠. 자존감과 행복을 결정하는 중요한 요인이기도 합니다.

따라서 아주 어린 아이도 제 몸을 가눌 수 있을 정도만 되면 통제감을 확보하려 합니다. 정신역동이론가 에릭슨이 말한 '자율성 vs 수치'의 시기입니다. 아이들이 지닌 통제감의 욕구는 프로이트도 강조한 배변 훈련을 통해 충족되죠.

이 시기에 배변 과정을 통제하는 부모의 양육 태도에 따라 아이가 경험하는 통제감의 수준에 차이가 발생하게 됩니다. 물론 배변 통제는 가장 기본적인 통제 행위에 해당하고요. 두세 살 난 아이들이 하기 시작하는 "내가 할 꺼야!!"의 대환장 파티가 바로 이 과정이라고 보시면 되겠습니다.

이 경우, 부모의 개입은 자율과 통제라는 두 축으로 이루어집니다. 아이의 욕구를 우선하는 부모는 아이의 요구를 충분히 받아 주면서 스스로 통제할 수 있게 도와주려 할 것이고, 통제를 우선하는 부모는 규범과 원칙을 강조하며 아이의 욕구는 등한시할 것입니다.

적절한 통제감을 경험한 아이는 스스로의 행위를 잘 조절해 나가겠지만 그렇지 못한 아이는 자신이 통제감을 갖는 상황을 두려워하거나 통제감을 경험할 수 있는 다른 방법들에 집착할 가능성이 있습니다. 때문에 정신역동이론에서는 강박적 성격을 항문기 고착적 성격으로 보고 있죠.

1부의 말미에서 말씀드린 바와 같이, 일본은 아이들에 대한 상당히 엄격한 훈육을 강조하는 문화입니다. 그리고 남들에게 폐를 끼쳐서는 안 된다는 메이와쿠나 세상에 대한 기리義理와 같은 사회적 규범들이 일상에 폭넓게 작용하고 있습니다.

일본인들의 삶은 보육원(어린이집), 유치원 때부터 모든 것이 규격화되어 있습니다. 들고 다니는 가방의 종류도 정해져 있고 손수건, 기저귀에도 이름 쓰는 곳이 정해져 있을 정도입니다. 명문화된 규칙 외에도 지역사회, 학교, 직장마다 보이지 않는 규칙들도 많습니다. 그런 규칙을 어겼다간 사람들의 따가운 시선 정도로 끝나지 않는다는 사실도 꾸준히 학습하게 되겠죠.

한마디로 개인이 자신의 삶에서 통제감을 경험하기 어려운 문화입니다. 아주 어렸을 때부터 말이죠. 그러나 통제감의 욕구는 인간의 가장 중요한 욕구 중 하나입니다. 그리고, 기본적 욕구의 결핍은 부정적 결과를 초래할 수 있습니다.

목이 마른데 물을 마시지 않거나 졸린데 잠을 자지 않는다고 그 욕구가 사라지지는 않습니다. 시간이 흐른 뒤에 곱절로 물을 마시거나 자지 않은 이상의 시간을 자야 하죠. 욕구가 충족되지 않는 동안, 사람의 주의는 온통 채워지지 않은 욕구에 사로잡히기 마련입니다.

제가 생각하는 일본 이지메의 본질은 결핍된 통제 욕구의 추구입니다. 통제감이 결핍된 사람은 대개 강박적으로 주변을 정리하거나 많은 규칙을 만들어 그것을 지킴으로써 통제감을 충족하게 됩니다. 소위 강박적 성격이라 불리는 성격 유형입니다.

그리고 누군가 그러한 규칙을 따르지 않는 것을 보면 통제감을 상실하면서 분노를 경험하게 되죠. 이지메 가해자에게서 자주 나타나는 피해 의식과 증오가 바로 이것 때문입니다. "네가 내 맘대로 움직여 주지 않아서 내 세계가 무너져 버렸다" "내 세계를 엉망으로 만든 네가 나쁘다. 그런 너를 가만두지 않겠다."

이지메에서는 이런 심리적 메커니즘에 따라 규칙을 위반한 이들에 대한 응징이 정당화됩니다. 그들을 처벌하고 응징함으로써 자신의 통제감(전능감)을 극대화하는 것이죠. 주변에 있는 이들 역시 집단에 순응하면서 통제감과 더불어 안정감을 느낍니다.

집단에서 이지메가 발생하면 구성원들은 이지메에 동참할 것을 암묵적으로 강요받는데, 이들은 억지로 동참할지언정 겉으로는 즐거운 듯 보여야 합니다. 집단에 기쁘게 동조하지 않는다는 것은 곧 그들이 피해자와 같은 입장이라는 것을 뜻하기 때문입니다. 그랬다간 자신도 당장에 이지메의 대상이 될 수 있기 때문에 이지메에 가담하는 것이죠.

이지메는 그 대상이 되는 피해자들의 심리 구조에도 영향을 미칩니다. 나이토 아사오는 이지메의 피해자들이 '아무리 맞아도 무쇠처럼 굳세게 견딘다'는 헛된 전능 속에서 살아간다고 분석합니다. 피해자들 역시 이지메를 통해 삶에 대한 통제감을 경험하는 셈입니다.

이렇게 강인해졌다고 자부하는 피해자는 비참한 현실을 부정합니다. 비참한 현실을 인정하는 것은 결국 자신의 존재 이유를 부정하는 꼴이 되기 때문입니다. 이러한 거짓 강인함(가짜 통제감)을 구현하려면 현실의 비참한 자신을 끊임없이 부인하고 부정해야 합니다.

한편, 이지메에서 나타나는 신체적 힘(폭력)을 통한 정체성의 확인, 집단과의 동일시 등은 청소년기의 주요한 행동 특성입니다. 변화하는 신체적 능력과 사회적 역할 사이에서 정체성 혼란을 느끼는 청소년들이 그나마 타인과 구분되는 신체적 우월성으로 스스로의 자아상을 확인하거나 우월한 집단에 소속됨으로서 자신의 정체성을 확보하려 하는 것이죠.

이러한 모습이 일본의 주요한 문화적 유형으로 나타난다는 것은 일본의 개인들이 끊임없이 정체성 혼란이라는 갈등에 노출되어 있거나, 또는 정체성 확립이라는 욕구에 고착되어 있다는 것을 의미한다고 해석할 수도 있겠습니다. 아마도 스스로의 정체성을 통제감의 원천으로서의 자신이 아닌, 자신이 수행해야 하는 사회적 역할에서 찾아야 하는 일본 문화의 속성 때문이 아닌가 합니다.

그렇다면, 한국은 어떨까요? 한국에도 집단 따돌림이나 왕따가 있습니다. 심각한 학교 폭력은 물론이거니와 일부 군대에서의 '기수열외'나 간호사들의 '태움' 등 이지메와 정확히 같은 기제에 의한 현상들도 존재합니다. 학교, 군대, 병원의 공통점은 그 구성원들이 좀처럼 개인적 통제감을 경험하기 어렵다는 것이죠.

그러나 이지메를 한국의 독특한 문화 유형으로 보기는 어렵습니다. 대신 전능감(통제감)의 극대화라는 점에서 일본의 이지메에 대응할 만한 한국의 문화 현상은 '갑질'입니다.

갑질이란 갑甲과 질의 합성어로 양자의 사회적 지위에서 기인한 불평등한 권력관계를 일컫는 말입니다. 단순히 계약의 양 당사자를 일컫는 말인 갑甲과 을乙이 불평등한 권력관계를 나타내는 말로 사용된다면 거기에 한국적인 어떤 것이 작용했기 때문이겠지요.

갑질의 본질은 '자신의 우월한 지위를 바탕으로 상대방에게 부당한 일을 강요한다'는 것입니다. 이러한 의미에서 갑질은 한국 사회의 거의 모든 대인 관계에서 나타납니다. 심지어 갑의 갑질에 분노하던 을들이 자신보다 사회적 지위가 낮은 이들에게는 갑의 위치에서 갑질을 하는 모순된 장면도 심심치 않게 볼 수 있죠.

갑질의 동기 역시 통제감의 극대화라 할 수 있습니다. 결핍된 통제감을 충족하는 한국적인 병리 현상인 것입니다. 그러나 갑질의 양상은 이지메와는 차이를 보입니다. 이지메가 '집단의 규범을 어긴 개인에 대한 집단적 응징'의 성격을 갖는다면, 갑질은 '자신의 사회적 지위를 과시하려는 개인적 행위'라는 점이 두드러집니다.

을에 대한 괴롭힘은 갑인 자신에게 걸맞은 대우를 하지 않았다는 것에 초점이 있지요. 상대방 탓을 한다기보다는 우월한 자신을 드러내고 느끼는 것이 갑질의 심리적 기능으로 보여집니다. 또한 방식에 있어서도 이지메가 은밀한 방식으로 이루어진다면 갑질은 드러내 놓고 보란 듯이 한다는 차이도 있는 것 같습니다.

피해자들의 심리에도 차이가 있습니다. 이지메에 순응하는 일본인과는 달리 한국인은 갑질을 대단히 부당하다고 지각합니다. 상대방과의 지위 차이나 상황 때문에 일시적으로는 복종하지만 갑의 처사를 마음속으로 받아들이거나 갑질을 받아들여야 하는 자신의 처지를 내면화하지는 않죠.

신분의 엄격한 구분이 있었던 과거의 민초들도 신랄한 풍자와 해학으로 양반들의 갑질에 저항했던 역사를 보면, 갑질에 대한 현대 한국인들의 문제 제기는 오히려 뒤늦은 감이 있을 정도입니다.

'강인하게 견디어 간다'는 이지메 피해자들의 심리는 자신에게 가해지는 부당한 피해를 자신의 탓으로 돌려 상실한 통제감을 회복하려 한다는 점에서 한恨의 심리적 과정과 일견 유사해 보이는 측면도 있습니다.

하지만 한국 문화에서 한은 극복의 동기로 작용하거나 신명으로 승화되는 양상을 보입니다. 부정이나 환상 등의 방어 기제를 쓰는 개인도 물론 있겠지만 한국적 문화의 유형이라 할 수는 없죠.

한국의 갑질에서 주목해야 할 점은, 을의 입장에서는 그토록 부당하다고 여기던 갑질을 갑의 입장에서는 거리낌 없이 저지른다는 부분일 겁니다. 여기서 저는 한국인들에게는 기본적으로 갑질의 욕구가 있다고 봅니다. 물론 모든 한국인이 갑질러라는 뜻은 아닙니다. 모든 일본인이 이지메를 하는 것이 아닌 것처럼 말이죠.

갑질이란 만천하에 자신의 통제력을 드러내는 행위입니다. 다시 말해, 한국인들에게는 자신이 대단히 영향력 있는 사람이라는 것을 다른 사람들에게 알리고 인정받기 원하는 욕구가 있다는 얘기죠.

　자신을 높이 평가하고 영향력 있는 인물이라고 생각하는 이들은 갑의 위치에 있을 때 갑질을 할 소지가 큽니다. 반면 자신이 을의 입장이라면 상당히 억울할 겁니다. 내가 갑질을 해야 하는데 당하고 있으니 말이죠. 그러한 억눌린 욕구가 자신보다 지위가 낮은 이들에게 드러나는 것이 을들의 병, 정들에 대한 갑질입니다.

··· 자기애성 성격의 한국인 / vs / 회피성 성격의 일본인

한국과 일본의 양육 방식은 특정 유형의 성격을 만들어 내는 것으로 추정됩니다. 성격이란 개인이 자신의 타고난 기질과 환경 속에서 최적화시킨 행동 유형을 뜻합니다. 기질이야 개개인이 다 달리 타고나겠지만 양육 방식이 유사하다면 아무래도 성격도 어느 정도 예측 가능한 범위 안에서 결정될 가능성이 큽니다.

성격 유형은 이론과 학자에 따라 여러 가지가 있지만 이 글에서는 이상심리학의 성격장애에서 구분된 유형을 바탕으로 이야기를 풀어 볼까 합니다. 오해하실까 봐 미리 말씀드리면, 어떤 나라의 문화적 성격이 '장애'라는 뜻은 아닙니다.

어떤 사회, 문화에서나 잘 적응하는 사람들은 공통점이 많습니다. 개방성이 높고 사교적이며 사회적 역할에 충실하고 감정 조절에 능하죠. 그러나 잘 적응하지 못하는 사람들의 성격에는 인지 양식이나 행동 방식에 분명한 차이를 보이는 뚜렷한 유형들이 존재합니다. 따라서 문화적 성격을 이해하는 데 좋은 틀이 되어 줄 것이라 판단했습니다.

유형의 구분은 성격장애에서 빌려왔지만 꼭 부정적인 측면만 보려는 것도 아닙니다. 문화심리학자의 시각에서 본 한국과 일본, 두 나라 문화의 부정적 행동 유형에 대한 이해라고 보시면 좋겠습니다.

서론이 길었습니다. 제가 관찰한 바, 일본의 양육 방식에서 발달할 수 있는 성격 유형은 회피성 성격avoidant personality에 가깝다고 판단됩니다. 회피성 성격이란 다른 사람과의 만남에 대한 불안과 두려움 때문에 사회적 상황을 회피함으로써 적응에 어려움을 겪는 성격을 말합니다.

다음은 회피성 성격 '장애'에 대한 설명입니다(《정신병리학》, 오수성 외, 2013).

- 조심성 있고 경계심이 많은 사람, 부끄러움을 타고 염려가 많은 사람으로 보인다. 이들은 낯선 상황이나 새로운 일들을 두려워하고 당혹스러움과 불안을 피하기 위해 늘 익숙한 환경 내에 머물려 한다.

- 가능하면 사회적 책임을 맡지 않으려 하며 될 수 있으면 개인적인 대면 상황을 피하는 경향이 있다. 자신이 중심적인 역할을 하지 않는 업무를 좋아하며 책임과 적극성이 요구되는 직무를 감당하기 어려워한다.

- 자신에 대한 타인의 부정적인 평가를 가장 두려워한다. 비판과 부정확한 것을 못 견디며 완벽을 추구하고 조절감을 얻고자 자신의 삶의 범위를 협소하게 만든다.

- 주된 감정은 수치심이다. 내면에 애정에 대한 강렬한 소망이 있으나 한편으로 거절에 대한 두려움을 가지고 있기 때문에 만성적인 긴장감, 불안, 슬픔, 좌절감, 분노 등을 지니고 있는 경향이 있다. 모욕과 거부에 지나치게 민감하여 은둔해 버릴 정도. 극소수의 친한 사람들과 함께 있을 때에는 매우 집착하고 의지하는 경향이 있다.

- 조화롭지 못한 공허함(허무), 이인화된 정서(독백, 분열)와 감정을 전달하는 표현이 흔하다. 정서가 바깥으로 표현되지 않기 때문에 이를 축적하여 내부의 풍부한 환상과 상상의 세계에서 발산한다.

이들의 정서/친애 욕구는 시, 음악, 일기…… 등으로 표현된다.

　부모의 엄격한 양육은 타인의 평가에 민감한 성격 유형과 직접적인 관련이 있습니다. 부모는 자녀의 행동을 일차적으로 평가하는 사람입니다. 아이는 부모의 반응을 통해 자신의 행동이 적절한지 그렇지 않은지를 판단하고 이는 다른 사람들에 대한 행동 양식으로 이어집니다.

　부모의 반응이 부정적이라면 다른 사람들은 말할 것도 없겠죠. 자신의 행동이 민폐가 되지 않을까 늘 주의를 기울여야 하고 규율을 어겼을 때 심한 수치심을 느꼈을 아이들이 갖게 될 성격 유형이 회피성 성격입니다.

　여러 문화비교 연구에서 반복적으로 보고되는 일본인들의 낮은 자존감, 수치의 문화, 완벽주의, 대인공포증(히키코모리) 등은 회피성 성격의 전형적인 특성이라고 할 수 있겠습니다.

　또한 회피성 성격을 가진 사람들이 사용하는 방어기제가 환상fantasy이라는 점은 일본 문화를 이해하는 데 많은 시사점을 줍니다. 환상은 현실에서 충족될 수 없는 욕구와 소망을 자신이 만들어 낸 환상 속에서 충족하는 방식의 방어기제입니다.

　환상은 현실에서는 부적절하거나 불편을 느끼거나 달성하

기 불가능한 애정, 공격성, 기타 다른 충동을 배출시켜 주는 안전한 수단이죠. 일본에서 애니메이션과 게임 산업이 크게 발달한 이유를 여기서 찾을 수 있지 않을까요. 문화는 욕구 충족의 체계니 말입니다.

물론 회피성 성격의 강점은 장인 정신으로 대표되는 완벽주의와 조용하고 질서 있는 사회 분위기일 것입니다. 평가에 민감하니 까다로운 평가에도 흔들리지 않을 높은 기준을 세우게 되는 것이겠지요. 내면으로 파고들면서 발달하게 되는 풍부한 상상력 또한 회피성 성격의 장점 중 하나입니다.

그렇다면 양육 태도로 예측할 수 있는 한국인들의 성격 유형은 무엇일까요? '오냐오냐 식'의 양육 방식은 자기애성 성격nar-cissistic personality의 원인으로 꼽힙니다.

다음은 자기애성 성격 '장애'에 대한 설명입니다(《정신병리학》, 오수성 외, 2013)

- 자신에 대한 과장된 평가로 특권의식을 지니고 타인에게 착취적이거나 오만한 행동을 나타낸다. 타인의 권리, 감정, 요구에 관심이 없거나 이를 참지 못한다. 극단적인 경우 타인의 권리와 복지를 무시하는 것을 부끄러워하지 않고 자신의 욕구 충족이나 자기

강화를 위해 타인을 이용한다.

+ 자신을 남들이 평가하는 것보다 현저하게 과대평가하여 웅대한 자기상에 집착하고, 탁월함과 성공을 꿈꾼다. 자신의 능력을 과장, 실패를 성공으로 변형시키며, 자신의 가치를 확대하고 자신이 느끼는 것을 정당화한다.

+ 좋을 때는 쾌활한 낙천가로 보이지만, 자신감이 흔들리면 화, 수치감, 공허감, 우울 등을 경험하게 된다.

가장 먼저 떠오르는 것은 역시 '갑질'입니다. 특권 의식을 바탕으로 '을'들에 대한 착취적 행동을 일삼는 갑질. 한국 사람 모두가 갑질을 하는 것은 아니지만 갑질은 한국의 중요한 문화 현상이 틀림없죠.

물론 자기애성 성격의 강점은 무엇보다 높은 자기 가치감을 바탕으로 하는 튼튼한 자기 탄력성이겠습니다. 자기애가 높은 사람은 실패와 도전을 두려워하지 않으며 자기 탓을 하기보다는 웬만하면 외부에서 그 이유를 찾아 자신을 둘러싼 조건을 끊임없이 개선하려 합니다. 적극적인 대인 관계에서 비롯되는 자기 표현과 어울림의 문화 또한 자기애적 성격의 장점일 것입니다.

문화심리학에서는 한국인의 성격 특질로 높은 '자기 가치감'을 꼽고 있는데요, 이 자기 가치감은 자기애에서 비롯되는 것으로 추정됩니다. 다음은 자기애에 대한 정신역동이론의 한 갈래인 대상관계이론의 설명입니다.

프로이트에 따르면 자기애는 유아기에 형성되는데, 유아가 자기 자신과 대상object을 구분할 능력이 아직 없는 상태에서 나타나는 현상이 자기애의 일차적 모습입니다. 만족의 근원이 외부에 있음에도 불구하고(배고플 때 어머니가 젖을 주는 것) 유아는 이를 구분할 능력이 없기 때문에 충족된 욕구가 자신이 창조한 것이라고 여기게 되는 것이죠.

아이는 성장하면서 '적절한 좌절'을 통해 만족의 근원이 자신이 아닌 대상(어머니)임을 깨닫고 현실적인 자기 인식을 하게 되는데요, 이때 아이들은 잃어버린 자기애에 대한 대체물로서 자아 이상ego ideal을 형성합니다. 자아 이상은 감탄, 희망, 소망의 대상이 되는 이상화된 기준과 목표, 정체성으로 구성됩니다. 즉, 자아 이상은 이상적인 사람이 되기를 바라고 계획하는 내면의 자신이라 할 수 있습니다.

이상의 성취는 자존감과 만족을 높여 주지만, 반대로 이상의 기대에 부응하는 삶을 살지 못하는 것은 수치심을 낳을 수도 있습니다. 한국인이 민감한 '자존심 상함'이나 '한' 등의 감정은 현실의 삶이 이상적 자기상과 일치하지 않을 때 경험하는 수치심과 관련이 있어 보이며, '무시당했을 때'의 격렬한 분노나 타인의 평가에 지나치게 민감한 속성 등도 자기애의 병리적 측면과 유사성을 갖습니다.

그러고 보면, 문화 차이를 불러일으키는 가장 근본적인 차이는 부모의 자녀에 대한 태도에 있다는 생각이 듭니다. 사람들의 사고방식, 감정 표현 방식, 행위 양식의 대부분은 부모에게서 배우게 되니까 말이죠.

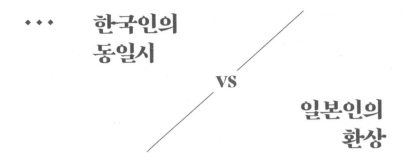

한국인의
동일시

VS

일본인의
환상

방어기제는 욕구의 좌절로 인한 불안으로부터 자아를 보호하기 위한 무의식적인 기제입니다. 문화는 욕구 충족의 체계입니다. 자연히 충족되지 못한 욕구를 처리하거나 대응하는 체계도 나타나겠지요.

　제가 문화와 방어기제에 대한 생각을 하게 된 것은 박영숙의 연구 '속담으로 본 한국인의 방어기제'를 보고 나서였습니다. 빌헬름 분트가 《민족심리학》에서 주장하듯이 속담에는 신화나 전설, 동화와 같이 해당 민족의 무의식적 욕구와 이에 대한 해결 방법 및 자아 방어 방식이 제시되어 있을 것으로 예상됩니다.

연구자는 8000개의 속담 중 내용이 방어기제와 관련된 속담 800개를 일차적으로 추출하여 심리학자 2인과 정신과 전문의 4인의 평가를 거쳐 최종적으로 587개의 속담을 분석하였고, 이를 빈도에 따라 열 가지 방어기제, 총 531개의 속담으로 정리했습니다.

가장 많은 빈도를 보인 1위에서 5위까지만 살펴보면, 반동형성(183/34.6%), 동일시(67/12.6%), 수동-공격(63/11.8), 투사(47/7.7%), 전치(32/6.0%)로 나타났습니다. 가장 많은 빈도를 보인 반동형성은 '빈 수레가 요란하다' '냉수 먹고 갈비 트림 한다' '가난할수록 기와집 짓는다' 등 자신의 현재 상태와 반대되는 행동을 한다는 특징을 보였습니다.

다시 말해 잘난 척이나 허세에 해당하는 것들이 대부분이었습니다. 허세는 개인이 느끼고 있는 열등감이나 상대적 박탈감을 메우기 위한 보상적 시도라고 볼 수 있습니다. 이러한 허세 속담들은 지나친 자기과시나 외양 중시, 실속 없음을 드러내고 있기 때문에 내적인 상태에 대한 반동형성으로 보아 '반동형성'이라는 방어기제로 분류한 것 같습니다.

그러나 한편, 반동형성에 해당하는 속담들은 현재의 자신을 자신보다 부유하고 우월한 어떤 대상과 동일시한다고도 볼 수 있을 것 같습니다. 속담 중 두 번째로 많은 12.6%에 해당하는 동일시는 우월한 대상(부모, 성공한 사람 등)과 자신을 동일시하여 욕구의 좌절이나 애정의 상실로 인한 불안에 대처하는 방어기제입니다.

연구자는 '친구 따라 강남 간다' '남이 장에 간다고 하니 거름 지고 나선다' '며느리 늙어 시어미 된다' '가재는 게 편이라' 등의 속담을 동일시로 분류하였습니다만, 만약 '반동형성'으로 분류된 속담들도 포함한다면 무려 47.2%에 해당하는 속담이 동일시로 묶일 수 있습니다.

이러한 방어기제들은 현대 한국 사회의 독특한 현상으로 꼽히는 과시성 소비나 빠른 속도로 전파되는 특정 제품이나 업종의 유행 등과 관련이 있어 보입니다. 앞서 이야기한 것처럼, 한국인들은 자기 가치를 높이 평가하는 자기애적 성격이 두드러지죠.

자신을 드러내고 싶고 인정받고 싶은 욕구가 매우 강렬할 때 혹은 이러한 욕구들이 충족되지 못했을 때, 한국인들은 자신보다 우월한 위치에 있는 이들과의 '동일시'라는 방어기제를 사용한다고 볼 수 있겠습니다.

집도 없는 이들이 종부세 걱정을 한다든가 본인은 최저임금도 못 받으면서 최저임금 때문에 경제가 망한다고 주장하는 사람들. 이웃 간의 다툼에서부터 국제적 분쟁에 이르기까지 여러 차원의 갈등에서 힘 있는 이들의 입장을 대변하는 이들이 나타나는 것 역시 동일시와 관계가 있다고 생각되는군요. 근대 이전의 사대주의자들과 근대 이후 친일파들의 입장도 같은 맥락에서 해석해 볼 수 있겠습니다.

정신역동이론에 따르면 동일시는 자신에게 불안을 야기한 대상에 대한 공격적 정서를 줄여 줌으로써 응집력 있는 집단 형성과 유지에 중요한 역할을 하며, 대상으로부터의 독립과 퇴행 사이의 갈등을 완화시켜 준다는 기능을 갖습니다.

이로 미루어 한국 문화에서 동일시의 기능은 자기 가치감이 높은 사람들이 관계의 유지가 우선시 되는 문화에서 살아오면서, 관계의 유지와 부정적 정서의 해소라는 두 가지 목표를 충족하는 것이라고 짐작할 수 있겠습니다.

세 번째로 많은 수동-공격(11.8%)에는 '길로 가라니까 메로 간다' '먹기 싫은 밥에 재 뿌리기' '자는 입에 콩가루 털어 넣기' '오기로 쥐 잡는다' 등의 속담이 분류되었습니다.

수동-공격은 타인의 관심을 끌거나 경쟁적인 관계를 회피하기 위한 방어기제로서 관계를 유지시켜 주기는 하지만 현실 적응이나 개인의 욕구 충족은 희생된다는 특징을 갖는 방어기제입니다. 또한 수동적으로나 간접적으로 공격 행동을 가함으로써 대상에게 고통스러운 영향을 미친다는 특징도 있습니다. 수동-공격은 대상에 대한 우회적 공격이라는 측면에서 풍자와 해학이라는 한국 문화의 한 축과 밀접한 관련이 있어 보입니다.

그 외에도 자기가 타인에 대하여 가지고 있는 받아들이기 어려운 생각이나 감정을 타인에게 돌려서 타인이 그와 같은 생각이나 감정을 가지고 있다고 간주하는 투사projection, 사회적으로 받아들여지기 어려운 충동이나 태도를 다른 대상으로 돌려서 불안을 해소하려고 하는 전치displacement 등은 여러 학자들에 의해 한국인들의 문화적 행위 양식으로 꼽히는 핑계나 최근 증가하고 있는 묻지마 범죄를 연상하게 합니다.

속담 연구에서는 따로 분류되지 않았지만, 원래 자기애성 성격 장애를 갖는 이들이 주로 사용하는 방어기제로는 합리화rationalization가 꼽힙니다. 합리화는 행동의 이유가 떳떳하지 못해서 양심의 가책을 받을 때, 사회적으로 인정되는 그럴듯한 이유를 붙여서 자기 행동을 정당화시키는 것입니다.

합리화의 기능은 죄책감을 덜고 자기 가치감을 유지하는 것입니다. 실제를 왜곡해서라도 스스로를 보호하려는 동기에서 비롯되는 방어기제입니다. 핑계를 대는 행위나 매체를 통해 종종

들을 수 있는 특정 집단의 내로남불, '나 때는 말이야~' 등의 언사로 자신의 행동을 정당화하는 소위 '꼰대'들의 무의식적 동기 등이 이에 해당한다고 할 수 있겠습니다.

그렇다면 일본의 문화적 방어기제에는 어떤 것들이 있을까요? 안타깝게도 일본의 속담과 방어기제에 대한 연구는 발견할 수가 없었습니다. 다만 앞의 글에서 유추한 두 나라의 문화적 성격을 바탕으로 회피적 성격의 사람들이 주로 사용할 것으로 추측되는 유형의 방어기제들을 꼽아 봤습니다.

환상 또는 백일몽fantasy & daydreaming. 이 종류의 방어기제는 현실 직면을 피하고 상상 속에서 살아가는 것입니다. 상상 속에서는 괴롭고 힘든 현실을 잊을 수 있고, 현실의 모든 장애나 어려움을 무시하거나 극복할 수 있다는 생각은 안정감과 즐거움을 줍니다.

자타가 공인하는 일본의 문화콘텐츠는 애니메이션입니다. 애니메이션은 시간과 공간의 제약을 받을 필요도 없고 일본인이면 지켜야 하는 일본의 문화적 규범과 행위 양식을 따를 필요도 없습니다. 따라서 애니메이션이라는 매체는 일본인들에게 무궁무진한 백일몽의 장이 되는 것이죠.

애니메이션이 일본을 대표하는 문화가 된 데에는 현실에서의 직접적인 갈등을 회피하려는 일본인들의 동기가 우선적으로 전제되어 있다고 생각됩니다. 제가 우연히 보게 된 일본 드라마 〈기묘한 이야기〉의 한 에피소드에 인상적인 장면이 있었죠.

나이가 들어 직장에서 퇴직을 당한 한 노인이 등장합니다. 노인은 하루아침에 변해 버린 자신의 처지에 비관하지만 새로운 일자리 찾는 일은 힘들고 사람들은 아무도 노인에게 관심이 없습니다. 우울해하던 노인은 지하철에서 깜빡 잠이 드는데 눈을 뜨니 열차는 낯선 곳에 와 있습니다.

역에서 나온 노인 앞에 애니메이션 〈마루코는 아홉 살〉의 주인공 마루코가 2D 만화 모습 그대로 나타납니다. 노인은 마루코를 따라가 마루코의 집에서 따뜻한 가족의 정이 담긴 저녁 식사를 대접받고 노인의 손녀는 TV를 통해 그 장면을 보게 됩니다.

만화 속 세상에 살고 싶다는 노인을 마루코는 '가족에게 돌아가라'며 돌려보내고, 노인은 잠에서 깨어납니다. 돌아온 집 앞에는 연락이 되지 않아 찾아온 딸과 사위, 손녀가 기다리고 있습니다. 그들은 노인에게 '이제 같이 살자'며 웃음 짓습니다.

이 한 편의 동화 같은 이야기는 일본인들의 갈등 해결 방식을 보여 줍니다. 그들은 얼굴 맞대고 언성을 높이거나 얼굴 붉히는 일 없이 상상 속 세계에서 아주 아름답게 갈등을 해결합니다.

현실에서 이런 식의 결말은 기대하기 어렵지만 말이죠.

일본인들은 고통스러운 현실을 직면하기 어려워하는 것 같습니다. 고레에다 히로카즈 감독의 〈아무도 모른다〉나 같은 감독의 2018년 황금종려상에 빛나는 〈어느 가족〉이 그려 내고 있는 일본의 우울한 현실은 일본에서 철저하게 외면받고 있습니다. 일본의 치부를 드러내어 불편하다는 것이죠.

최근 일본 애니메이션의 트렌드는 '이세계異世界물'입니다. 현실의 아주 평범한, 혹은 평균 이하의 주인공이 하루아침에 다른 세계(이세계)로 가게 되는데, 그 세계에서 주인공은 왠지 모르지만 매력적인 외모와 출중한 능력을 갖고 있습니다. 그는 앞에 닥치는 어떠한 문제도 쉽게 해결하면서 이세계의 영웅이 됩니다. 방어기제 백일몽의 학술적 정의가 바로 여기 있군요.

분리detachment나 고립isolation 등도 일본 문화와 관련하여 떠올릴 수 있는 방어기제 입니다. 분리는 고통스러운 불안을 일으키는 느낌을 막아 내기 위해서 그 감정을 분리시키는 것이며, 고립은 긴장과 불안을 주는 상황으로부터 자기 자신을 철수시키려는 방어기제입니다.

즉, 어떤 상황으로부터 벗어나기 위해 고통스러운 감정을 분리하고 자신을 정신적으로 고립시키는 방식의 행위 양식입니다.

사회적 역할이나 친밀하지 못한 인간관계에서 오는 불안에서 벗어나기 위함이죠. 120만 명으로 추정되는 일본의 히키코모리는 분리와 고립을 선택하여 백일몽에 빠져 살아가는 인간 유형이라 하겠습니다.

　방어기제는 자아에 위기가 닥쳤을 때 무의식적으로 작동되는 것입니다. 다만 어떤 문화에서 학습되는 가치와 행동 양식들이 특정한 유형의 무의식적 방어기제를 만들어 낼 가능성이 있다는 말씀입니다. 당연히 모든 한국인, 일본인이 이런 병리적 행위 양식을 보인다는 이야기는 아니오니 오해 없으시기 바랍니다.

감정적 한국인

VS

이성적 일본인

한국인과 일본인의 차이를 두고 많이 언급되는 말 중에 일본인은 이성적이고 한국인은 감정적이라는 이야기가 있습니다. 특히 일본이 외교문제 등에서 한국의 반응을 비판할 때 많이 나오는 주장입니다. 일본은 이성적인 데 반해 한국은 감정적으로 반응한다는 것이죠.

이러한 주장은 일견 맞는 듯 보입니다. 실제로 일본인들은 감정 표현이 덜하다고 알려져 있는데요, 일본인을 대상으로 한 비교문화심리학의 연구들에서 집단주의 문화를 대표하는 일본인들의 감정 표현은 그 폭이나 빈도가 개인주의 문화권에 비해 확실히 적게 나타납니다.

개인적으로 일본인의 감정 표현에 대해 생각하게 된 계기는 2011년 동일본 대지진이었습니다. TV에서 쓰나미로 아들을 잃은 젊은 어머니의 인터뷰가 나오고 있었는데요, 당시의 상황을 이야기하던 일본 어머니가 밀려드는 슬픔에도 카메라를 바라보며 애써 웃음을 짓는 것이었습니다.

저는 한국인으로서 그 일본 어머니의 감정이 매우 생소했습니다. 자식을 잃은 부모의 심정을 떠올리는 것만으로도 목이 메고 손발이 떨릴 정도인데 웃음을 보일 수 있다니 저로서는 상상하기 어려운 일이었습니다.

몇 년 후, 한국에서는 수학여행을 가던 학생들이 배에 갇힌 채 수장되는 불행한 사고가 있었습니다. 한국의 부모들은 주저앉아 발을 구르며 소리 내어 통곡했습니다. 이를 본 고위관계자가 '짐승처럼 울부짖는다'는 표현을 써서 문제가 됐던 적이 있지요.

문화는 구성원들의 감정 표현 방식을 결정합니다. 해당 문화에서 선호하는 가치에 따라 특정 정서의 표현은 억제되거나 권장되는데요, 이를 문화적 표출규칙cultural display rule이라고 합니다.

비교문화심리학에서는 대개 개인주의 문화권은 감정 표현

이 크고 많은 데 비해 집단주의 문화권은 감정 표현의 크기도 작고 그 빈도도 적다고 알려져 있습니다. 당연히 개인주의 문화권 내에서도 집단주의 문화권 내에서도 차이가 존재하죠.

사실 대표적인 것이 집단주의 문화권 안에서의 한국과 일본의 차이입니다. 한국과 일본의 감정 표현 차이는 방금 말씀드린 것처럼 특히 슬픔의 표현에서 두드러집니다.

아무래도 집단주의 문화에 속하는 만큼 한국인들도 대외적으로 지나친 감정 표현은 자제하는 편입니다. 그러나 일본인과 비교하게 되면 사정이 다르죠. 한국인은 슬픔은 물론, 분노나 잘난 척 등 집단주의 문화권에서는 집단의 조화를 저해한다는 이유로 표현을 자제해야 할 정서를 훨씬 많이 표현합니다.

물론 그런 표현이 가능한 상황과 맥락이 있죠. 자신과 잘 모르거나 공적 관계에 있는 사람들 앞에서는 감정 표현을 덜 하지만 가족, 친지, 친구들과 같이 사적 관계에 있는 사람들에게는 상당히 솔직하고 거침없이 감정을 드러냅니다.

일본인들과는 이 점에서 차이가 두드러집니다. 일본인은 가족이나 친구들처럼 잘 아는 이들일지라도 그들에게 자신의 개인적 감정을 표현하는 것을 꺼리는 경향이 강합니다. 대신 자신의 사회적 역할에 걸맞은, 혹은 주변에서 자신에게 기대하는 방식으로 감정을 표현하는 것입니다.

이러한 일본인의 감정 표현 방식을 다테마에라고 합니다. 본심인 혼네는 가족이나 배우자에게도 좀처럼 드러내지 않는다고 하죠. 재퍼니즈 스마일Japanese smile이란 말이 있을 정도로 낯선 사람에게도 곧잘 지어 보이는 친절한 미소는 일본을 대표하는 문화 콘텐츠(?)입니다. 일본인들은 이를 '아이오 와라이' 즉 꾸민 미소, 억지 미소라고 부르죠.

상대방에게 나쁜 인상을 주지 않기 위해 짓는 미소인데요, 동일본 대지진 인터뷰에서 보았던 일본 어머니의 미소가 이것입니다. 물론 일본인들은 그 미소 뒤의 슬픔을 이해하고 그토록 큰 슬픔에도 불구하고 웃음을 보일 수 있는 어머니의 절제력에 감동을 받을 것입니다. 문화란 그런 것이니까요.

그러나 감정 표현의 억제가 정신 건강에 그리 이롭지 못하다는 것은 심리학의 상식입니다. 일본 문화를 지배하는 감정의 은폐와 억제라는 규범은 여러 가지 부작용을 낳습니다. 감정 표현을 억제하느라 스트레스를 받다가 감정 표현 불능증(스마일 마스크 증후군 등)에 빠지기도 하고, 밖에서는 분노와 같은 감정을 억제하다가 가족이나 사랑하는 사람들에게 폭발시키는 경우도 있습니다.

일본의 부모들은 자녀들에게도 감정 표현을 억제하는 경향이 짙은데요, 대신 규칙을 어겼을 경우에는 매우 엄격한 훈육이 뒤따릅니다. 아이들은 부모의 인정과 공감 속에서 자신의 감정을 이해하고 다양한 맥락에서 자신을 인식하고 표현하는 법을 배우게 되는데 이러한 양육 방식은 아이들의 공감 능력에 영향을 미칠 수 있습니다.

심리학에는 마음이론이라는 것이 있습니다. 마음이론이란 상대방의 마음을 읽는 능력을 의미합니다. 지난 수십 년간의 연구를 통해 심리학자들은 만 3~5세에 이 능력이 획기적으로 발달한다는 것을 밝혔습니다.

그러나 일본 아이들의 경우, 이 능력이 다른 나라 아이들에 비해 평균 4개월에서 11개월, 최대 2년 가까이 늦는다는 연구 결과가 나와 일본 심리학자들을 충격에 빠뜨렸습니다. 한국과 중국의 아이들은 같은 시기의 서구 아이들보다 공감 능력의 발달이 빨랐는데 말이죠.

일본 아이들의 공감 능력 발달이 늦는 것에는 집단주의 문화나 동아시아의 문화적 공통점이 아닌 일본 문화만의 특성이 작용한다는 의미입니다. 일본 심리학자들이 원인으로 지목한 것이 바로 지나치게 엄격한 일본의 훈육 방식입니다. 앞서 말씀드린 것처럼 일본의 부모들은 사회적 가치에 부합하는 아이로 키우기 위해 엄격한 양육 방식을 취하고 있죠.

심리학자 마스이 히로시의 연구에 따르면 '부모와 사이가 좋지 않다' '부모를 존경하지 않는다' '부모와 대화하지 않는다' 등의 항목에서 일본은 한국, 중국, 미국, 터키 등 여섯 개 나라 중 가장 부정적인 응답을 보였습니다. 과거 제가 참여했던 연구에서도 일본 대학생들은 부모로부터 칭찬을 받았던 기억이 한국 학생들에 비해 현저하게 적었습니다.

어릴 때부터 아이의 요구에 민감하고 때로 지나치게 오냐오냐 해 주는 것 같은 한국의 양육 태도는 높은 공감 수준과 자기 가치감으로 이어집니다. 사교적이고 자아 탄력성이 높은 성격이 되기 쉽죠. 물론 일본인들은 한국의 부모들이 자녀 교육을 제대로 시키지 않는다고 생각할 겁니다.

그러나 부족한 감정 교류와 엄격한 훈육은 다른 이들의 평가를 두려워하고 갈등을 회피하는 성격을 만들어 낼 가능성이 큽니다. 자기 가치감도 매우 떨어지겠죠. 새로운 것에 도전하기보다 현실에 안주하거나 환상 속으로 도피하는 방식을 택할 수도 있습니다.

감정을 지나치게 억제하는 것의 가장 부정적인 측면은 이것이 감정의 회피로 이어진다는 점입니다. 이른바 이지화intellectualization라는 방어기제입니다. 이지화는 고통스러운 현실에서 도피하기 위해 감정이나 태도를 고립시키고 문제를 이론적으로만 접근하려는 경향을 의미합니다.

이 방어기제를 사용하는 이들은 불안하거나 슬프거나 화가 날 때 자신의 경험을 이성적으로 해석하고 객관화함으로써 고통에 빠지지 않으려고 합니다. 지성적인 어휘들을 과다하게 사용하거나 추상적이고 무미건조하게 세부 설명을 늘어놓는 등 상황에 연결된 감정을 차단하려는 것입니다.

말씀드린 것처럼 일본은 감정 표현을 대단히 제한하는 문화를 갖고 있습니다. 감정을 드러내는 것을 불쾌하고 수준 낮은 행동으로 여기기 때문에 자신이 느끼고 있는 감정을 받아들이고 표현하기보다는 이지화와 관련된 행동 양식으로 처리할 가능성이 높습니다. 갈등 앞에서 원론적인 이야기만 늘어놓는다든가 아예 문제 자체가 없는 것처럼 행동하는 것 말이죠.

한편, 한국인들의 경우는 주로 감정 조절이 관건이 되는 경우가 많습니다. 감정이 격해지면 어떤 극단적인 행동으로 이어질 가능성이 큰데요, 이는 일본인들의 이지화와 비교해서 행동화 acting-out라는 방어기제로 이해할 수 있을 것 같습니다.

행동화는 반사회적 성격장애를 지닌 사람들이 주로 사용하는 방어기제입니다. 한국인들이 반사회적 성격장애라는 말씀은 물론 아니고 반사회적 성격의 어떤 속성, 예를 들면 상대방의 의도와 관계없이 자신의 주장을 관철하려는 성향이 한국인들의 문화적 성격(주체성 자기)과 관련 있기 때문에 나타나는 현상이 아닐까 합니다. 자신이 원하는 바가 좌절되었을 때 불안과 분노가 행동으로 바로 튀어나오는 것이 행동화니까요.

이런 성격의 사람들이 때로는 한발 물러서서 냉철하게 상황을 바라볼 필요가 있다는 건 확실하죠. 하지만 일본인이 매사에 이성적이라는 주장에는 동의할 수 없습니다. 일본인이 그렇게 이성적인 사람들이라면 서점 한복판에 혐한嫌韓 코너를 따로 두고 주말마다 혐한 시위가 벌어질 리는 없을 테니까요.

거꾸로 보자면, 매사에 '이성적이라고 주장하는' 일본인의 행위 양식은 자신의 감정을 인식하기 어려워하고 감정 표현을 불안해하는 데서 온 것일 가능성이 큽니다. 그런 성격을 가진 이들에게 필요한 조언은 직면입니다. 자신의 감정을 인정하고 그 감정이 어디에서 비롯된 것인지 성찰하여 받아들이는 것이죠. 그것이 아무리 자신의 치부에서 비롯된 것이라 할지라도 말입니다.

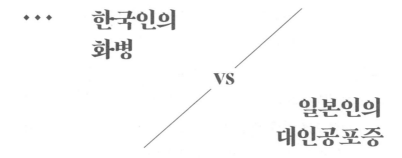

DSMDiagnostic and Statistical Manual of Mental Disorder은 심리학에서
사용하는 정신장애의 진단 및 통계 편람입니다. 1952년 초판
이 나온 이후로 현재 5판이 사용되고 있는데요, 1994년 개정된
DSM-4판은 당시 심리학계에 높았던 문화에 대한 관심을 반영
하여 '문화의존증후군'이라는 분류를 추가했습니다.

　　이 분류에는 말레이시아, 인도네시아 등 동남아시아 문화권
에서 주로 발생하는 격정적인 폭력성인 아목Amok, 중국 남부와
동남아시아에서 나타나는 남근이 수축해 배 속으로 들어가서 죽

을지 모른다는 극심한 불안을 의미하는 코로Koro 등 특정 문화에서 기인했을 것으로 추정되는 25개의 정신 질환이 소개되어 있습니다.

여기에는 한국의 화병Hwabyung과 일본의 대인공포증Taijinky-ofusho도 포함되어 있습니다. 이 글에서는 한국과 일본의 문화의 존증후군과 양국의 문화심리에 대해 알아보도록 하겠습니다.

화병은 조선왕조실록에서부터 기록이 남아 있는 한국의 고유한(?) 정신 질환입니다. 사도세자, 혜경궁 홍씨, 숙종, 명성황후 등이 화병(화증火症)을 겪었다는 내용이 전하죠. 정신의학은 화병을 충격적인 일에서 생긴 화 또는 분노를 억제한 결과로 나타나는 만성적 심인성 질병으로 규정하고 있습니다. 소화장애와 두통 등을 유발하는 일반적인 신경증과 달리 화병은 답답함, 열기, 목과 가슴의 덩어리 뭉침 등의 신체적 증상을 동반합니다.

화병의 원인은 '분노의 억제'로 추정됩니다. 화병을 가진 분들을 인터뷰해 보면 억울한 일을 겪고 그 화를 제대로 표출하지 못한 경우가 대부분입니다. 화병 환자들이 호소하는 가슴에 걸려 있는 불덩어리는 이 표출되지 못한 화라고 할 수 있습니다.

따라서, 화병이 한국의 문화적 정신장애라면 화병을 가능하게 하는 것은 분노와 같은 감정 표현을 억제해야 하는 한국의 문화적 상대성에 기인한다 하겠습니다. 보통 한국을 비롯한 집단주의 문화에서는 부정적 정서의 표현을 제한하는 정서 표현 규칙을 갖고 있습니다. 화가 난다고 아무 때나 아무 데서나 화를 내면 집단의 조화를 해칠 수 있다는 이유에서죠. 개인주의 문화에서 개인의 감정 표현이 권장되는 것과는 대비되는 현상입니다.

그런데 이상한 점이 있습니다. 중국이나 일본도 집단주의 문화로 분류되는데 왜 중국이나 일본에는 화병에 해당하는 증상이 없을까요? 한국 문화의 감정 억제 압력이 다른 나라보다 더 큰 것일까요? 아니면 한국인들에게 억울하고 화나는 일이 더 많았던 것일까요? 이 지점이 보다 세부적인 문화 이해가 필요한 이유입니다.

화병은 그 원인이 되는 억울함에 대한 이해가 선행되어야 합니다. 억울함은 매우 한국적인 정서인데요, 억울抑鬱은 보통 depression으로 번역되지만 우울depression과는 전혀 다른 정서입니다. 우울처럼 침체되고 가라앉은 느낌이 아니라 분노와 답답함이 뒤섞인 매우 활성화된 감정이죠.

문화심리학에서는 억울함의 원인을 자신이 경험한 주관적 부당함unfairness으로 봅니다. 내가 겪은 피해나 불이익이 부당하다는 느낌이 들 때 한국인들은 '억울하다'는 감정을 느끼는 것이죠.

그리고 이 부당함이 해결되지 않을 때 억울함은 더욱 커집니다.

즉, 억울이란 부당함에 대한 지각에 덧붙여 해결되지 않는 상황에 대한 답답함과 분노가 추가된 감정입니다. 화병은 이러한 분노를 표출할 수 없고 억울하고 답답한 상황이 개선될 여지가 없을 때 발생합니다.

화병이 가부장적 문화로 의견이나 감정의 표현이 어려웠던 과거의 어머님들이나 교육 수준이 낮아 자신의 상태를 명확하게 설명할 수 없는 이들, 그리고 사회적 위치 때문에 어디에도 감정을 표출할 데가 없는 중년 남성들에게 많이 나타나는 이유입니다.

마지막으로, 화병의 원인이 되는 억울함의 보다 본질적인 속성은 그 감정이 매우 '주관적'으로 경험된다는 것입니다. 주관성은 한국인들의 마음의 질을 규정하는 중요한 특징으로 이해되고 있습니다.

한국인들은 내가 받아들이기에 부당하다는 생각이 들면 억울함을 느낍니다. 남들이 어떻게 생각하는지, 객관적인 상황이 어떤지는 중요한 게 아니죠. 따라서 다른 이들이 보기에는 억울할 게 전혀 없는 사람도, 예를 들어 사상 초유의 국정 농단을 저지른 최순실조차 "나는 억울하다"라고 소리칠 수 있는 겁니다.

가부장적 문화와 교육 수준이 낮은 이들, 그리고 이야기할 대상이 없는 중년 남성들이 한국에 한정된 것이 아님에도 불구하고 화병이 한국을 대표하는 문화적 정신장애가 된 이유가 여기 있습니다. 한국인들에게 유형화된 문화적 감정 경험 방식이 화병에 영향을 미치기 때문이죠.

이번에는 일본의 문화의존증후군 대인공포증을 살펴봅시다. 이 정신장애의 독특한 점은 '공포의 방향성'에 있습니다. 보통 사회적 맥락에서 경험되는 공포는 사회공포증으로 분류되는데요, 이는 자신의 행동이 평가되는 상황에서 다른 이들의 시선과 평가 때문에 불안과 공포를 느끼는 것을 말합니다.

그런데 일본의 대인공포증은 다른 이들로부터의 공포가 아니라, 내가 다른 이들에게 피해를 줄지 모른다는 공포를 느낀다는 점이 다릅니다. 이를테면, 대인공포증 환자들은 자신의 생김새나 체취가 다른 사람들에게 불쾌감을 줄까 봐 공공장소에 나가지 못합니다. 그래서 대인공포증을 '가해염려형 사회공포증'이라고 하기도 하죠.

비교문화심리학의 연구에 따르면 자신을 집단에 속한 존재로 인식하는 상호협조적 자기관interdependent self을 지닌 사람들이 이러한 유형의 대인공포증에 걸리기 쉽다고 합니다. 동양의 집단주의 문화권에서 어느 정도 일반적으로 나타날 수 있는 정신장애라는 것이죠.

그럼에도 대인공포증이 일본을 대표하는 문화의존증후군이 된 데에는 이 정신장애가 일본 문화의 영향으로 유형화된 일본인들의 심리적 특성을 반영하기 때문일 것입니다. 이 점을 이해할 수 있는 일본 문화의 측면은 바로 메이와쿠 문화입니다.

일본인은 남들에게 민폐를 끼쳐서는 안 된다는 생각이 매우 강합니다. 일본의 거리가 깨끗하고 사람들이 질서를 잘 지키는 것은 이 메이와쿠 때문입니다. 그런데 이 민폐라는 개념이 일본에서는 매우 범위가 넓습니다. 일본인들은 자신에게 주어진 사회적 역할을 다하지 못하는 것도 민폐라고 생각하는 것 같습니다.

일본에서는 자신의 역할로 정해진 일에 충실해야 한다는 생각도 매우 중요한 가치로 받아들여지고 있기 때문입니다. 예를 들어 대학을 졸업하고도 취직을 하지 못하거나, 나이가 찼는데도 결혼을 하지 않는 등 사회적으로 기대되는 행동을 하지 못하는 것 자체가 민폐이며 수치스러운 일로 생각됩니다.

물론 이러한 종류의 문화적 압력은 한국과 다른 나라들에도 있습니다. 그러나 우리나라나 다른 나라에서 대인공포증이 문화적으로 두드러지는 증상이 아닌 이유는 이러한 상황을 받아들이는 심리적 과정이 다르기 때문일 것입니다.

일본인들의 마음 경험 방식은 대상적 자기, 즉 행위의 주체로서가 아니라 외부에서 일어나는 일을 받아들이는 존재로서의 자기 인식에서 비롯된다고 추정됩니다. 이러한 속성은 직접적 표현을 꺼리고 '일이 그렇게 될 수밖에 없음'을 강조하는 일본어의 표현에도 잘 드러나 있습니다.

따라서 개인의 행동을 규정하는 사회적 규범과 타인의 시선 등은 일본인의 심리 경험을 이해할 수 있는 주요한 기준이 됩니다. 즉, 일본인은 자신의 행위가 사회적 기준에 미치지 못할 때 극심한 불안을 느끼게 되는 것입니다.

자신의 존재 자체가 폐를 끼친다고 생각하는 사람은 다른 이들을 만나는 상황을 극도로 꺼립니다. 이렇게 집 밖에 나가지 않고 자기 방 안에서만 생활하는 이들을 일본에서는 '히키코모리 引き籠もり'라고 하죠. 히키코모리가 일본의 중요한 사회적 현상이 된 이유가 여기 있습니다.

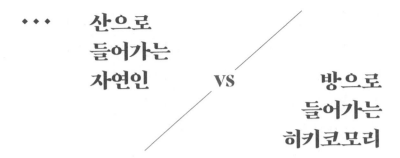

··· 산으로 들어가는 자연인 vs 방으로 들어가는 히키코모리

사회생활을 거부하고 장기간 집 안에만 틀어박혀 있는 사람을 일 컫는 '히키코모리'는 일본의 대표적인 사회현상입니다. 히키코모 리는 1970년대부터 일본 사회에 나타나기 시작했으며, 경기 침 체가 시작된 1990년대 초부터 심각한 사회문제로 떠올랐습니다. 2019년 내각부 통계에 따르면, 일본의 히키코모리는 120만 명으 로 일본 인구의 1%에 해당할 정도입니다.

히키코모리는 대개 10대 중후반에 시작되는데, 이들은 히키 코모리 상태에서 나이가 들어 중년에 이르기도 합니다. 현 시점의 히키코모리들 중에서 중년(40~64세)은 절반이 넘는 61만 명으로 추산되는데요, 약 30년 전에 히키코모리 생활을 시작한 청소년들이 이제는 중년이 된 것이라 볼 수 있겠습니다.

히키코모리의 원인으로는 극심한 경쟁 사회에 대한 두려움, 학교나 회사에서 느끼는 고립감, 집단 따돌림이나 괴롭힘의 경험, 가족 간의 관계에서 받는 상처, 지나친 부모 의존, 심각한 자신감의 결여로 인한 자해적 심리 상태 등이 꼽힙니다.

일본에 히키코모리가 나타나기 시작한 1990년대는 버블 붕괴 이후, 본격적인 경기 침체가 시작되던 시점이었습니다. 미국 《워싱턴 포스트》는 장기적인 경기 침체 이후 고도성장을 지탱해온 세대와 그러지 못한 세대 간의 적응력 차이가 히키코모리라는 사회현상으로 나타났다고 진단합니다.

그 외에도 민폐를 끼쳐서는 안 된다는 메이와쿠 문화, 사람은 자신에게 주어진 직분에 충실해야 하며 이를 다하지 못할 경우를 수치로 받아들이는 분위기, 일본 특유의 집단 따돌림 '이지메', 개인적 감정 표현을 제한하는 사회적 규범 등이 히키코모리들을 만들었다고 할 수 있습니다.

이들은 생계유지를 위한 경제활동을 비롯한 일체의 사회활동을 거부하기 때문에 부모의 도움이 없으면 살아갈 수가 없는데요. 이 때문에 일본에서는 부모의 나이가 80세가 넘어가는 중년 히키코모리들의 문제가 점차 심각해지고 있습니다. 부모가 돌아가시면 히키코모리 자식도 더 이상 살아갈 방법이 없어지기 때문입니다.

물론 우리나라에도 이런 이들이 있습니다. 우리나라에서는 '은둔형 외톨이'라는 이름을 쓰지요. 취업난 등으로 사회에서 받는 상처가 많아지고 인터넷, 스마트폰 등을 통해 굳이 밖에 나가지 않아도 불편함을 느끼지 않게 됨에 따라 한국에도 '은둔형 외톨이'가 늘어나고 있다고 합니다.

히키코모리 연구자 여인중 동남정신과 원장은 '일본 히키코모리가 에스프레소라면 한국 은둔형 외톨이는 카페라테'라고 표현하고 있습니다. 그 빈도나 증상의 심각성 면에서 일본의 히키코모리가 더 심하다는 뜻일 터입니다.

무라카미 류의 소설 《마지막 가족》에는 사회생활에 적응하지 못하고 히키코모리가 된 아들 히데키의 이야기가 나옵니다. 히데키는 학교와 직장에서 상처를 받고 방에 틀어박히는데 소설에 묘사된 그의 말과 행동에서 히키코모리들의 심리를 짐작할 수 있습니다.

그는 외부와의 접촉을 차단한 채 생활합니다. 햇빛이 창으로 들어오는 것도 싫어서 검은 종이로 창문을 가려 놓은 상태입니다. 그의 유일한 취미이자 활동은 가린 창문에 조금 뚫어 놓은 렌즈 구멍으로 사진을 찍는 것입니다.

필름을 사거나 사진을 현상하기 위해 잠깐이라도 밖에 나갈 때면 자신의 몸에서 불쾌한 냄새가 날까 봐 몇 번씩 샤워를 하고도 인적이 드문 한밤이 되어서야 집을 나섭니다. 그 외의 시간에는 자신의 방에서 한 발짝도 나오지 않고 식사도 어머니가 방으로 가져다 줍니다. 그가 가족과 나누는 소통은 다음 끼니에는 무슨 반찬을 달라는 쪽지가 전부입니다.

제가 인상적으로 기억하는 대목은 히데키의 자기 인식이었습니다. 그는 히키코모리가 된 자신이 가족을 비롯한 다른 이들에게 민폐를 끼치는 존재라는 생각으로 괴로워합니다. 이런 생각은 영화 〈혐오스런 마츠코의 일생〉에서도 나타납니다.

가족에게 버림받고 평생 자신을 사랑해 줄 사람을 찾다가 끝내 실패한 마츠코는 결국 히키코모리가 됩니다. 날로 정신이 피폐해져 가던 마츠코는 어느 날 환각 속에서 미친 듯이 벽에 '태어나서 죄송합니다'라는 글자를 새깁니다.

'태어나서 죄송합니다'란 일본 작가 다자이 오사무의 단편 《20세기 기수》에 나오는 표현입니다. 다자이 오사무의 환생이라는 평을 받던 마츠코의 첫 번째 애인 테츠야는 이 말을 남기고 마츠코가 보는 앞에서 기차에 뛰어들어 자살합니다.

거듭된 사랑의 실패에 절망한 마츠코의 선택은 히키코모리 생활이었고, 자신의 삶이 그렇게 된 이유가 '내가 태어났기 때문'이라는 마츠코의 절망 어린 몸부림이 먹먹하게 다가왔던 장면이었습니다.

바로 이 점이 일본 히키코모리와 한국 은둔형 외톨이를 나누는 중요한 기준입니다. 사회생활에서 상처를 받고 자신만의 공간으로 숨는 이들이 있는 것은 문화 보편적인 현상입니다. 더 상처를 받는 것을 피하고 자신을 보호하기 위한 행동이죠.

그러나 적어도 제가 아는 한국인들은 자신이 상처받은 이유를 자신의 존재 탓으로 돌리지는 않습니다. 나에게 상처 준 사람을 원망하고 나를 이렇게 만든 사회에 분노할지언정 말이죠.

엄밀히 말하자면, 한국인들도 도저히 어쩔 수 없는 상처는 자신의 탓으로 돌립니다. 한恨입니다. 한은 자신이 경험한 부정적 사건의 원인을 스스로에게 돌려 격렬한 분노와 관계의 손상 등 부정적 결과에서 벗어나려는 한국인들의 정신적 방어기제라 할 수 있습니다.

그러나 똑같이 자기 탓을 한다고 해도 한의 경우는 다릅니다. 한은 사태가 이렇게 된 이유를 나의 '존재'로 귀인하지는 않습니다. 대신 나의 '능력이나 노력 부족' 같은 통제 가능한 영역으로 귀인하죠.

그래서 상황을 바꾸기 위한 노력이 시작되고 많은 경우에 실제로 상황을 개선하는 결과로 이어집니다. 문제는 아무리 노력해도 상황이 바뀌지 않을 때입니다. 더 이상 할 수 있는 일이 없다고 느껴질 때죠.

이때도 한국인은 일본인과는 다른 방법을 취하는 듯합니다. 자신의 방에 틀어박히는 것이 아니라 산으로 들어가는 것입니다. 떠오르는 사람들이 있습니다. '자연인'입니다. 중년의 〈나 혼자 산다〉로 불리는 〈나는 자연인이다〉에 나오는 분들이죠.

이들은 사업의 실패, 배우자의 사망, 지인의 배신 등 나름의 상처를 안고 산으로 들어가게 되었다고 말합니다. 부모님이 돌아가시고 자식들 다 키우고 직장에서 은퇴하고 해야 할 일을 다 마친 분들도 많습니다.

이들은 산 생활에서 자유를 느낀다고 이야기합니다. 산에서는 더 이상 세상일과 세상 사람들에 얽매일 필요가 없는 것입니다. 그것이 자연인들이 산으로 들어가는 이유입니다. '들어간다'라는 말을 썼지만 히키코모리가 방으로 '들어가는' 것과는 차이가 있습니다. 산으로 들어간다기보다는 집을 나간다고 해야 할까요.

히키코모리와 마찬가지로 외톨이 생활이지만 자연인의 삶은 다릅니다. 그들은 산속에서 자연과 계절의 흐름을 온몸으로 느끼며 자신이 먹고살 것들을 마련합니다. 더 이상 할 수 있는 일이 없어 산으로 들어온 이들은 산에서 자신들이 할 수 있는 일을 찾으며 삶의 이유를 찾아내는 듯합니다.

한국에서 〈나는 자연인이다〉의 시청률이 높다는 것은 한국인들에게 그런 욕구가 있다는 것을 방증합니다. 사는 건 고되고 누구나 가슴에 상처 하나쯤은 있는 거 아니겠습니까. 그러나 실제로 산으로 떠나는 이는 많지 않습니다. 그들에게는 아직 해야 할 일이 남아 있고 할 수 있는 일이 있기 때문이죠.

청소년기에 방으로 틀어박히는 히키코모리들과는 달리 자연인들이 산으로 들어가는 나이가 대개 중년 이후인 것은 이 때문이 아닐까 합니다. 우리가 마음에 상처를 받을 때마다 다 산으로 들어갔다면 이미 우리나라 산들은 다양한 연령대의 자연인들로 넘쳐 났을 테지요.

개미가 코끼리를 이해하는 방법

문화를 이해하는 것은 개미가 코끼리를 이해하는 것과 비슷합니다. 개인이 문화의 모든 면을 볼 수는 없기 때문입니다. 코끼리는 큽니다. 머리도 크고 몸도 크고 다리도 크죠. 개미 한 마리가 한 번에 둘러볼 수 있는 코끼리의 몸은 극히 일부입니다.

어떤 개미는 기다란 코만 볼 것이고 어떤 개미는 드넓은 등짝 위에서 하루를 다 보내겠지요. 어떤 개미는 기둥 같은 다리에서, 어떤 개미는 어둡고 냄새나는 어딘가에서 헤매 다닐 겁니다. 그러니 각각의 개미가 코끼리를 제대로 이해할 확률은 거의 없습니다.

문화도 마찬가지입니다. 한 사람이 문화를 전체적으로 바라보기란 매우 어려운 일입니다. 문화에는 밝고 희망찬 부분이 있는가 하면 어둡고 절망스러운 부분도 있기 때문입니다. 아주 합리적인 측면도 있고 반대로 완전히 비이성적으로 보이는 측면도 있죠.

하나의 사건이나 현상에도 양면성이 있습니다. 예를 들어, 한국에서 술은 사람들을 가깝게 해 주고 일상의 스트레스를 해소하는 기능이 있지만 그 이면에는 음주 운전, 주취 폭력, 알코올 중독 등 해악도 만만치 않은 것이죠.

이렇게 다양한 측면이 있는 이유는 문화란 실제로 거대한 생명체처럼 작동하기 때문입니다. 생물과 문화의 공통점은 둘 다 생존과 번식을 위해 진화해 간다는 것입니다. 따라서 문화에는 생존과 번식(사회 유지)에 필요한 여러 요소와 기능들이 존재합니다.

이를테면, 코끼리는 생명을 유지하기 위해 먹어야 하고 소화시켜야 하고 배설해야 하죠. 코끼리는 덩치가 크니까 많이 먹어야 하고 많이 먹으려면 많이 돌아다녀야 하니까 다리도 튼튼해야 할 겁니다. 높이 있는 나뭇잎을 따 먹으려다 보니 코가 길게 늘어나 잡을 수 있게 됐겠죠.

문화도 이와 같습니다. 살아가려면 먹어야 하고 먹었으면 싸야 합니다. 먹기 위해서는 일을 해야 하고 일하다 지치면 놀아야 하죠. 모든 문화에는 인간의 기본적 욕구들을 충족하기 위한 저마다의 방식이 있습니다. 문화에 이런저런 양면적이고도 모순되는 측면이 함께 나타나는 것은 자연스러운 일입니다.

그런데 어떤 이들은 자신이 본 문화의 한 측면을 그 문화의 모든 것이라고 생각하는 듯합니다. 이는 마치 코끼리의 코에 붙어 있던 개미가 코끼리는 구불거리는 거대한 뱀이라고 생각하거나 항문 근처에만 머물렀던 개미가 코끼리는 지독한 냄새를 풍기는 큰 구멍이라고 믿는 것과 같습니다.

여기서 나타나는 것이 소위 '표집의 오류'입니다. 사람들은 자신과 비슷한 이들과 교류하며 지냅니다. 그래서 내가 보고 들은 것이 전부라고 생각하기 쉽지요. 그러한 내집단 안에서는 서로 알고 있는 그렇고 그런 정보들 중에서 더 극단적인 것을 선택하게 되는 '집단 극화'나 동조 압력으로 충분한 대안을 고려하지 않고 의사 결정에 이르는 '집단 사고'가 나타나게 됩니다.

문화에 대해서 우리가 많이 하는 이야기가 대개 이런 종류입니다. 언제 생겼는지조차 알 수 없는 고정관념과 편견에서부터 미디어를 통해 알려진 문화의 단편, 개인적 경험들의 조각이 모여 어떤 문화에 대한 상을 만들어 내고 그것이 사실이라고 믿죠.

'한국 사람은 정情이라는데 한국 사회는 왜 이렇게 각박하냐'

'일본 사람들 속 모른다던데 내가 아는 일본인은 안 그렇던데?'

'내가 미국 가 봤는데 한류 하나도 없던데?'

그러나 내 경험이나 내가 아는 사람의 경험은 문화 전체를 이해하는 데 아무런 도움이 되지 못합니다. 어느 한 측면만 보고 문화를 잘 안다고 생각하는 것은 사실이 아닐뿐더러 매우 위험한 일이죠.

문화는 저마다의 구조와 기능을 가지고 나름의 원리에 따라 작동해 가는 총체입니다. 따라서 문화를 전체적으로 이해하는 방법은 문화의 기능에 주목하는 것입니다. 그냥 괜히 나타나는 현상은 없습니다. 다 나름의 이유가 있죠. 이러한 문화의 기능에 주목하다 보면 문화의 다양한 측면이 퍼즐이 맞춰지듯 새롭게 이해되실 겁니다.

또한 문화에는 도대체 왜 저런 게 있나 싶게 불필요하고 역기능적인 것도 많습니다. 어떤 분들은 그런 문화가 존재한다는 것 자체가 불편하신 듯도 합니다.

그런 현상은 일부 사람들의 일탈일 뿐이고 그 나라의 문화가 아니라고 부정해 버리든지 아니면 그 나라의 문화가 저 모양인 걸 보니 저 나라 사람들도 저 모양일 거라고 단정 지어 버리기도 합니다. 하지만 역기능적인 문화도 분명 문화입니다. 바람직하게만 보이는 문화일수록 어두운 측면도 많이 숨어 있는 법이죠.

문화를 전체적으로 이해하려면 역기능적인 문화가 존재하는 이유 역시 알 필요가 있습니다. 그러한 문화도 분명 기능이 있을 테니까요. 똥 냄새가 지독하다고 똥은 존재하지 않는다고 생각하거나 항문을 막아 버릴 수는 없지 않겠습니까.

똥은 먹은 음식 중에 다 소화되지 못한 것이 몸 안의 노폐물과 섞여서 배출되는 것입니다. 배설을 하지 않으면 살아갈 수 없죠. 하지만 지독한 냄새 때문에 사람들은 여러 방법을 생각해 냈습니다. 화장실을 집에서 멀리 만들거나 물로 바로 처리할 수 있게 하거나 때로는 그 냄새에도 불구하고 농작물의 비료로, 연료로, 집 짓는 재료로 활용하기도 했죠.

이것이 더럽고 불필요해 보이는 문화들이 지속되어 온 이유입니다. 갑자기 똥 이야기로 마무리가 됐는데요, 현명하신 독자님들께서는 제가 무슨 얘기를 하려고 했었는지 다 이해하실 줄 믿습니다.

물론 저도 문화심리학자 이전에 한 개인인지라 제가 볼 수 있는 세계는 한정돼 있다는 것을 잘 압니다. 그래서 문화를 폭넓게 바라보는 공부를 한 것이고요. 여전히 제가 보는 것이 전부이고 다 맞다고 할 수는 없지만 그래도 실로 다양하고 복잡한 문화의 여러 측면이 어떤 원리에 의해서 돌아가고 있는지 정도는 말씀드릴 수 있습니다. 저를 믿으십시오. 믿으셔야 합니다.

마지막으로, 제가 가끔씩 소개하는 매우 부정적이고 역기능적인 문화들에 '그 문화를 옹호하는 거냐?' '그 문화를 인정하자는 거냐'는 의문을 표하시는 분들이 종종 계신데요, 이해는 인정 혹은 수용과는 다른 개념이라는 말씀을 드리고 싶습니다.

이해는 왜 그런 현상이 나타났는지 원리와 이유를 알자는 것이고, 인정이나 수용은 그런 현상을 받아들이고 또 해도 된다는 뜻입니다. 우리는 지금 사는 곳에서 더 잘 살아가기 위해 우리의 문화를 계속해서 바꾸고 새롭게 만들어 갑니다. 더 바람직한 문화를 위해서라도 그렇지 못한 문화들을 이해할 필요가 있죠.

그러나 뭔가를 이해한다는 것이 그것이 '옳으니' 아무 문제가 없다거나 나도 그것을 해야 한다고 주장하는 것과는 전혀 다른 이야기라는 점을 알아 주셨으면 합니다. 어떤 문화가 옳고 무엇을 받아들일지는 전적으로 독자 여러분에게 달려 있습니다.

문화를 뜯어 보면 숨은 그림이 보인다

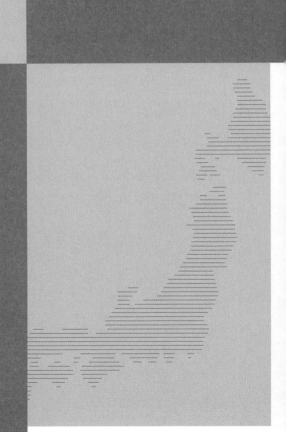

3부에서는 조금 관심이 있어야 알 수 있는 문화의 차이를 다뤄 봤습니다. 밖으로 드러난 현상들 너머로 한꺼풀 더 들어가 보면 비로소 문화의 깊은 의미가 들여다보일 때가 있죠. 근대 심리학의 창시자 빌헬름 분트는 사람들의 심층적인 심리를 알기 위해서는 그들이 가지고 있는 신화, 전설, 민담, 가치관 등을 이해해야 한다고 믿고 '민족심리학'을 제안했습니다.

제가 여기서 하고자 하는 이야기들이 그러한 시도입니다. 항상 억울한 한국의 귀신과 언제나 과묵한 일본 귀신, 특정 직업군(?)으로 수렴되는 한국의 영웅들과 항상 비슷한 대사가 특징인 일본의 영웅들, 삼판 양승제의 한국 씨름과 단판으로 승부가 갈리는 일본의 스모…… 두 나라 사람들이 만들고 향유해 온 이야기와 놀이들은 꽤나 다른 모습을 하고 있습니다. 그 이유는 무엇일까요? 막연히 차이가 난다고 느껴 왔던 한국과 일본의 문화에는 보다 본질적인 차이가 숨어 있을지 모릅니다.

한을 품은 한국 귀신 / VS / 자리를 지키는 일본 귀신

귀신을 믿으십니까? 21세기 한중간에 무슨 귀신 씨나락 까먹는 소리냐고 하시는 분들도 계실 줄 압니다. 사실 문화심리학에서 귀신의 존재 여부는 중요한 문제가 아닙니다. 중요한 것은 사람들이 귀신이 있다고 믿는 그 믿음 체계 자체지요.

문화에는 사람들의 다양한 욕망과 두려움이 투사되어 있습니다. 귀신 역시 사람들이 갖고 있는 욕망과 두려움이 투영된 결과지요. 그래서 귀신에는 그 문화 사람들이 무엇을 바라고 무엇을 두려워하는지가 담겨 있습니다.

이 글에서 이야기해 보려는 것은 한국 귀신과 일본 귀신의 차이입니다. 가깝고도 먼 나라 한국과 일본은 비슷한 점도 많지만 조금만 자세히 들여다보면 차이도 만만치 않습니다. 귀신이 나타나는 이유만 해도 그렇습니다.

한국 귀신 이야기의 원형原型으로 꼽힐 만한 것은 아랑 전설입니다. 밀양 부사의 딸 아랑은 그녀를 겁탈하려는 통인에게 저항하다가 살해당하고 시체가 버려집니다. 이후 새로 부임하는 사또마다 귀신을 보고 죽어 나가자 아무도 밀양으로 오지 않으려하는데…….

담이 큰 사람이 나타나 사또로 부임하고, 귀신이 나타나 자신의 억울함을 토로하자 사또는 이를 듣고 범인을 잡아 죽이고 아랑의 시체를 찾아 장사를 지내 사건을 해결해 줍니다. 귀신은 감사를 표하고 저승으로 떠나고 사또는 잘 먹고 잘 산다는 이야기죠.

한국의 귀신 이야기는 대개 이 아랑 전설과 유사한 스토리라인을 갖습니다. 계모에게 억울한 죽임을 당하여 이를 호소하기위해 나타난 장화홍련이 그렇고, 심쿵할 비주얼로 사람들을 놀라게 하지만 한을 풀고 나면 곱게 큰절하고 갈 곳으로 가는 〈전설의 고향〉의 수많은 귀신이 그렇습니다.

이 스토리 라인을 요약하면 다음과 같습니다.

1. 귀신이 나타나 사람들이 놀라거나 죽는다.
2. 담이 큰 사람이 귀신을 만나 귀신의 이야기를 듣고 귀신의 한(억울함)을 풀어 준다.
3. 억울함을 푼 귀신은 좋은 데로 가고 억울함을 풀어 준 사람도 좋은 일이 생긴다.

여기서 알 수 있는 귀신의 출몰 이유는 "억울함을 호소하기 위해서"입니다. 한국의 귀신은 억울하게 죽은 자신의 사연을 밝히고 그 한을 풀기 위해 나타나는 것이지요. 그래서 한국 귀신은 대개 권력자들에게 나타납니다. 억울한 죽음의 원인을 밝히고 진범을 찾아 처벌할 수 있는 권한을 지닌 사람이 일반 백성은 아닐 테니까요.

"사또…… 억울하옵니다……"가 한국 귀신들의 주 대사인 데는 이유가 있습니다. 담력이 약한 사또들이 놀라서 돌아가셔서 그렇지 정신 똑바로 차리고 왜 나타났는지 이유만 제대로 따져 물었다면 충분히 살아남을 수 있었을 터입니다. 독자 여러분께서는 혹시 귀신을 만나시거든 이 점을 떠올리시기 바랍니다.

반면, 일본 귀신은 나타나는 데 이유가 없습니다. 일본의 전통적 귀신은 매우 다양합니다만 우리나라처럼 특정 인물이 특별한 사연을 지니고 귀신이 된 경우보다는 갓파나 오니, 야만바, 유키온나 등 예전부터 어떤 지역에 있어 온 존재인 경우가 많습니다. 그냥 거기 원래 있는 것이죠.

한국의 아랑이나 장화홍련과 비슷한 케이스는 비교적 최근 영화로 나온 〈링〉의 '사다코'나 〈주온〉의 '가야코' 같은 귀신이 있겠는데요, 얘네들도 나타나는 데는 아무 이유가 없습니다. 영을 보는 능력을 지녔으나 억울하게 죽은 사다코는 비디오테이프에 영사되어 이 비디오를 트는 이들을 모두 죽이는 살인 행각을 보이고, 정신이상자 남편에게 억울하게 살해당하고 그 원한 때문에 자신들이 죽은 집의 지박령이 된 〈주온〉의 가야코 토시오 모자도 이 집에 들어오는 모든 이들에게 적의와 공격성을 보입니다.

이러한 일본 귀신의 특징을 요약하자면, 첫째, 뚜렷한 자신의 영역이 있고 둘째, 영역을 침범한 이들은 누구나 공격의 대상이 되며 셋째, 이들의 표적이 되면 반드시 큰 해를 입는다는 점입니다.

문화심리학적인 관점에서 이 세 가지 특징이야말로 일본인들에게 가장 큰 공포를 불러일으키는 요소가 아닌가 합니다. 일본인들은 개인의 영역에 민감한 사람들입니다. 누군가 자신의 영역을 침범하는 것도 꺼리지만 자신이 남의 영역에 들어간다는 것도 일본인들을 두렵게 만드는 것 같습니다. 남의 영역에 들어가면 공격받을 수 있고 해를 입어도 어쩔 수 없다는 것이죠.

최근 일본 인터넷에 떠돌았던 괴담의 주인공인 쿠네쿠네, 팔척귀신 같은 존재들도 일본 귀신의 특징들을 그대로 지니고 있습니다. 그들은 왠지 모르지만 늘 나타나는 곳에 나타나며 이들을 본 사람들은 반드시 해를 입습니다. 사람들은 이들의 존재를 두려워하고 이들이 나타나는 곳에는 가지 않으려 하죠.

영역을 침범당한 일본 귀신은 말없이 자신의 원한을 표출합니다. 그토록 남에게 피해를 주지 않으려 하는 일본인들은 자신에게 막대한 폐를 끼치는 존재가 두렵기도 할 겁니다. 요괴와 귀신들은 메이와쿠 같은 건 신경 쓰지 않을 테니까 말이죠.

독자 여러분께서는 일본 여행을 가셨다가 혹시 귀신을 만나시면…… 방법이 없습니다. 최선을 다해 도망치시되 힘이 모자란다면 뭐…… 그러니까 일본에서는 귀신이 나온다는 소문이 있는 곳은 되도록 가지 마시기 바랍니다.

한국 귀신과 일본 귀신의 두 번째 차이점은 사람에 대한 태도입니다. 그 원한이 너무나 지독해 대신 자기 자리를 지킬 사람을 찾고야 만다는 물귀신을 제외하면 한국 귀신이 사람을 해하는 법은 거의 없습니다. 무서운 것을 좀 참고 이야기만 잘 들어 주면 얼마든지 살아남을 수 있죠.

한국의 대표 요괴인 도깨비도 그렇습니다. 사람을 홀려서 밤새 산속을 헤매게 하거나 술 취한 사람 붙잡고 씨름을 하는 경우는 있어도 사람을 죽이지는 않습니다. 어리숙하고 놀기 좋아하는 한국 도깨비들은 사람이 잘 구슬리면(도토리묵과 함께) 부탁도 막 들어 줍니다. 구미호도 빼놓을 수 없는데요, 구미호는 사실 동아시아 삼국(한, 중, 일)에 모두 등장합니다만 중국과 일본에서는 악귀로 묘사되는 반면, 한국에서는 대단히 사람 친화적 존재로 그려집니다.

한국의 구미호 전설에서 구미호는 '인간이 되고 싶어' 육식동물(여우)로서의 욕구를 절제하는 모습을 보여 줍니다. 인간과 사랑에 빠지고 인간에 의해 배신당하면서도 자기가 사랑했던 사람만큼은 끝까지 해치지 않고 떠나가는 비련의 주인공입니다.

물론 한국에도 자신의 영역을 가지고 있는 귀신들이 있습니다. 산신이나 터주신, 큰 나무에 깃든 목신 등인데요, 이들은 귀신이라기보다는 신神으로서 신앙의 대상입니다. 부정한 짓을 하면 벌을 받기도 하지만 기본적으로 우리를 지켜 주고 복을 주는 존재죠.

그러나 일본의 요괴들은 사람에게 해를 끼치는 것이 일반적입니다. 한국의 도깨비와 상응하는 일본의 요괴는 오니鬼인데요, 뿔이 나고 가시방망이를 든 도깨비는 사실 일본 오니의 이미지입니다.

　일본 전설이나 민담에 등장하는 오니는 도적질을 하거나 사람을 죽이고 부녀자를 납치하는 등 중범죄를 주로 저지른다고 묘사돼 있습니다. 귀신 귀鬼 자 자체가 그냥 오니라는 점에서 귀신에 대한 일본인들의 인식을 짐작할 수 있습니다. 산에서 아름다운 여자의 모습으로 나타나 나그네를 잘 대접하지만 나그네가 잠들면 잡아먹는다는 야만바山姥, 눈 오는 지역에서 사람들을 얼려 죽이는 유키온나雪女 등이 그렇습니다.

　이러한 일본 요괴들은 최근 애니메이션 등의 콘텐츠에서 친숙하게 그려지고 있지만 18세기까지의 기록에는 일관적으로 악한 존재로 묘사되고 있습니다. 그나마 물에 사는 갓파 정도가 해악이 덜한 요괴라고 할 수 있는데, 얘네들도 가끔은 사람들을 물에 빠뜨려 죽게 하죠.

　한 때문에 귀신이 되고 한을 풀기 위해 사람에게 나타나는 한국의 귀신과 역시 저세상으로 가지 못할 만큼의 큰 원한을 품었으나 자신이 죽은 곳에 머물면서 자신과 큰 관계 없는 이들에게까지 해를 끼치는 일본의 귀신.

사람들과 친숙하고 함께 어울려 살며 웬만해서는 해를 끼치지 않는 한국의 요괴와 자신들의 영역이 확고하고 이를 침범한 인간들을 확실하게 응징하는 일본의 요괴. 한국인과 일본인 마음의 어떤 차이가 여기에 투영되어 있을까요?

··· 삼세판의 씨름

VS

단판의 스모

스모는 일본, 씨름은 한국을 대표하는 전통 스포츠입니다. 두 사람이 붙잡고 힘을 겨루는 스포츠는 역사적으로 여러 문화에서 나타나고 있죠. 고대 올림픽에서 행해지던 레슬링, 러시아의 삼보, 몽고의 부흐, 터키의 카라쿠지크 등 지금도 여러 나라에서 행해지고 있습니다.

그러나 그 경기 방법은 나라와 문화에 따라 각기 다릅니다. 문화는 문화 구성원들의 욕구를 반영하고 있는 일종의 투사체계projective system입니다. 예를 들면 한 문화에서 널리 읽히는 이야기라든가, 꿈에 공통적으로 나타나는 이미지라든가, 사람들이 즐기는 놀이 등에는 그 문화의 구성원들이 충족해 왔던 욕구들이 숨어 있습니다.

두 나라의 대표적 전통인 스모와 씨름의 경우도 마찬가지일 텐데요, 이번에는 스모와 씨름에 반영된 한국과 일본 사람들의 문화적 욕구를 살펴보도록 하겠습니다.

먼저 씨름은 지름 8미터의 원형 경기장에서 두 사람이 샅바나 바지의 허리춤을 잡고 힘과 기술을 겨루어 상대를 먼저 땅에 넘어뜨리는 것으로 승부를 결정하는 방식의 스포츠입니다.

상대편을 지름 4.55미터의 원형 경기장(도효) 밖으로 밀어내거나 발을 제외한 신체 부위를 땅에 닿게 하는 사람이 이기는 방식인 스모와 대체적으로 비슷한 운동이라 볼 수 있죠.

가장 두드러지는 차이점은 승부 결정 방식입니다. 상대의 발을 제외한 신체 일부분을 땅에 닿게 하면 된다는 것은 씨름과 스모가 비슷하지만 스모에는 상대방을 경기장 밖으로 밀어내면 승리한다는 규칙이 있습니다.

이를 위해서인지 스모 경기장은 규격도 작고 모래도 얕게 깔려 있는 것을 볼 수 있는데요, 경기장 밖으로 밀려나기 좋게 마찰을 줄인 듯합니다. 실제 스모 경기를 보면 밀리는 리키시(선수)의

발이 모래에 깊이 들어가지 않고 주르륵 밀리는 것을 볼 수 있습니다.

반면 씨름의 경우는 경기장 규격도 8미터로 크고 모래의 깊이도 30센티미터 이상 깔아야 한다는 규정이 있습니다. 큰 경기장에서 다양한 기술을 활용할 수 있고 멋진 기술로 상대를 넘길 때 흩뿌려지는 모래 역시 씨름의 매력 중 하나죠.

흥미로운 것은 스모의 규칙입니다. 일본인들은 왜 상대를 경기장 밖으로 밀어내야 하는 것일까요? 여기에는 일본인들의 경계에 대한 생각이 반영되어 있습니다. 일본인들은 전통적으로 안과 밖을 명확히 구분해 왔습니다. 오모테表/우라裏, 소토外/우치內가 그것입니다.

물론 한국도 내집단과 외집단을 꽤 구분하는 편이죠. '우리'와 '남'이 한국인들에게 의미하는 바는 같지 않습니다. 하지만 일본의 안팎表裏은 우리와는 질적으로 차이를 보입니다.

한국인들은 평소에 우리와 남을 상당히 나눕니다만 생판 남들과도 쉽게 우리가 되는 특징이 있습니다. 마음만 맞으면 말이죠. 그러나 일본인들에게 있어 안과 밖은 누구나 쉽게 드나들 수 있는 경계가 아닙니다. 혼네와 다테마에는 안팎으로 명확히 구분되는 일본인의 심리를 극명하게 드러내는 예입니다.

일본인의 안과 밖에 대한 관념을 잘 보여 주는 예가 있습니다. 일본에는 입춘 전날節分(세츠분) 밤, 아버지가 도깨비(오니) 탈을 쓰고 대문으로 들어오면 아이들이 콩을 던지면서 "오니와 소토, 후쿠와 우치"라고 외치는 풍습이 있습니다. '도깨비는 밖으로, 복은 안으로'라는 뜻입니다.

즉, 밖은 나쁜 것들이 있는(있어야 할) 곳이고 안은 좋은 것들이 있는(있어야 할) 곳입니다. 스모에서 경기장 안은 우라/우치를 상징합니다. 내가 아닌 것(나쁜 것)을 나의 경계 밖으로 내모는 것이 일본인들에게는 매우 자연스러운 일인 것입니다.

두 번째 중요한 차이점은 씨름은 삼판 양승, 스모는 단판으로 승패가 결정된다는 점입니다. 한국의 모든 전통 놀이는 기본적으로 삼세판입니다. 가위바위보에서 씨름까지 예외 없이 적용되는 규칙이죠.

한국인들은 지는 것을 싫어합니다. 한국인은 높은 자기상을 가지고 있다고 알려져 있습니다. 자기 가치감이 높다고도 하죠. 토리 히긴스의 자기불일치self discrepancy 이론에 따르면 사람들은 자신의 객관적 현실에 근거한 현실적 자기actual self와 자신이 도달했으면 하는 이상적 상태를 뜻하는 이상적 자기ideal self, 그리고 사회의 구성원으로서 해야 하는 의무와 관계된 의무적 자기ought self를 갖습니다.

서양인들의 자기self는 그 개념부터가 제3자적 관점에서 객관화된 것이기 때문에 현실적 자기에 가깝습니다. 그러나 한국인의 강한 자기 고양 경향과 현상적으로 드러나는 자기현시적인 행위 양식 등을 고려해 보면 한국인은 현실적 자기보다는 이상적 자기에 가까운 자기상을 갖고 있는 듯합니다. 다시 말해, 현재 자신의 객관적인 상황보다는 자신이 '도달할 수 있다고 믿는' 자신의 모습을 자기로 인식하는 것이죠.

즉, 한국인들의 자기 인식은 '실제의 자기 가치보다 높은' 자기 가치감에 근거하고 있다고 할 수 있습니다. 자기 가치감이 높다는 것은 시쳇말로 '근자감', 즉 '근거 없는 자신감'이라 할 수 있는 자기 인식인데 이러한 자기 인식의 방식이 한국인에게 유형화되어 있다는 것입니다.

자존심 강하고 지기 싫어하는 한국인들은 한 번의 승부로 패배를 인정하기가 어렵습니다. 적어도 세 판에 두 번은 져야 "이번엔 내가 졌다"는 소리가 나올 수 있는 것입니다. "다음에 두고 보자!"라는 말이 따라붙는 것은 물론이고요.

그러나 일본인들은 다릅니다. 한 번의 승부로 생사가 갈리는 칼의 문화여서 그랬을까요. 한 번의 승부로 승패가 갈리면 대다수의 일본인들은 패배를 받아들입니다. 승자로서의 상대와 패자로서의 자신의 지위를 인정하는 것이죠.

전쟁이 끊이지 않았던 전국시대의 일본에서 패배에 승복하고 승자의 부하가 되는 것은 자연스러운 일이었고 또한 무사로서 명예로운 일로 받아들여졌습니다. 일본인들에게는 익숙한 이러한 싸움의 방식 때문에 임진왜란에서 왜군이 고전하는 계기가 되었다는 분석이 있습니다.

성을 함락시키고 성을 지키던 장수들이 죽어 나가도 조선인들은 항복은커녕 곳곳에서 의병을 조직하여 왜군들을 괴롭혔습니다. 이러한 성향은 일제강점기 때도 드러났습니다. 왕실의 맥이 끊기고 나라가 사라졌지만 조선인들은 임시정부를 세우고 군대를 조직하여 끝까지 일본에 대항했지요.

마지막으로 주로 백성들에 의해 행해졌고 사랑받았던 씨름과 달리 스모는 황실과 막부의 후원을 받으며 발전하였고, 그래서인지 경기 전 거행되는 의식이나 두 선수가 맞붙기 전에 취하는 절차 등이 상당히 복잡하고 양식화되어 있다는 특징이 있습니다. 스모는 이러한 양식화 덕분에 신비로운 또는 환상적인 동양의 전통 스포츠로 외국에 널리 알려져 있습니다.

이에 반해 씨름은 백성들에 의한 백성들의 문화였기에 시선을 끄는 복장이나 형식이 갖춰지지 않았고 나이 든 사람들이나 좋아하는 민속놀이라는 이미지에 머물러 있었던 것이 현실입니다. 그러나 기술적 전통과 문화적 고유성을 인정받아 2018년 유네스코 세계무형문화유산에 등재되었고, 최근 매력적인 외모와 화려한 기술을 갖춘 젊은 선수들의 등장과 함께 다시금 주목받고 있습니다.

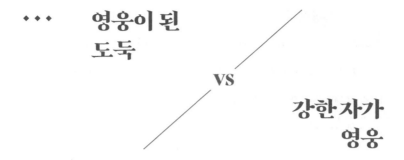

영웅이 된 도둑 VS 강한 자가 영웅

영웅은 짧게 말하자면, 사람들의 욕망이 투사된 인물입니다. 누가 어떤 사람들에게 사랑받는다는 것. 계속해서 이야기가 전해지고, 만들어지고, 나누어진다는 것은 그가 그 사람들이 되고 싶은 모습을 대신 보여 주고, 하고 싶은 일들을 대신 해 주고 있다는 의미겠지요.

　이런 측면에서 우선 영화, 드라마에서 일본인들에게 사랑받는 인물을 찾아보았습니다. 일본은 여러 가지 이유로 사극이 많이 제작되는데요, 사극에서 주로 다루어지는 인물은 과거의 무장

武將들입니다. 일본의 역사에서 무사인 사무라이가 곧 지배층이었으니 어찌 보면 당연하다 하겠습니다만 그중에서도 특히 사랑받는 인물들이 있습니다.

다케다 신겐武田信玄, 우에스기 겐신上杉謙信, 오다 노부나가織田信長 등 전국 시대의 무장입니다. 전국 시대戰國時代(센고쿠 시대)는 무로마치 막부 말기(15세기 후반~16세기 중반), 중앙정부의 권위가 떨어지고 각지의 다이묘들이 세력을 다투던 혼돈의 시대입니다.

특히 간토關東 평야의 지배권을 건 다케다 신겐과 우에스기 겐신의 전투는 오랫동안 전설, 설화, 민담으로 전해 내려올 만큼 격렬했다고 합니다. 100년 넘게 지속된 전국 시대는 결국 오다 노부나가에 의해 거의 종결되지만 그는 가신의 배신으로 죽고, 도요토미 히데요시豊臣秀吉가 그 뒤를 이어 일본을 통일합니다.

그러나 일본을 통일한 도요토미 히데요시나 최종적으로 에도 막부의 주인이 된 도쿠가와 이에야스德川家康보다는 다케다 신겐과 우에스기 겐신, 오다 노부나가 등의 인기가 더 높은 것 같습니다. 역사적으로는 도요토미 히데요시나 도쿠가와 이에야스의 업적이 의미가 있겠지만 일본인들은 피 튀기는 전장에서 칼을 부딪치며 싸웠던 그들에게 더 공감과 애착을 느낀다는 것이겠지요.

일본인들에게 사랑받는 인물로 전설의 무사 미야모토 무사시宮本武藏가 있습니다. 미야모토 무사시는 열세 살부터 싸우기 시작해 한 번도 패하지 않았다고 하죠. 그가 했던 유명한 싸움으로 요시오카 일족과의 결전, 사사키 코지로와의 '간류 섬의 결투' 등은 문학작품과 민담, 만화, 게임 등등으로 현재까지 무수히 재생산되고 있습니다.

한편, 에도 막부 이래 오랫동안 평화로운 시기가 이어지면서 사무라이들이 칼 쓸 일이 좀처럼 없어지게 됩니다. 그러다가 근대 들어 칼 쓰는 이들이 주목받는 일이 벌어지게 되는데 그 시기가 메이지유신明治維新이 일어나기 조금 전의 막부 말幕末입니다.

막부를 전복시키고 근대 일본을 설계하던 이들을 일본에서는 유신지사라고 하는데요, 이 유신지사들로부터 막부의 수장인 쇼군將軍을 지키고 교토의 치안을 유지하기 위해 신선조新選組(신센구미)라는 조직이 만들어집니다.

메이지 유신은 서구식의 근대적 개혁을 꿈꿨던 지식인 계층의 주도로 시행된 개혁입니다. 일본이 오랜 쇄국정책을 끝내고 근대화를 시작하게 된 계기이자 아시아 최초의 근대적 산업국가로 발돋움하게 된 사건이죠. 그리고 우리나라 등 주변국들에 제국주의의 야심을 드러내게 된 시점이기도 하고요.

이 유신에 반대하는 지배층이자 기득권이었던 막부 세력의 저항도 만만치 않았는데요, 신선조는 막부 편에서 유신에 저항하여 끝까지 싸웠던 무사 조직입니다. 유신이 성공한 뒤에는 정부군에 대항하는 반란군이라는 딱지가 붙으면서까지 말이죠.

그런데 이 신선조에 대한 일본인들의 사랑이 또 엄청납니다. 많은 드라마와 영화, 애니메이션, 게임 등으로 다양하게 재생산되고 있죠. 현대 일본을 규정하는 가장 중요한 사건, 메이지 유신에 반대한 이들에 대한 일본인들의 지극한 사랑이 의미하는 것은 과연 무엇일까요?

현대 들어서는 극진 가라테의 창시자 오오야마 마쓰다쓰大山倍達(최배달)를 빼놓을 수 없습니다. 일본 청소년들이 꼽은 일본의 10대 영웅에 선정되기도 한 최배달은 수련 과정에서 일본의 수많은 무예 고수들과 겨루었으며, 단 한 번도 지지 않은 그의 신화는 에도 시대의 전설 미야모토 무사시에 비견될 정도지요.

이들의 공통점은 과연 무엇일까요? 일본의 문화콘텐츠에서 반복적으로 드러나는 이들의 행보는 '강함을 추구한다'는 것으로 요약할 수 있습니다. 사실 역사적 인물들이 왜 그런 행동을 했는지 현대인들이 그 동기를 이해하기는 어렵습니다.

전국 시대 무장들이 싸운 이유는 아마도 '권력을 갖기 위해서'였을 것입니다. 권력에는 많은 이익이 따르지요. 지금도 이 땅에서 전쟁이 계속되는 이유입니다. 미야모토 무사시가 계속해서 싸울 상대를 찾았던 것은 그가 추구했던 예술의 어떤 경지에 이르기 위한 방편이었을지 모릅니다. 미야모토 무사시는 화가로도 유명했던 예술인이었거든요.

신선조의 투쟁은 기득권에 편입되기 위한 하급 무사들의 몸부림으로 해석할 수 있습니다. 유신에 참여했던, 또 막부 편에 섰던 많은 하급 무사의 신념은 신분 상승의 길이 철저히 막혀 있던 기존 질서에서 벗어나기 위한 그들의 선택이었을 것입니다. 황소와 맨손으로 맞서야 했던 최배달 선생의 치열한 싸움도, 식민지 출신 2등 국민으로서 찾아야 했던 자신의 존재 이유 때문은 아니었을까요?

하지만 일본인들은 그들의 동기를 '강해지기 위함'으로 일관적으로 설명합니다. 강해지기 위해 싸움터에 섰고, 더 강한 상대를 찾았으며, 역사의 소용돌이야 어찌됐든 더 강한 자와 싸워 자신의 강함을 증명하기 위해 살았다는 것이죠. 이는 그 사람들이 실제로 어떤 생각을 갖고 살아왔든 간에 그들을 보는 이들이 부여한 의미입니다.

뿐만 아닙니다. 헤아릴 수 없이 많은 일본의 콘텐츠에서 주인공들은 '강해질 거야'를 되뇝니다. 솜털도 못 벗은 소년이, 일본 애니메이션 특유의 여리여리한 소녀가 "난 강해질 거야!"를 외치며 전장(농구, 축구, 배구, 피구, 테니스 등등을 하러)으로 달려 나가는 모습은 한국인인 제게는 때로 기괴한 느낌으로 다가옵니다.

그만큼 일본인들은 강해야 하고, 강해져야 한다고 생각하는 것 같은데요, 과연 일본인들에게 강함이란 무엇일까요? 일본인이 그렇게까지 강해져야 할 이유는 무엇일까요? 이 주제는 또 다른 글에서 다뤄 보도록 하고, 이 글에서는 한국의 영웅에 대해 마저 살펴보도록 하겠습니다.

문화는 투사체계입니다. 문화 현상에는 사람들의 욕망이 투영된다는 뜻입니다. 슈퍼맨이 미국에서 나타난 것은 경제대공황 당시의 미국인들이 간절히 원했던, 절대적인 힘으로 위기를 한순간에 극복할 영웅이 필요했기 때문이었습니다.

마찬가지로 일본인들이 '강함을 추구하는 이들'을 자주 떠올리는 것은 그들에게 강함이 필요하기 때문이겠죠. 그렇다면, 한국인들의 욕망이 반영된 영웅은 누굴까요? 한국 문화에도 미국의 슈퍼맨처럼, 일본의 미야모토 무사시처럼 자주 콘텐츠화된 인물이 있을까요?

있습니다. 소설로 데뷔해 영화, 드라마, 만화, 게임으로 수없이 만들어지고 있는 한국의 영웅은 바로, 홍길동입니다. 홍길동은 1612년 허균이 지은 《홍길동전》의 주인공입니다. 한국에서는 모르는 사람이 없는 유명인이지요. 1934년에 최초로 영화화된 이후 영화, 만화영화, 드라마, 뮤지컬, 창극, 마당놀이, 게임 등등 홍길동을 소재로 한 문화콘텐츠는 헤아릴 수 없을 정도입니다. 최근에도 이제훈 씨 주연의 영화 〈탐정 홍길동〉과 윤균상 씨가 홍길동 역을 맡은 드라마 〈역적〉이 나왔지요.

대중의 공감과 사랑이 영웅의 전제 조건이라면 한국에서 홍길동만큼 영웅의 조건에 부합하는 인물은 없을 겁니다. 그렇다면, 과연 한국인들이 공감하는 홍길동의 매력은 무엇일까요?

일단은 홍길동의 신분을 들 수 있습니다. 서자라는 신분은 아무리 능력이 있어도 관직에 나가지 못했으니 평민과 다를 바 없었습니다. 평민들 입장에서는 나와 동일시하기 딱 좋은 캐릭터인 것이지요. 아버지를 아버지라 부르지 못한 것도 효를 중시하던 조선에서 강한 공감 코드로 작용했을 겁니다.

두 번째는 홍길동이 의적義賊이라는 점입니다. 홍길동이 주로 행한 일은 부정한 재물을 털어 활빈活貧, 즉 가난한 사람들을 살리는 일이었습니다. 이 점이야말로 홍길동이 그토록 오랫동안 사람들의 사랑을 받아 온 이유입니다.

평민으로 태어나 평생을 뼈 빠지게 일하면서도 풍족하게 살기 어려웠던 대부분의 사람들은 탐관오리와 못된 부자들의 재물을 빼앗아 자신과 같은 가난한 이들에게 나눠주는 홍길동이 얼마나 멋져 보였을까요.

의적으로서의 홍길동이 한국 사람들에게 어필했다는 점은 한국 문화에 의적 캐릭터가 많고 또 사랑받아 왔다는 점에서 알 수 있습니다. 홍길동 외에도 임꺽정, 장길산, 일지매 등이 대표적이지요. 의적 캐릭터는 최근에도 〈군도: 민란의 시대〉라는 영화를 통해 재생산되었습니다.

이들의 공통점은 도둑이란 점입니다. 말이 좋아 의적이지 남의 집을 털거나 물건을 빼앗는 도둑놈들입니다. 다시 말해, 한국 사람들은 도둑들을 영웅시 했다는 것이죠. 우리는 이 사실에서 한국 문화와 한국인들의 욕망에 대한 아주 중요한 단서들을 발견할 수 있습니다.

첫째, 한국인들에게는 부富의 분배가 불평등하다는 인식이 있었다는 것입니다. 대부분의 부자들은 부정한 방식으로 축재를 했기에 부자일 수 있었고 그 부를 털어 가난한 사람을 돕는 도둑은 그래서 의적일 수 있는 것이지요. 불평등한 현실은 의적을 꿈꾸게 합니다.

둘째, 의적들에게는 나도 잘살고 싶다는 욕구가 투사되어 있습니다. 나도 저 부자들처럼 잘살고 싶은데 그럴 수는 없는 현실에서, 부자들을 터는 저 도둑들은 곧 내가 되고자 하는 모습입니다. 양반들에게 꼼짝 못하는 백성들의 입장에서 탐관오리들을 시원하게 혼내 주는 저 도둑들이 영웅이 아니면 누가 영웅이겠습니까.

21세기인 현재에도 계속되는 금수저/흙수저 논란은 한국 사회에서 부의 분배라는 문제가 대단히 뿌리 깊고 또 민감한 문제라는 것을 드러내고 있습니다. 마찬가지로 21세기에도 계속 등장하고 있는 홍길동의 후예들은 그 문제의 해결이 시스템 내에서 적법한 절차에 의해 이루어지기가 여전히 어려운 현실을 반영하는 것 같습니다.

한편, 최근 한국 영화에서 두드러지는 영웅의 유형은 '집단영웅'입니다. 전통적 의적 캐릭터를 이어받은 〈군도〉도 그렇고요. 〈암살〉〈밀정〉〈미스터 선샤인〉에 등장하는 일제강점기의 독립투사들, 그리고 〈택시운전사〉〈1987〉 등 민주화 투쟁 시기의 시민들을 재조명한 영화들은 영웅 한두 명의 이야기를 강조하지 않습니다.

이 영화들은 나와 다를 바 없는 보통 사람들이 우연한 계기로 현재의 삶보다 중요한 무엇인가가 있다는 것을 깨닫고 그 뜻에 동참하는 공통적인 스토리 라인을 갖습니다. 많은 사람이 한 뜻으로 모여 끊임없이 싸워 온 결과, 누구도 가능하다고 생각하지 않았던 조국의 독립과 국민주권 시대를 맞게 되었다는 것이죠.

이들이야말로 현대사에서 겪은 일련의 경험을 통해 역사는 한두 명의 개인이 아니라 그 속에 살고 있는 수많은 우리가 만들어 가는 것임을 깨달은 한국인들의 집단 무의식이 반영된 새로운 형태의 '영웅물'이 아닐까 합니다.

··· '날 넘고 가라' 한국의 스승 vs '나만 따라 해라' 일본의 스승

한국과 일본의 차이를 명확하게 보여 주는 분야 중 하나가 '스승' 에 대한 생각입니다. 먼저, 일본의 스승과 제자 관계는 '이에모토 家元' 제도에 잘 드러나 있습니다. 이에모토는 일본의 전통적 전 승 체계입니다. 예술이나 기예 등을 가르치고 이어받아 운영하는 다양한 규칙이 포함된 일본의 전통적 제도로서 예술과 기예 분야 외에도 종교, 사업, 학교, 공장, 사무실 등 일본 사회의 모든 곳에 서 발견되는 매우 일본적인 제도죠.

인류학자 프랜시스 슈가 정리하고 있는 이에모토 조직의 가장 큰 특징은 이에모토(최고 스승)의 절대적 권위입니다. 이에모토는 조직의 비법을 보호하고 조직의 수준을 유지, 관리하는 권한을 가지고 있으며, 제자들의 세력을 조정하고 비위를 행한 이들을 파문할 수 있는 권리 또한 가지고 있습니다.

제자들은 이에모토의 명령에 절대 복종할 것을 요구받는데, 특히 제자에 의한 예술과 기예 내용의 해석이나 수정은 철저히 금지되어 있습니다. 교습의 핵심은 하라게이腹藝라고 하는, 스승이 구체적인 지도를 하는 방식이 아닌 제자들이 스승의 일거수일투족을 따라하여 무의식적으로 모방하게 하는 방식으로 이루어지며, 교습 내용은 엄격한 비밀에 부쳐지고 구두로 전달됨으로써 스승은 독보적인 지위와 신비성을 고수하게 됩니다.

제자는 스승에게 헌신적으로 봉사할 의무를 지니며, 제자가 스승의 말을 거역하거나 마음에 들지 않는다고 스승을 바꾸는 일은 상상할 수 없습니다. 프랜시스 슈는 '충신은 두 임금을 섬기지 않는다'는 말로 이에모토 제도의 스승 제자 관계를 요약합니다.

여기까지 보면 한국도 크게 다르지 않은 듯 싶습니다. 한국인들도 스승님을 꽤나 존경하던 사람들입니다. 군사부일체君師父一體라고 임금과 스승, 아버지는 동격이었고 스승의 그림자도 밟지 말라는 말이 있을 정도였죠. 그러나 조금 깊게 들여다보면 사정이 많이 다릅니다.

한국에는 왕실이나 관官에 소속된 공방 같은 경우를 제외하면 일본의 이에모토처럼 제도화된 전승 체계가 없습니다. 뜻이 있는 제자가 스승을 찾아가 가르침을 구하면 웬만한 결격사유가 없는 한 스승은 제자를 거두어 가르치는 시스템(?)이지요.

그 때문에 전승 체계에 대한 문서화된 기록은 별로 남아 있지 않습니다. 하지만 스승과 제자의 관계에 대한 실마리는 꽤 옛날부터 발견됩니다. 대표적인 것이 가야의 악성樂聖 우륵과 그 제자들의 이야기입니다.

우륵은 가야 사람으로 가실왕의 명을 받아 가야의 열두 지역을 상징하는 열두 곡을 지었다고 알려져 있습니다. 가야가 어려워지자 우륵은 신라로 망명하죠(522년). 당시 신라의 왕이었던 진흥왕은 우륵의 음악에 감명을 받고 계고, 법지, 만덕이라는 세 명의 제자를 우륵에게 보내 음악을 배우도록 합니다.

어느 정도 음악을 익힌 제자들은 우륵의 음악이 번잡하고 음란하다며 열두 곡을 다섯 곡으로 줄여 버립니다. 이것을 알게 된 우륵은 처음엔 화를 냈지만 제자들의 연주를 듣고는 눈물을 흘리며 "즐거우나 절제가 있고 슬프지만 비통하지 않으니 바르다고 할 만하다"라고 탄식합니다. 자신을 뛰어넘은 제자들을 인정한 것이죠.

이 사례는 단지 망한 나라에서 망명한 음악가였던 우륵을 무시한 제자들의 월권이었을까요? 시간 간격이 좀 있긴 하지만 가야금 명인 심상건의 일화는 한국 스승이 제자를 대하는 태도를 짐작할 수 있게 합니다.

어떤 학생이 심상건 명인에게 산조를 배우고 있었답니다. 배운 것을 밤새 연습해 다음 날 그대로 연주하면 그때마다 심상건은 산조는 그렇게 타면 안 된다고 꾸짖는 것이었습니다. 학생이 "선생님이 어제 분명히 이렇게 가르치셨다"라고 항변했지만 심상건은 한사코 자신은 그렇게 가르친 일이 없다고 뻗대었다고 합니다.

이런 스승의 태도에 어이가 없던 학생은 그다음 날 녹음기를 가져다 선생의 연주를 녹음했습니다. 다음 날도 스승이 가야금 연주는 그렇게 하는 것이 아니라며 또 핀잔을 주자 학생은 기다렸다는 듯이 전날 녹음한 것을 틀면서 자신은 선생님의 어제 연주를 똑같이 재현했다고 말했습니다.

그러자 심상건은 이렇게 대답했다고 합니다. "그건 어제 소리지 오늘 소리가 아니야." 스승이 말하고자 한 것은 배운 것을 바탕으로 그날그날 생생한 자신만의 연주를 해야 한다는 가르침이 아니었을까요?

음악에 한정된 사례들이긴 합니다만 한국의 이러한 스승과 제자 간의 관계는 한국 문화의 어떠한 점을 분명히 강조하고 있습니다. 바로 자유로운 '표현'이라는 점이죠. 주체성 자기의 특성일지 모르겠으나, 어쨌거나 한국인들은 남이 이래라저래라 나를 통제하려 드는 것을 못 견뎌 하는 경향이 있는 것 같습니다.

자유로운 표현은 한국음악의 중요한 특징으로 꼽힙니다. 일례로, 일본의 경우는 천년 전의 연주법이나 지금이나 큰 변화가 없는 반면, 한국은 같은 곡이지만 시대에 따라서 그 연주법의 변화가 눈에 띈다고 하죠. 국악학자 이혜구 선생은 이러한 속성이 한국인의 심성과도 맞닿아 있다고 주장합니다.

자유분방하고 속되게 표현해서 제멋대로 한다는 것, 자기를 숨기지 않고 기교 없이 자기를 그대로 내놓는 것이 한국음악의 특색이 아닐까 그렇게 봅니다. 한국인은 선생이 가르친 대로 하는 것을 아주 싫어하는 성질을 가지고 있어서 똑같은 것을 둘로 만들자고 해도 모양을 똑같이 만들지 않는 것이 한국 사람의 기질인 듯이 보입니다…… 어쩐지 개성이 강하고 자기 멋대로 해야 신명이 풀리지 남이 하라는 대로 하면 잘되지 않는 그런 것이 한국인의 심성인 것 같습니다.

제자도 스승의 말을 그대로 따르기 싫어할 뿐더러 제자가 스승의 음악을 그대로 연주해도 오히려 스승에게 인정을 받지 못합니다. 스승도 '이제 배울 만큼 배웠으니 내려가서 네 소리를 찾으라'는 식이죠.

스승이 한 제자에게 일정한 가락을 일정하게 가르치는 법도 없고 제자마다 같은 커리큘럼의 교육을 하는 것이 아니라 그 제자의 역량에 맞게 다른 것을 가르치는 것도 이에모토와는 다릅니다. 전통음악의 교수법은 결국, 제자들의 개성을 존중하고 제자가 스스로 자신의 소리를 만드는 과정을 통해 독립된 음악가가 되도록 유도하는 방식이라 요약할 수 있습니다.

이런 생각은 음악이 아닌 다른 분야에서도 간간히 발견됩니다. 한국 바둑의 전성기를 이끈 이창호 9단의 스승은 조훈현 9단입니다. 이창호 9단이 처음으로 스승을 이긴 날 "이제야 스승님의 은혜를 갚았다"라고 말했다고 하죠. 제자는 궁극적으로 스승을 넘어 자신의 것을 만들어야 비로소 한 사람의 명인으로 설 수 있다는 생각입니다.

일본적인 전승과 한국적인 전승은 각각의 장단점이 있습니다. 엄격한 전승 체계의 결과로 일본은 세계에서 전통이 가장 잘 지켜져 내려오는 나라 중 하나로 꼽힙니다. 일본을 방문하는 세계의 많은 관광객은 변치 않는 일본의 예스러움에 탄복하곤 하죠. 1, 2년이 멀다 하고 스카이라인이 바뀌는 한국의 풍경과는 분명 다른 일본만의 장점입니다.

반면, 한국의 전승은 소위 콜라보와 융합에 적합한 방식입니다. 어느 정도 기본이 됐다고 생각하면 누구나 자기 소리를 내기 바쁘니까요. 남과 조금이라도 구별되려면 남들이 이제껏 하지 않았던 시도들을 해야 합니다. 제가 생각하는 한국의 장점은 여기에 있습니다.

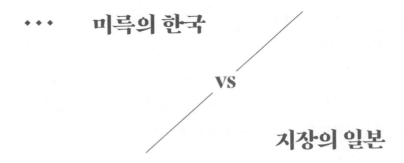

미륵의 한국

VS

지장의 일본

동아시아에 불교가 전래된 지도 천 수백 년. 불교는 사람들의 마음에 많은 영향을 미쳤습니다. 그러나 각국이 받아들인 불교의 모습은 같지 않습니다. 불교로부터 보고자 한 것, 바랐던 것이 달랐기 때문이겠지요.

한국과 일본의 불교는 형식이나 내용 면에서 매우 다릅니다. 학술적인 부분은 또 다른 기회에 (공부 좀 더 해서) 말씀드리기로 하고 오늘은 두 나라의 민초들이 가장 가깝게 여겨 온 부처님들 이야기를 해 보려고 합니다.

한국에는 미륵이 많습니다. 미륵은 유난히 민초들의 사랑을 많이 받았죠. 절에 모셔진 부처님들 외에도 길가에, 논밭 구석에, 산기슭에…… 사람들의 발길이 닿는 곳에는 어디든지 돌미륵이 서 있습니다. 백성들은 길을 걷다가 들에서 일하는 짬짬이, 산에 나무를 하러 가다가 그곳에 계신 미륵님에게 소소한 소망들을 빌었겠지요.

한편, 일본에는 지장불이 많습니다. 일본 여행 다녀오신 분들은 절 외에도 마을 어귀나 길가에 세워진 석불들을 많이 보셨을 겁니다. 그것이 지장불입니다. 일본 사람들은 지장부처를 오지조사마ぉ地蔵様라 부르며 한국 사람들이 미륵을 대하는 것만큼 친근하게 생각합니다.

두 나라의 이러한 문화는 불교의 직접적인 영향이라기보다는 기존의 문화가 불교와 융합한 것으로 여겨집니다. 민초들이 자신들의 소망을 빌 곳을 찾는 것은 종교와 관계없이 보편적일 테니까요.

그런데 왜 하필 한국은 미륵, 일본은 지장일까요? 그 이유에 다가가기 위해 미륵과 지장의 성격을 살펴보겠습니다.

미륵은 미래불입니다. 미래에 이 세상에 오셔서 사람들을 구원할 분이죠. 한국에서는 역사적으로 민초들의 삶이 힘들어지면 미륵 신앙이 성행했고 이를 틈타 자신이 미륵이라고 주장하는 인물들이 나타나곤 했습니다. 그 대표적인 인물로 후고구려를 세운 궁예가 있지요. 조선 숙종 때도 여환이라는 승려가 미륵을 자칭하며 난을 꾀한 적이 있습니다.

사람들은 힘들고 어려운 세상에서 우리를 구원할 구세주로서 미륵을 믿었습니다. 한국에서 구세 신앙으로서의 미륵의 위상은 '매향埋香'이라는 풍습에서도 찾아볼 수 있습니다. 해안가에 가면 매향리라는 지명을 곳곳에서 볼 수 있죠.

매향이란 미륵이 오실 날을 기다리며 향나무를 갯벌에 묻는 의식입니다. 향나무를 강물과 바다가 만나는 곳 갯벌에 묻어 놓으면 수백 년 후 침향이 되는데 이것을 미륵님께 바치고자 한 것이지요. 삼국시대부터 시작되어 고려 말 조선 초에 민초들에 의해 주도된 이 풍습에서 현세의 삶에 지친 민초들의 간절한 바람을 느낄 수 있습니다.

이 외에도 운주사의 와불이나 선운사 도솔암 마애불처럼 세상을 바꾸려는 민초들의 소망과 관련 있는 부처님들은 대개 미륵입니다. 동학농민혁명 당시 농민군은 숨겨진 비급을 찾으려 도솔암 마애불의 배꼽을 열었다고 하지요.

그렇다면 지장의 성격은 무엇일까요? 지장은 미륵이 오시기 전까지 이 세상을 담당하는 분이며 덧붙여 저승을 관리(?)하시는 분입니다. 당신은 이미 깨달았지만 지옥에 떨어진 중생까지도 구해야겠다는 일념으로 부처가 되는 것을 포기하고 지옥으로 내려가신 분이죠. 아직 부처가 되지 않았기 때문에 지장'보살'이라고도 불립니다.

한국에서의 지장불(보살)은 대개 스님처럼 파르라니 깎은 머리에 육환장(지팡이)을 짚고 한 손에는 보주(구슬)을 든 모습으로 형상화되는 반면, 일본의 지장불은 아이를 안고 있거나 아예 턱받이, 머릿수건 등을 쓴 아이의 모습을 하고 있습니다. 여기서 일본 지장 신앙의 특징을 알 수 있죠.

일본에는 사람이 죽으면 영혼이 산으로 간다는 믿음이 있습니다. 지장보살은 대개 마을의 경계에 세워지는데요, 안과 밖에 대한 일본인들의 관념에 따르면 마을 안은 산 사람이 사는 곳이고 마을 밖은 죽음의 세계입니다. 죽은 이들이 지나게 되는 마을 경계에 죽은 사람들을 구원할 지장보살이 계시는 것은 당연해 보입니다.

한국인들도 마을 경계에 뭔가를 세워 왔습니다. 바로 장승입니다. 천하대장군, 지하여장군이 쌍으로 세워지는데 이분들은 불교 이전의 전통 신앙에서 비롯된 토지신으로 이해되고 있습니다.

마을 입구에 서서 나쁜 기운을 막아 우리 마을을 지켜 주는 신들이죠.

물론 지장보살의 역할 중에도 이와 비슷한 것이 있습니다. 마을의 수호신이자 죽은 이들의 영혼을 인도하는 존재인 지장보살은 12세기경 스님에서 동자의 모습으로 바뀌는데요, 아이의 모습을 한 지장보살을 '오지조상'이라고 친근하게 부릅니다.

특히 빨간 모자나 턱받이 등으로 꾸며 놓은 지장보살을 미즈코水子지조라고 하는데, 미즈코란 사산이나 유산 등으로 태어나지 못한 아이를 말합니다. 태어나지도 못하고 죽은 아이들이 좋은 곳으로 가기 바라는 부모들의 마음이 담겨 있다고 생각하니 한층 애틋해지네요.

이렇듯 일본에서 지장은 죽은 이(특히 아이)의 영혼을 극락으로 인도해 준다는 의미가 강합니다. 지장부처님의 원래 하시는 일이 죽은 이들의 영혼을 구제하는 것이기 때문에 지장불은 한국에서도 널리 발견됩니다. 지장불이 계신 명부전은 웬만한 절에는 다 있죠.

일본에서도 지장 본연의 역할은 동네에 한 곳씩 있는 추모원에서도 드러나지만, 죽은 아이들로 그 의미가 이어진 것이 특색이라고 할 수 있겠습니다. 일본에서 흔히 만나는 빨간 턱받이나 모자를 쓴 지장보살들은 죽은 자신의 아이가 좋은 곳으로 가길 바라는 부모의 마음, 나아가 결국 자신의 살아 있는 아이가 건강하길 바라는 부모의 마음이 만들어 낸 풍경인 것입니다.

여기서 한국과 일본, 두 나라 사람들의 심층 심리를 엿볼 수 있습니다. 요약하자면 한국 사람들은 미륵이 오셔서 이 세상을 바꿔 주길 바라 왔다는 것이고, 일본 사람들은 죽고 난 다음의 안위를 지장이 보살펴 주기를 바라 왔다는 것입니다. 이를 두 나라 사람들의 현실 인식과 삶에 대한 태도, 문제 해결 방식 등에 연결 짓는 것은 '오버'일까요?

한편, 한국에 소위 사이비 종교가 많은 이유도 이 때문으로 추정됩니다. 이 글을 쓰고 있는 시점에도 코로나 바이러스 사태에 한 사이비 교단이 연루됐다는 기사가 화제였습니다. 현대 한국에서 사이비 교단의 난립은 상당히 익숙한 현상입니다.

일제강점기의 백백교 사건부터 용화교, 집단 음독 자살 사건을 일으켰던 오대양, 휴거 대소동의 다미선교회, 아가동산, JMS, 그리고 코로나 사태의 신천지 등 당장 떠오르는 것만 해도 이 정도입니다. 국정 농단 사태의 주범 최순실의 아버지 최태민도 '미륵'을 자처했던 사이비 교주스러운 인물이었죠.

사이비 종교들의 특징은 처음에는 기존 종교의 분파인 것처럼 행세하다가 어느 순간 교주를 해당 종교의 구세주로 지칭하면서 교주에 대한 신앙으로 변질된다는 점입니다. 사는 게 어려운 사람들은 한순간에 나를 구원해 줄 구세주가 나타나길 염원하고 대개의 사이비 교주들은 사람들의 그러한 염원을 이용하는 것이죠.

21세기의 한복판, 최첨단 과학의 나라 한국의 또 다른 면입니다. 한국인 심성의 어딘가 깊이 자리하고 있을, 2천 년도 더 된 문화의 영향력을 느낄 수 있는 장면이죠.

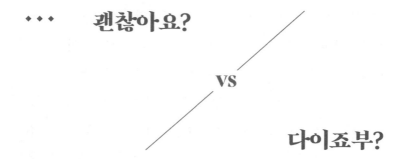

괜찮아요?

vs

다이죠부?

영어로는 Are you OK? 독일어로 Alles in ordnung? 프랑스어로 Ça va? 중국어로 没事儿méi shìr, 일본어로 다이죠부大丈夫? 에 해당하는 '괜찮아요?'라는 표현은 공통적으로 '좋다' '보통이다' '정상이다' '바람직하다'라는 뜻을 담고 있습니다.

달리 말해 '좋다' '정상이다' '바람직하다'는 뜻을 가진 각 나라의 표현을 살펴보면 그 나라 사람들이 무엇을 좋고 정상이며 바람직하다고 생각하는지 짐작할 수 있을 테죠.

우선 미국의 OK는 All Correct를 과거 기자들이 발음대로

Oll Korrect로 쓰던 데서 유래했다는 설이 유력합니다. 이 설에 따르면 미국인들은 모든 것all이 옳은correct 상태를 좋고 정상이며 바람직하다고 생각한다고 볼 수 있을 것 같습니다.

독일인들은 모든 것alles이 질서ordnung 정연한 상태를, 프랑스인들은 뭔가가 잘 기능하는 상태를it works?, 중국인들은 별일事이 없는没 상태를 이상적으로 여긴다는 것입니다.

그러면 한국인들과 일본인들의 '괜찮아요?'라는 표현을 통해 그들이 생각하는 좋고 이상적인 상태에 대한 생각도 알아볼 수 있지 않을까 싶습니다.

일단 우리말 '괜찮다'는 '공연치 않다 = 괜치 않다'에서 왔다는 설과 '관계치 않다'에서 왔다는 설이 있습니다. 먼저 '괜치 않다' 설부터 살펴보면, 괜치 않다는 괜하지 않다는 뜻입니다. 그럼 '괜하다'는 무슨 뜻일까요? 사전을 찾아보니, 괜하다 = 아무 이유나 실속이 없다, 라고 나옵니다.

그렇다면 '괜치 않다'는 '뭔가 이유나 실속이 있다'는 뜻이겠군요. 넘어진 사람한테 괜찮냐고 묻는 것은 '무슨 이유가 있어?'라고 넘어진 이유를 묻는 표현이 되겠습니다. 일단은 말이 되는 것 같습니다.

다음으로, '관계치 않다' 설을 봅시다. 관계치 않는다는 것은 나는 그 일에 관여하지 않겠다, 마음을 쓰지 않겠다는 뜻입니다. 즉, 괜찮냐고 묻는 것은 '그 일에 마음이 쓰이냐?'는 것이고, 괜찮다는 대답은 '마음 쓰지 않는다' 정도가 되겠습니다. 이것도 역시 말이 돼 보입니다.

그렇다면 한국 사람들은 첫째, 어떠한 일에 뭔가 이유나 실속이 있는 상태, 또는 둘째, 마음 쓸 일이 없는 상태를 '좋음' '정상' '보통' '바람직함'의 상태로 받아들이고 있다는 것이겠습니다.

일본은 어떨까요? 일본어로 괜찮다는 말은 일본 영화나 애니에서 많이 들을 수 있는 '다이죠부大丈夫'라는 표현입니다. 누군가 넘어지면 옆에 가서 묻는 말이 "너 대장부냐?"인 셈이죠.

대장부란 건장한 성인 남자를 말하는 단어입니다. 장丈은 길이의 단위인데 1장은 옛날 기준으로 약 1.7미터쯤이며 성인 남성의 키에 가깝습니다. 한자 문화권에서는 성인 남자를 장부丈夫라고 부르며, 특히 건장하고 당당한 남자를 대장부大丈夫라고 불러왔죠.

일본어 전공자들에 따르면, 일본에 처음으로 대장부란 단어가 전해졌던 때는 훌륭한 남자라는 의미였겠지만, 이후 대단히 강하다, 대단히 건장하다 등의 의미가 파생되어 '틀림없다' '확실하다' 등의 의미를 갖게 되었다고 합니다.

일본 문화에서는 대장부가 좋고 정상적이며 바람직한 기준으로 받아들여진다는 말일 텐데요, 무사인 사무라이 계층이 지배했던 과거의 일본에서 건장하고 강한 남자 대장부가 바람직하고 이상적인 상태의 기준이 되었으리라는 가정은 타당해 보입니다.

그러나 건장한 성인 남성을 뜻하는 대장부가 한 사회의 이상적 기준으로 표상된다는 사실은 그 사회의 다른 이들, 즉 여성이나 어린이, 노인들에게도 같은 기준이 요구됨을 의미합니다. 누구나 대장부처럼 강하고 대장부처럼 굳건해야 한다는 것이죠.

실제로 일본인들은 남녀노소를 가리지 않고 다이죠부라는 표현을 쓰고 있습니다. 물론 현재의 다이죠부는 단지 괜찮냐 정도의 의미로 쓰이는 것이겠습니다만, 언어라는 것은 사람들의 마음을 구성하는 중요한 재료이자 매개체라는 점을 고려할 필요가 있습니다.

성인 남성이 아닌 이들에게까지 대장부로서의 행위 양식을 요구한다는 것은 그 사회에 지켜야 할 강력한 외적 기준이 존재한다는 것을 뜻합니다. 일본인들은 대장부이기 위해 또는 대장부로 보여지기 위해 적지 않은 심리적 부담감을 갖고 살아야 하는 것이 아닐까요.

예를 들면, 대장부답게 감정 표현은 자제한다든가, 대장부답게 자신에게 주어진 의무를 다해야 한다든가, 대장부답게 명예롭지 못한 일을 당했을 때는 수치를 느껴야 한다든가 말입니다.

그러면 한국의 '괜찮다'라는 말에는 어떤 의미가 담겨 있을까요? 앞서 '괜찮다'의 어원에 대해 '공연치 않다 = 괜치 않다'와 '관계치 않다'의 두 설을 말씀드렸었죠. 단어의 형태로 보면 '괜치 않다' 즉 '아무 이유나 실속이 없지 않다'에 가까워 보이지만, 한국인 심리를 연구해 온 입장에서 괜찮다의 의미는 '관계치 않다' '마음 쓰지 않다'에 더 가까운 것 같습니다.

문화심리학에 따르면 한국인들은 매우 자기 중심적인(주관적) 심리 경험을 한다고 생각되고 있습니다. 이러한 경향은 여러 객관적인 사실보다도 나 자신의 판단을 더 우선하게 만듭니다. 내가 경험한 어떤 일이라도 내가 마음을 쓰지 않으면(관계치 않으면) 별일이 아닌 게 되고, 내가 마음을 쓰면 중요한 일이 되는 것이죠.

이 견해에 따르면, 한국인들에게 있어 괜찮다는 것은 '마음이 쓰이지 않는' 상태를 뜻한다고 할 수 있습니다. 어떤 일이건 겉으로 보이는 것과는 관계없이 '내가 마음 쓰지 않으면' 그 상태는 괜찮은 것이죠.

즉, 한국인들에게는 정상적이고 바람직함을 판단하는 데 있어서 주관적인 기준이 상당히 강조된다고 할 수 있겠습니다. 이러한 특징은 대장부라는 외적 기준이 강조되는 일본과는 뚜렷한 차이를 보입니다.

다시 말해, 일본인들은 정해진 외적 기준을 따를 때 바람직하다고 생각하는 사람들이라면 한국인들은 내 마음이 편해야 좋은 사람들이라고 볼 수 있을 것 같습니다. '다이죠부'와 '괜찮아'에서 너무 멀리 간 거 아니냐고요? 하지만 앞서 살펴보신 바와 같이 충분히 설득력 있는 이야기가 아닐까요?

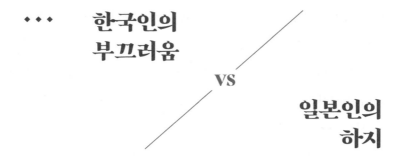

한국인의 부끄러움 VS 일본인의 하지

문화 공부깨나 했다는 사람들은 흔히 동양을 수치의 문화shame culture, 서양을 죄책감의 문화guilt culture라고 봅니다. 인류학자 루스 베네딕트의 《국화와 칼》에서 기인한 생각이지요. 루스 베네딕트는 제2차 세계대전 당시 일본인들을 이해할 필요성을 느낀 미국무성의 요청으로 이 책을 썼습니다.

전쟁 중이어서 현장 연구를 할 수 없었던 루스 베네딕트는 일본의 역사, 문화, 예술, 신화 등 다양한 자료를 수집해 일본 문화를 분석했습니다. 아직도 일본 이해에 대해서는 이 책이 최고의 책으로 꼽히고 있을 정도입니다.

《국화와 칼》에 따르면 일본인들에게 수치심恥(하지)는 매우 중요한 가치입니다. 일본인들이 수치심을 느끼는 경우는 크게 세 가지로 볼 수 있죠. 첫째, 은혜恩(온)를 입고도 이를 갚지 않는 경우 둘째, 의리義理(기리), 즉 마땅히 그리 해야 하는 일을 하지 못했을 경우 셋째, 그로 인해 남에게서 비웃음(조소)을 사는 경우입니다.

일본인들의 수치심을 이해하기 위해 각각의 경우를 자세히 살펴보겠습니다. 위의 세 가지 경우는 모두 온恩이라는 개념과 관련됩니다. 은혜에 제대로 보답하지 않는 일은 배은망덕背恩忘德이라 하여 우리나라에서도 매우 큰 잘못으로 받아들여집니다만 일본 문화에서 온의 의미는 남다릅니다.

일본인들은 온을 입으면 그것에 감사해야 하고 또 반드시 되갚아야 한다고 생각합니다. 은혜를 갚아야 하기 때문에 은혜 입기를 꺼려할 정도지요. 온을 주고받을 수 있는 계층적 위계질서 속에 있는 사람의 경우는 괜찮지만 관계가 멀거나 자신보다 낮은 위계에 있는 사람에게 은혜를 입는 것은 가장 불쾌한 일로 꼽힙니다.

여담으로 2011년 동일본 대지진 때, 일본은 한국의 성금과 구호물자를 받지 않고 거절했었죠. 그 이유가 이겁니다. 일본인들은 한국을 자신들이 온을 입을 대상으로 보지 않기 때문에 한국의 성의를 받아들일 수 없었던 것이죠.

베네딕트는 온을 수동적으로 입는 의무로 보았습니다. 온을 입은 자는 이를 반드시 갚아야 하는 부채 의식을 가집니다(온가에시). 이 온에는 몇 가지의 단계가 있는데 가장 상위의 온은 천황, 주군, 부모, 스승에게 입는 온입니다. 이 종류의 온을 갚는 것은 기무義務라 하여 아무리 노력해도 결코 갚을 수 없고 갚는 기한도 한계도 없습니다. 이들에게 복종하고 충성하는 것은 지극히 당연하고 그들로부터 어떤 대접을 받더라도 사람들은 기무를 다해야 하죠.

기무보다는 조금 약한, 자기가 받은 온과 같은 양만큼만 갚으면 되고 갚아야 하는 기한도 상대적으로 정해져 있는 것을 기리義理라고 합니다. 사회심리학자 미나미 히로시는 기리의 개념을 다음과 같이 정의하고 있죠. 의義란 사회 구성원 각자가 '마땅히 그래야만 하는 모습'을 분별하여 행동하는 것으로, '의'의 도리道里가 곧 의리라는 것입니다.

우리말에도 의리란 표현이 있지만 "선생님한테 혼나는데 의리 없이 혼자 도망가기냐"라든지, "친구끼리 의리 없이 니들끼리만 맛있는 거 먹으러 갔냐" 등 한국에서 의리는 보통 '친구들 사이의 특별한 정' 정도의 의미로 쓰이죠.

기리는 크게 세켄世間에 대한 기리와 자기 이름에 대한 기리로 나뉘는데 세켄이란 세간, 즉 주위 사람을 의미합니다. 공동체의 구성원이나 이웃, 친척과 지인 등 살면서 만나게 되는 모든 사람이죠. 일본인들은 자신들이 사는 것을 세켄의 온이라 생각하고 이를 갚아야 한다는 의무를 지닌다는 얘깁니다.

어떤 경우에도 이유에 상관없이, 예로부터 정해진 약속에 따라 '마땅히 그래야만 하는 모습'으로 처신해야 하는 것이 세켄의 온에 보답하는 방법입니다. 일본인들의 전형적인 모습, 남의 영역을 침범하거나 피해를 주지 않고 질서와 규칙을 지키는 것 등은 이 세켄에 대한 기리가 구현되는 모습이라고 할 수 있겠습니다.

마지막으로 자기 이름에 대한 기리는 타인으로부터 모욕이나 비난을 받았을 때 그 오명을 씻어내야만 하는 의무를 말합니다. 예를 들어, 일본인들은 경쟁에서 패하면 수치심을 느낍니다. 자기 이름에 대한 기리를 다하지 못한 것이죠. 제 이름값을 하려는 분발로 이어지기도 하지만 대개 의기소침해지는 경우가 많습니다.

이 때문에 일본에서는 이름에 대한 기리에 문제가 될 만한 상황, 수치감을 유발하는 사태가 생기지 않도록 온갖 종류의 예의범절이 규정되어 있습니다. 그럼에도 불구하고 수치심을 느꼈다면 이제 그 수치를 씻어야 할 의무가 주어지죠.

수치심은 강력한 내적 통제의 원리로 작용합니다. 수치심을 느끼지 않기 위해 스스로 어떤 일을 하거나 하지 않게 되는 것이죠. 이렇게 일본 문화는 구성원들의 수치심으로 유지되어 왔습니다. 이것이 수치의 문화입니다.

그렇다면 한국은 어떨까요? 일본이 수치의 문화이니 같은 집단주의 문화인 한국도 수치의 문화일까요?

물론, 우리나라에서도 세간의 눈이나 평판은 개인의 행동을 규정하는 중요한 요인입니다. 눈치도 많이 보고 남부끄럽거나 남우세스러운 일들을 꺼리는 면도 두드러집니다. 그러나 저는 한국의 수치심은 일본의 수치심과는 다르다고 주장합니다.

그 이유는 수치심, 즉 부끄러움을 느끼는 대상에 있습니다. 물론 다른 이들에 대한 부끄러움(남부끄러움)도 한국 문화의 한 축임에는 틀림없습니다만, 보다 중요한 사실은 한국인들은 남들이 아닌 대상으로부터도 부끄러움을 느낀다는 점입니다.

한국인들은 예로부터 자신들의 행동이 '하늘' '성현의 가르침' '선조 혹은 조상' '부모' '자식 또는 후손' 들에게 부끄럽지 않기를 바라 왔습니다. "조상님 뵐 낯이 없다" "내 무슨 얼굴로 선조들을 뵙겠는가" "자식들 앞에서 부끄럽지도 않느냐" "후손들에게 당당할 수 있겠느냐" 등등은 사극이나 드라마, 인터넷의 댓글에서도 흔히 발견되는 표현들이죠.

한국인들은 기리가 아니라 법도法道 또는 도리道理를 따르는 사람들입니다. 법도나 도리는 세상 사람들의 눈보다 보편적인 가치를 의미합니다. 성현의 가르침은 시대를 초월하여 누구나 따라야 하는 것이고, 하늘/조상/후손 등도 시공을 초월하여 지켜져야 하는 원리를 가리키죠.

보편적 원리를 추구하는 사람들의 행동 특성은 그러한 원리가 제시하는 기준들에 비추어 자신의 부족한 점을 끊임없이 반성한다는 점입니다. 한국인들은 참 반성을 많이 하는데요, 인터넷 기사나 커뮤니티 게시판에서는 어떤 사안에 대해서 '반성해야 한다'는 댓글들을 수시로 만날 수 있습니다.

개중에는 문제를 일으킨 당사자에 대한 반성을 촉구하는 반응도 있지만, 대개는 '우리도 반성해야 한다'는 자기반성 유가 많습니다. 축제가 끝난 길가에 쓰레기가 버려져 있으면 부끄러운 시민 의식에 대한 반성을, 정치인들이 싸운다는 기사에는 저런 사람들을 뽑은 국민들의 정치 의식에 대한 반성을 잊지 않습니다.

예로 든 '바람직한 시민 의식' '정치적 안목' 등은 누군가의 이목이 아닌 우리가 추구해야 할 보편적 원리를 의미합니다. 때로 그 모범의 사례가 특정 '선진국'이 되는 경우가 있으나(예, 선진국 되려면 아직 멀었다) 정치, 경제, 사회, 문화 모든 면에서 완벽한 '선진국'은 존재하지 않는다는 점에서 한국인들에게 '선진국' 또한 고래로부터의 '성현의 가르침'에 필적하는 보편적 원리를 의미한다고 볼 수 있을 것 같군요.

한국인들이 반성을 하는 이유는 한마디로 '더 나은 사람'이 되기 위해서입니다. 유교의 보편 원리들이 일본보다 더 오랜 시간 동안 민초들의 심성에까지 스민 탓일까요. 한국인들은 보편적 원리에 맞게 자신을 돌아보고 수양하는 것을 바람직하게 생각하게 되었습니다. 반성의 과정은 괴롭고 고통스러운 것이지만 그래도 더 나은 존재가 되고자 하는 욕망은 가치 있는 것이죠. 존재 욕구, 자아실현의 욕구가 어디 먼 곳에 있는 게 아닙니다.

보편적 원리의 추구는 더 나은 사회를 만들려는 욕망으로 이어집니다. 보편적 가치를 따르는 이들(선비, 군자)은 보편적 가치가 보다 잘 구현되는 사회를 만들어야 할 의무를 갖기 때문이죠. '수신제가修身齊家' 후에는 '치국평천하治國平天下' 아닙니까.

그래서일까요. 한국인들은 두세 명만 모이면 정치 이야기를 합니다. 정치인 아무개가 뭐를 잘못했고 그래서는 안 된다고 합니다. 이런 정책은 잘못된 정책이고 제대로 하려면 저렇게 해야 한다고 열을 올립니다. 한국인들에게 정치는 정치인들의 영역이 아니라 내가 옳다고 믿는 가치를 실현시키는 나의 싸움입니다.

법도(보편적 원리)에 어긋나면 임금조차도 신하들의 비난을 피하지 못했던 것이 한국입니다. 주리를 틀리고 불에 달군 인두에 지져지고 귀양지에서 평생을 썩어 가면서도 조선의 선비들은 임금에게 도리를 따를 것을 요구했습니다. 그들에게 임금이란 하늘을 대신해 하늘의 법도를 실현시키는 사람일 뿐이었으니까요.

보편적 원리의 추구는 사람들을 행동에 나서게 합니다. 도리에 어긋나는 것을 보고 가만히 있을 수는 없기 때문이죠. 나라에 위기가 닥쳤을 때 의병으로, 독립군으로, 끌려가 고문을 당하고 최루탄을 마시며 거리로 나섰던 이들이 품었던 이상은 '자식들에게 물려줄 더 좋은 세상'이라는 보편적 가치였습니다.

그렇다면 보편적 가치에 따르지 못한 데에서 느끼는 부끄러움은 수치심보다는 죄책감으로 이해할 수 있을 것 같습니다. 법철학자 마사 누스바움은 죄책감을 '자기 처벌적 분노'로 규정했습니다. 내가 잘못했다는 인식에서 비롯된 자신에 대한 분노를 의미합니다. 분노는 회피가 아닌 행동으로 이어지고 행동은 어쨌거나 변화를 불러일으키죠. 죄책감은 나의 행동이 사회적 기준에

미치지 못했음에 대해 느끼는 수치와는 분명 다른 속성의 감정입
니다.

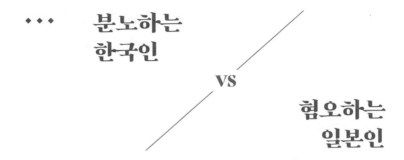

분노하는
한국인

VS

혐오하는
일본인

서점의 한 코너를 가득 채우고 있는 '혐한嫌韓' 서적들, 거리에서
소리 높여 외치는 혐한 시위대, 공중파를 비롯한 방송과 언론에
서 연일 이어지는 한국 때리기. 혐한은 부정할 수 없는 일본의 문
화 현상입니다. 이에 반대하는 시민들의 목소리도 없는 것은 아
니지만 이러한 현상은 일본에서 꾸준히 또 반복적으로 발생하고
있습니다. 혐오라는 감정은 일본인들에게 어떤 의미를 갖고 있을
까요?

혐오는 인간의 삶에 큰 영향을 끼쳐 온 감정입니다. 혐오는

구역질과 구토 등 강한 신체적 반응을 수반합니다. 혐오를 유발하는 자극은 배설물, 시체, 썩은 음식이나 벌레 등 지독한 냄새와 메스꺼움을 유발하는 외양을 지닌 대상이죠.

우리의 사회적 관계는 혐오스러운 것을 피하려는 다양한 시도로 이루어져 있습니다. 예로부터 위생은 인간 사회의 중요한 이슈였습니다. 사람들이 사는 곳으로부터 불쾌한 물질들을 치우지 않으면 곧 벌레가 들끓거나 전염병이 돌아 사람들이 죽고 사회가 붕괴될 수 있으니까요.

어떠한 대상에 혐오감을 느끼거나 그 대상을 취급하는 방법은 사회적 관습 속에 스며들어 있으며 대부분의 사회는 혐오감을 주는 특정 집단이나 오염물을 지닌 사람들을 기피하도록 가르쳐 왔습니다. 따라서 혐오라는 감정 자체는 인간의 생존과 사회 유지에 어느 정도 이상의 기여를 해 온 것이 사실이며 이는 현재도 마찬가지입니다. 외설법 등을 비롯한 여러 법체계에서도 혐오는 중요한 판단의 근거로 작용하고 있습니다.

이렇듯 혐오는 인간 사회에서 보편적으로 나타납니다. 하지만 배설물, 시체 등 원초적 대상에서 다른 대상으로 혐오가 확장되는 과정은 사회에 따라 상당한 차이가 있습니다. 여기가 문화가 작용하는 지점입니다.

최근 한국사회에서도 혐오는 중요한 사회문제로 떠오르고 있죠. 특히 벌레蟲라는 ○○충이 붙는 표현은 파리, 구더기, 모기 등 오랫동안 인간을 괴롭혀 왔던 독충들에서 유래한 뿌리 깊은 혐오 표현입니다.

그러나 일본에서 나타나는 혐오와 한국에서 보이는 혐오는 본질은 같을지언정 그것이 드러나는 양상은 사뭇 달라 보입니다. 한국의 혐오가 세대, 성별, 계층, 정치적 견해를 막론하고 사방팔방 좌충우돌 표출된다고 하면 일본의 혐오는 한국 등 특정 국적의 사람들에게 향하는 모습입니다.

이번 글에서는 혐오라는 감정에 대한 연구들을 바탕으로 한국과 일본 두 나라 사람들의 혐오에 대한 생각의 차이를 탐구해 보고자 합니다.

법철학자 윌리엄 밀러는 혐오의 핵심적 관념을 전염에 대한 생각이라 보았습니다. 역겨운 물질이 내 몸에 들어와서 나쁜 결과를 일으킬지 모른다는 두려움이 혐오의 바탕이라는 것이죠. 독일의 문화학자 빈프리드 메닝하우스는 혐오를 타인에 대한 태도로 확장시킵니다. 쉽게 말하자면 혐오란 '절대 타인과 동화되기 싫다'는 생각과 연합된 감정이라는 겁니다.

사람들은 자신과 다른 이들을 구분하려는 욕구를 가지기 때문에 너무나 이질적인, 즉 자신과 너무나 다른 타인들은 혐오의 대상이 되기 쉽습니다. 그들과 가까워지거나 동화되기 싫다는 생각에서 나아가 그들이 자신을 오염시킬지 모른다는 두려움마저 갖게 되는 것이죠.

역사상 존재한 모든 사회는 혐오와 같은 강한 감정을 통해 내집단을 다른 집단과 구분하고 집단 내의 연대감을 높여 왔습니다. 이것이 인간의 역사에서 혐오가 수행해 온 실질적인 기능입니다.

또한 사람들은 혐오를 통해 실제로 견뎌내기 어려운 삶의 문제들을 보다 잘 회피할 수 있게 되기도 합니다. 제1차 세계대전 패전의 후유증과 경제대공황으로 어려움에 처한 독일인을 다시 일어서게 한 것은 유대인에 대한 혐오였고, 관동대지진의 피해로 충격에 빠진 일본인이 눈을 돌린 것은 조선인이었죠.

이제 혐오라는 감정의 본질에 좀 더 다가가 보겠습니다. 심리학자 폴 로진에 따르면, 혐오는 기피(감각 요소에 의해 유발되는 부정적 반응)나 위험(해로운 결과가 예상되어 거부하는 반응)과는 다릅니다. 혐오는 우선, 당사자가 지닌 대상에 대한 인식에 따라 혐오 반응을 이끌어 낼 수 있다는 점에서 단순한 기피와 구분됩니다.

사람들에게 치즈 냄새를 맡게 한 뒤 한 집단에는 그것이 치즈 냄새라고 말해 주고 다른 집단에는 똥 냄새라고 알려 주었을 때, 치즈 냄새를 맡는다고 생각한 사람들은 좋아했지만 똥 냄새라고 생각한 사람들은 불쾌하다는 반응을 보였습니다. 혐오 반응을 일으킨 것은 냄새라는 물리적 자극이 아니라 사람들이 냄새에 대해 가진 인식이었던 것입니다.

또한 혐오는 위험과도 다릅니다. 독버섯 같은 위험한 대상은 그것을 먹지만 않는다면 같이 있어도 아무렇지도 않지만 혐오스러운 대상은 모든 위험이 제거되어도 여전히 혐오스러운 채로 남아 있습니다. 아무리 철저히 소독하고 영양분만 남겼다 하더라도 똥으로 만든 대체 음식을 선뜻 드실 분은 없으실 겁니다.

다시 말해, 감각이나 지각된 위험과는 별개로 대상에 대한 인식 자체로 혐오가 나타날 수 있다는 점입니다. 특정 대상에 대한 인식은 대개 그 사회의 문화적 배경과 깊이 관련되어 있습니다. 그리고 대개는 교육과 학습을 통해 대대로 전승되죠.

심리학자들에 따르면 아이들은 최소한 일정한 언어능력을 획득한 이후 혐오를 경험할 수 있다고 합니다. 적어도 세 살 이전의 유아에게는 혐오가 나타나지 않는 것처럼 보입니다. 물론 태어나면서부터 쓴맛 등에 대한 불호는 나타납니다만 이 나이에서의 혐오는 기피나 위험(에 대한 지각)과 구분되지 않습니다.

혐오는 네 살쯤 이후로 자리 잡게 됩니다. 네 살이 되면 곧바로 완전한 혐오를 갖는 것이 아니라 부모의 신호에 반응하면서 먼저 기피를 배우게 되며, 부모와 다른 사람의 혐오를 반복해서 경험한 후에 완전한 혐오를 갖게 됩니다.

즉, 혐오란 부모와 해당 사회 구성원들로부터 사회적으로 학습한 결과인 셈이죠. 혐오는 사회의 복잡한 연계망을 거쳐 다른 대상에게로 확장됩니다. 특정 대상에 대한 금기나 행위 양식을 포함하는 일종의 문화적 관념 또는 문화적 태도가 형성되는 것입니다.

일본인이 혐오에 민감한 이유는 첫째, 일본이 안과 밖이라는 구분에 민감한 사회라는 점에서 찾을 수 있습니다. 앞서 살펴본 바와 같이 혐오는 자신의 몸 안과 밖이라는 경계와 관련 있는 개념인데요, 문제가 있는 더럽고 불쾌한 물질이 자신의 체내로 들어올 수 있다고 여길 때 느껴지는 감정이 혐오입니다.

자신과 관련된 것들을 안內(우치)으로 그렇지 않은 것들을 밖外(소토)로 구분해 온 일본인들은 밖에 존재하는 것들에 대한 뿌리 깊은 두려움이 있는 것 같습니다. 그 때문에 밖에 있고 밖에서 들어오는 것들에 대한 혐오를 경험하기 쉽고 또 드러내기 쉬운 문화적 배경을 가지고 있는 것이죠.

둘째, 혐오는 수치심의 경험과 관련됩니다. 철학자 마사 누스바움은 혐오를 원초적 수치심과 이에 대한 공격적 반응으로 규정하고 있는데요, 사람들에게는 자신을 높이 평가하고자 하는 자존의 욕구가 있습니다. 외부적 요인에 의해 이 욕구가 좌절되면 수치심을 느끼게 되는데 수치심은 '통제의 욕구'와 관련된 감정입니다.

자신이 응당 통제해야 할 것을 통제하지 못했을 때 느끼는 감정이죠. 심리학자 에릭슨이 배변 훈련이 이루어지는 시기를 '자율성 vs 수치'라고 명명한 이유가 있습니다. 누스바움은 사람들이 수치심을 느끼면 통제감을 회복하려는 시도로 다른 이들에 대한 폄하와 공격이 나타날 수 있다고 보았습니다.

루스 베네딕트가 《국화와 칼》에서 언급한 것처럼 일본은 전형적인 수치의 문화입니다. 사람들은 자신에게 알맞은 위치座에서 행해야 하는 의무를 가지고 있고 주어진 의무를 다하지 못했을 때에는 수치를 느껴야 하죠.

일본 문화에서 이러한 수치심을 벗어나는 길은 절치부심하여 명예를 되찾거나, 스스로 목숨을 끊는 일이었습니다割腹(셋푸쿠). 하지만 명예를 되찾기는 어렵고 자살은 하면 안 되니 방법이 없습니다.

남은 것은 다른 이들에 대한 공격입니다. 다른 이에게 공격성을 드러내는 일은 본래 일본의 문화적 규범상 허용되지 않습니다. 다만 '외집단'으로 분류되는 이들에게는 예외입니다. 이것이 일본에서 혐오가 주로 외국인들에게 표출되는 이유라고 생각됩니다. 일본인들은 자신 혹은 자신이 속한 내집단이 수치심을 느낄 때 다른 집단을 차별하고 혐오함으로써 불안에서 벗어나려는 것이죠.

버블 붕괴 이후 침체된 경제, 아직 복구되지 않은 대지진의 여파, 후쿠시마 방사능, 얕보기만 했던 한국의 약진…… 최근 극심해지고 있는 혐한은 수치를 당할지 모른다는 불안에서 벗어나기 위한 일본인들의 어쩔 수 없는 선택은 아닐까요.

고개를 돌려 한국을 봅시다. 앞서 언급한 것처럼 한국에도 혐오와 관련된 현상들이 많은데요, 한국의 혐오는 특정 집단에 대한 차별과 멸시라기보다는 분노의 표출이라는 성격이 강해 보입니다.

또한 혐오가 주로 지배적 집단이 행하는 소수 주변 집단에 대한 차별의 형태를 띠는 반면, 한국에서 나타나는 혐오는 그 대상과 방향이 천차만별입니다. 그야말로 '만인의 만인에 의한 만인에 대한' 혐오라고 할 정도죠. 따라서 저는 이것을 혐오가 아닌

'분노'로 보아야 한다는 입장입니다.

마사 누스바움에 따르면, 혐오와 분노는 매우 다른 종류의 감정입니다. 혐오가 자신을 오염시킬 수 있는 불쾌한 대상에 대한 거부를 나타낸다면 분노는 부당함 또는 위해에 대한 생각이 주를 이룹니다. 다시 말해, 분노란 내게 부당한 일이 행해졌다는 생각에서 비롯된 감정이죠.

여기서 떠오르는 문화적 정서가 있습니다. 바로 '억울'입니다. 한국의 문화적 정신병리 화병의 원인으로 지목되는 이 억울함은 '부당함에 대한 분노'로 요약할 수 있죠. 세대, 계층, 성별 등 한국사회의 주된 혐오 현상을 들여다보면 결국 상대방이 가진 '기득권 또는 특권'에 대한 분노가 두드러집니다. 내가 못 가진 것을 너희들이 '부당하게' 가지고 있다는 데 대한 분노죠.

혐오도 분노도 결국 '통제감'을 획득하기 위한 욕구에서 비롯된 감정입니다. 혐오는 타인들을 멸시의 대상으로 놓고 차별함으로써, 분노는 내가 부당하게 당했다는 생각으로 타인을 공격함으로써 잃어버린 통제력을 되찾으려는 것이죠. 하지만 혐오와 분노의 결과는 다릅니다.

마사 누스바움은 분노는 저항과 건설적 참여의 동기가 될 수 있지만 혐오는 도피와 방기로 이어지기 쉽다고 주장합니다. 혐오는 본질적으로 자신과 타인의 경계를 상정하고 있기 때문입니다. 혐오의 결과는 대상이 사라지거나 최소한 격리되어 나에게 해를 끼치지 못하게 하는 것입니다. 일본 속담 '냄새나는 것은 뚜껑을 덮는다'는 말에는 여러 의미가 있어 보입니다.

그러나 분노의 주체는 나 자신입니다. 내게 부당한 일을 겪게 한 타인들에게 화를 내는 것은 결국 내가 겪은 부당함을 해결할 가능성을 갖고 있죠. 그런 의미에서 최근 한국 사회에서 급격하게 확산되는 혐오(라기보다는 분노)가 부당함의 원인이 되는 것들에 대한 저항과 더 좋은 사회를 위한 건설적 참여로 이어지길 기원합니다. 뭐 그랬으면 좋겠습니다.

··· 한국의 어울림

vs

일본의 와

'집단주의 문화의 사람들은 집단 내에서의 조화를 우선시한다.'
비교문화심리학에서 널리 통용되고 있는 설명입니다. 집단 내에
서의 조화를 중시하기 때문에 여러 사람들을 전체적으로 살피고
(한국의 눈치 vs 일본의 '공기를 읽는다'), 공적인 맥락에서 부정적인 감
정을 드러내지 않으며, 개인의 성취를 남들 앞에서 자랑하지 않
는다는 것이죠.

　한국과 일본은 대표적인 집단주의 문화권의 나라고 한국인
과 일본인 역시 집단 내에서의 조화를 중요하게 생각하는 것은

맞습니다. 그러나 제가 누차 말씀드리듯이 비슷한 문화가 있다고 해서 그 원리나 양상까지 같은 것은 아닙니다.

구성원들의 생존과 사회유지를 위한 것이기에 문화의 진화는 생명체의 진화와 유사하다는 말씀을 드린 적이 있는데요, 따라서 문화는 각자가 처한 환경적, 역사적 조건에 따라 진화하는 과정에서 각기 다른 이유로 비슷한 형태를 띠게 됩니다. 진화론의 수렴진화라는 개념처럼 말이죠.

조화의 의미도 마찬가지입니다. 조화調和는 영어 harmony를 번역한 것입니다. 그러나 각 문화 사람들이 표상하는 조화의 의미에는 미묘한 차이가 있습니다. 먼저 개인주의 문화권에서 조화의 의미는 서양음악에서 유추해 볼 수 있습니다.

음악 시간에 배우셨다시피 서양음악은 리듬rhythm, 가락melody, 화성harmony의 3요소로 이루어지는데요, 화성harmony은 그리스어 harmonia에서 유래된 말로 음악에서는 여러 음이 동시에 울리는 화음의 결합을 뜻합니다.

화음은 높이가 서로 다른 음이 동시에 울릴 때의 조화에서 발생하며 동시에 울리는 다른 음들은 더 이상 개개의 음이 아닌 하나의 화음으로 인식되죠. 바로 이것이라고 단정하기는 어렵지만 이로부터 서양 문화에서 생각하는 조화harmony의 의미를 짐작할 수 있지 않을까 합니다.

다시 말해, 서양 문화에서 조화란 서로 다른 음들이 합쳐져서 새로운 화음을 만들어 내듯이, 서로 다른 개인들이 저마다 맡은 역할을 하는 가운데 이루어 내는 단일한 질서를 의미합니다.

집단을 중시하는 동양 문화에 비해 서양 문화는 개인이 모든 판단과 행동의 주체가 됩니다. 어떻게 보면 조화를 이루기가 쉽지 않다고 할 수 있죠. 따라서 서양 문화는 개별적인 개인들에게서 조화를 이끌어 내기 위해 엄격한 역할 분담과 역할에 따른 책임을 요구할 수밖에 없지 않을까요.

화성을 중시하는 서양음악에서 연주자가 멋대로 다른 음을 연주하는 것은 있을 수 없는 일입니다. 모두가 정해진 위치에서 정해진 역할에 충실할 때 비로소 전체는 하나로서 조화를 이루게 됩니다. 이것이 서양 개인주의 문화에서 조화, 즉 하모니의 의미입니다.

그렇다면 집단주의 문화는 어떨까요? 일본에는 사회의 통합과 조화에 관한 '와和'라는 전통적인 개념이 있습니다. 와는 고대 일본의 기틀을 닦은 쇼토쿠聖德 태자가 강조한 사상으로 사방이 바다로 둘러싸여 빠져나갈 길이 없는 일본의 지정학적 조건, 그리고 무武를 숭상하는 문화에서 파생된 사회질서 유지의 원리로 이해되고 있습니다.

일본의 와는 전체가 우선하는 조화입니다. 개인은 전체 속에서 전체의 부속으로 기능할 것을 요구받습니다. 예를 들어 회사 내에서의 '와'란 같은 회사의 구성원이라는 연대 의식 아래 동일한 목표와 가치관을 갖고 일사불란하게 같은 목표를 향해 매진하는 것을 의미합니다.

서양의 하모니가 각자의 개성을 가진 개인들이 어떤 목표를 위해 집단을 구성하고 일시적으로 정해진 역할에 따르는 것이라면 일본의 와는 이미 정해진 집단의 목표를 위해 지속적으로 개인들의 행동을 통제하는 성격이 짙죠.

이와 같은 분위기에서는 개인적인 행동을 하거나 개인의 본심을 드러내는 것이 위험할 수 있습니다. 실제로 일본에서 와를 해치는 것은 엄청난 민폐로 받아들여지고 이러한 행동을 하는 이들은 따돌림(이지메)을 당하게 되죠.

따라서 일본인들은 본심인 혼네와 일종의 사교적 태도라 할 수 있는 다테마에를 구분하여 발달시켜 왔습니다. 일본 문화가 전체주의적 양상과 개인주의적 양상을 동시에 갖고 있는 것은 이 때문입니다. 집단(전체)이 우선시 되는 상황에서 일본인들은 쉽게 전체주의적으로 행동합니다. 반면에 그런 분위기에 반발하거나 그러지 않아도 되는 상황에서는 매우 개인적인 특성을 보이는 것이죠.

그러면 한국의 조화는 어떤 의미일까요? 많은 사람들이 한국의 고질적인 문제로 통합의 부재를 꼽습니다. 멀리 갈 것 없이 인터넷만 봐도 사람들은 진보와 보수, 노와 사, 남과 여, 노인과 청년 등등 상상할 수 있는 모든 기준으로 나뉘어 대립하고 있는 것처럼 보입니다. 어떤 학자는 한국음악에는 화성이 없기 때문에 한국인들은 조화를 이루지 못한다는 과격한 분석을 내놓기도 합니다. 과연 그럴까요?

그러나 한국에도 분명 조화에 대한 인식이 있습니다. 그것은 '어울림'입니다. 하모니가 그렇듯 어울림도 음악에서 그 의미를 찾을 수 있죠. 국악학자 최종민은 한국음악의 조화는 '소리의 어울림'에 있다고 말합니다.

한국음악은 화성이 없습니다. 다양한 박자 체계rhythm를 바탕으로 가락melody이 진행되는 음악이죠. 화성은 없지만 음색의 차이와 연주법의 차이 등이 우리 음악만의 독특한 어울림을 이루는 것입니다.

최종민 선생의 다음 비유는 서양음악과 우리 음악에서의 조화의 개념을 짐작할 수 있게 합니다.

서양 사람들은 초록색을 표현하고자 할 때에 먼저 캔버스에 노란색을 칠하고 그 위에 파란색을 칠한다. 또 보다 더 변화 있는 색깔을 나타내고자 할 때는 그 칠한 색깔 위에다가 자꾸만 덧칠을 해서 원하는 색깔을 얻는다. 여러 가지 색깔을 더해서 한 가지 색깔을 얻기 때문에 개별 색깔은 안 보이고 결과로 표현된 전체 색깔만 보인다. 서양음악의 화성이라는 것도 서양화에서 색깔을 섞는 이치와 흡사하다. 여러 개의 음을 섞어서 하나의 결과되는 음을 만들어 낸다. 여러 음이 모여서 하나의 화음을 만들어 냈을 때 그 화음은 개별적 음들의 집합체인 덩이로서의 음향만 남지, 각 악기에서 내는 개별적 음들은 거의 소멸되는 것이다. 전체성은 살아나지만 개별성이 소멸된다.

한국화의 경우는 이와 대조적이다. 우리의 그림은 색깔을 덧칠하는 법이 없다. 하나하나 존재하는 개별적인 색깔은 뭉개고 다른 색깔을 얻는 법도 없다. 그냥 한 가지 색깔만을 칠해 나간다. 그래서 전체적인 통일과 조화를 가져오게 한다. 우리나라의 산수화가 그러하고 건축물의 단청이 그러하며 색동저고리의 색상이 또한 그러하다. 여자들의 한복도 가령 남치마에 노랑저고리 입는 것이 참 자연스럽다. 양장의 색깔 배합을 이와 같이 하여 옷을 입었다면 어색할 것 같다. 우리의 색깔 사용법은 개별성을 그대로 살리면서 전체성을 만들어 나가기 때문에 개별성과 전체성이 다 함께 독립적으로 존재한다.

어울림의 의미는 전체성과 개별성이라는 키워드로 요약할 수 있습니다. 서양의 하모니나 일본의 와가 전체성을 위해 개별성이 소멸되는 방식이라면 어울림은 개별성과 전체성이 공존하는 방식이라는 겁니다. 이 내용은 사회심리학의 몰개성화deindividuation와 탈개성화depersonalization라는 개념으로 이해할 수 있을 것 같습니다.

몰개성화란 집단 상황에서 개인이 개별성을 잃고 집단의 일원으로 행동하는 경우입니다. 물론 서양음악을 몰개성화로 보는 것은 무리가 있을 것 같고요. 제2차 세계대전 당시 독일이나 일본에서 나타났던 전체주의의 모습을 떠올리시면 될 듯합니다.

반면, 탈개성화란 몰개성화와는 달리 개인의 정체성이 집단 속에서 상실되지 않으며 집단 상황에서도 여러 가지 현상을 통해 자기 정체성과 개별성의 확인이 가능한 상태를 의미합니다. 스포츠에서 한 팀을 응원하는 군중에게서 볼 수 있는 모습이죠.

따라서 어울림은 '탈개성화의 조화'로 정의할 수 있을 것 같습니다. 개개의 주체가 각자의 소리를 내지만 전체적으로는 어우러지는 모습이죠. 겉으로 보기에는 전혀 조화스럽지 않고 뒤죽박죽으로 보이지만 거기에는 분명 나름의 법칙과 흐름이 존재합니다.

자신의 개성을 드러낸다고 해서 그 한계가 없는 것은 아니죠. 자유로운 자기 표현과 전체를 위해 지켜야 할 어느 정도의 선. 그 선을 넘나드는 맛이 어울림의 묘미입니다. 한국을 대표하는 음식인 비빔밥은 이러한 어울림의 상징이라 할 수 있습니다. 각종 나물과 고기, 계란, 밥, 참기름, 고추장 등 모든 재료가 각자의 개성을 잃지 않지만 그들이 섞여 또 다른 하나로 완성되는 것이죠.

일본을 대표하는 음식이 스시인 것 역시 인상적입니다. 얇게 저민 생선 살은 밥과 섞이지 않고 정확히 경계 지어 있습니다. 가츠동, 텐동 등 덮밥 종류도 그렇고요. 물론 배 속에 들어가면 똑같겠지만 일본인들이 무엇이든 명확히 나뉘어 있는 것을 선호한다는 하나의 사례가 될 것 같습니다. 전체와 개인의 역할처럼 말이죠.

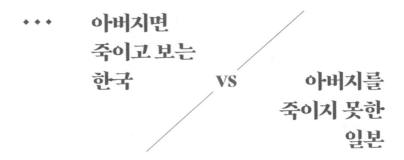

아버지면 죽이고 보는 한국 vs 아버지를 죽이지 못한 일본

근대의 시작을 알리는 두 가지 사건은 산업혁명과 시민혁명입니다. 산업혁명이 신으로 상징되는 자연의 통제에서 벗어나 인간의 시대를 열었다면, 시민혁명은 신이 일부 인간들에게 부여했던 권위를 걷어 냄으로써 개인과 개인들의 모임인 시민이 주체가 되는 시대를 열었다고 할 수 있습니다.

심리학, 특히 정신역동이론에서는 이 과정을 부친살해의 모티브로 설명합니다. 부친살해는 세계 많은 지역의 신화와 전설, 동화와 민담에서 나타나는 보편적인 주제입니다. 가장 잘 알려진 것이 바로 오이디푸스 신화인데요, 아버지를 죽이고 어머니와 결혼하는 한국 막장 드라마 뺨치는 그리스 막장 드라마 말이죠.

물론 현실에서 부친살해는 존속살해에 해당하며 가장 무거운 형량이 선고되는 범죄입니다. 오이디푸스도 자신의 죄를 깨달은 뒤 스스로 두 눈을 뽑고 평생을 방랑함으로 죗값을 치르지 않았던가요.

부친살해는 은유입니다. 아버지는 기존 사회의 질서와 권위를 뜻합니다. 즉, 아버지를 죽인다는 것은 과거의 질서와 권위를 거부하고 새로운 세계를 연다는 의미죠. 올림푸스 신들의 우두머리 제우스가 아버지 크로노스를 죽이고 자신의 세계를 연 것처럼 말입니다.

부친살해는 또한 주체로서의 정체성을 확립하는 데 반드시 필요한 과정입니다. 정신역동이론가 라캉에 따르면 아이는 아버지를 죽임으로써 주체로서의 삶에 한 걸음 다가갈 수 있습니다. 아버지는 아이의 욕구를 규정하고 통제하는 존재입니다. 이 아버지를 극복해야 아이는 자신의 눈과 의지로 세상을 보고 살아갈 수 있는 것입니다.

따라서 정신역동이론의 관점에서 근대란 아버지를 죽인 자식들이 새롭게 연 시대를 의미합니다. 신(자연)의 명령에 복종했던, 신이 부여한 권위에 복종했던 아버지는 이성(과학)과 자유의지를 내세운 자식들에 의해 역사의 뒤안길로 사라졌습니다.

이 근대에 대한 태도에 한국과 일본의 근본적인 차이가 있습니다. 문화심리학자 김정운은 일본은 '아버지를 죽이지 않고' 새 시대를 연 나라로 규정합니다. 일본은 한 번도 기존의 권위를 타파하고 새 질서를 구축한 적이 없습니다. 메이지 유신으로 근대 일본을 연 것은 기존의 지배계급이었고 그들은 과거의 권위 위에서 새 시대를 원했습니다. 그리고 그 후손들은 아버지들의 가르침을 충실히 따랐죠.

사회의 시스템이나 외형은 유럽을 본받았습니다만 그것을 움직이는 사람들의 마음은 옛것 그대로였달까요. 제2차 세계대전에서 패망하고 미군정에 의해 사회 개혁이 이루어질 때에도 천황을 비롯한 기존의 권위는 그대로 유지되었죠.

사실 일본은 예로부터 '멸사봉공滅私奉公', 즉 사적인 것을 억누르고 공적인 것에 힘쓰라는 말에 대단히 익숙했던 사회입니다. 사회심리학자 미나미 히로시에 따르면 에도 시대의 처세술로 '와레나시'라는 말이 있었다는데요, 직역하면 '내가 없다'는 얘깁니다. '제멋대로' 하지 말고 오로지 공적인 대상에 봉사하라는 뜻입니다.

개인적, 사적인 것의 철저한 억압은 결국 자아의 부재로 연결될 수밖에 없습니다. 적지 않은 사람들이 일본인들을 개인주의적이라고 묘사합니다만, 미나미 히로시는 이러한 모습은 '복종의 가면을 쓰고 적당하게 사리사욕을 달성하기 위한' 자아, 즉 주체적이고 자유로운 자아 대신 사리사욕에 사로잡힌 이기적인 자아일 뿐이라고 주장합니다.

정신역동이론에 따르면, 자식이 아버지를 죽이지 못했다는 것은 하나의 주체로 서지 못했다는 것을 의미합니다. 새 시대를 움직여 갈 자식들의 동력은 아버지를 죽였다는 죄책감과 이를 극복하기 위한 반성과 노력에서 비롯되는 것이니 말입니다.

위안부, 강제징용 등 과거의 역사를 부정하고 오히려 피해자로서 자신들의 모습만을 부각시키려는 행태는 일본이 주체로서 자신의 행위를 돌아보는 것에는 익숙하지 않고 객체로서 자신들이 '당한' 일에만 민감한 경험 방식 때문은 아닐까요.

그러면 한국은 어떨까요? 과거 어느 시점까지의 한국은 일본과 크게 다르지 않았습니다. 한국 역시 '아버지를 죽이지 못하는' 나라였죠. 문학박사 김영희에 따르면 한국의 전설, 설화, 민담에는 부친살해가 아니라 '자식살해'라는 모티브가 나타납니다.

흉년에 부모를 봉양하기 위해 자식을 죽이거나(손순매아, 동자삼 등) 현재의 질서를 뒤엎을 영웅이 태어나면 부모와 동네 사람들이 후환을 막기 위해 아이를 죽이는(아기장수 설화) 등입니다. 부모를 봉양하기 위해 자식을 생매장하던 손순은 나라로부터 큰 상을 받았고, 세상을 바꿀 아기장수를 죽인 부모는 역적의 부모가 될 위험에서 벗어났습니다.

자식살해의 서사는 아버지로 표상되는 기존 질서에 대한 순종과 헌신을 의미합니다. 자식의 요구에 대한 아버지들의 답은 순종과 헌신이었던 것입니다. 효孝를 으뜸 가치로 쳤던 한국의 역사에서 부친살해는 상상할 수조차 없는 패륜으로 받아들여졌습니다. 한국이 오랫동안 자식을 희생하는 방식으로 유지해 왔다는 방증입니다.

그러나 역사는 한국인들에게 다른 선택을 강요했습니다. 조선이 일본에 강제로 합병되면서 기존의 모든 권위와 질서는 하루아침에 부정당해야만 했습니다. 정신역동이론적 은유로 보자면 아버지가 다른 사람의 손에 살해당한 셈입니다.

아버지를 죽인 타인은 자식들의 존재 역시 부정했고 자식들은 살아남기 위해 싸우지 않을 수 없었죠. 따라서 근대 이후 한국인의 무의식에는 자신을 지켜 주지 못한 무력한 아버지에 대한 부정과 아버지를 죽이고 그 자리를 대신한 타자에 대한 부정이 공존하게 되었습니다.

한국의 현대사는 계속해서 새로운 아버지가 나타나고 자식들은 그 아버지를 죽이는 상황의 연속이었습니다. 일제강점기 동안의 독립운동, 전쟁과 분단으로 이어진 광복 이후의 사상투쟁, 독재와 싸웠던 4.19, 5.18, 6월 항쟁, 가깝게는 2016년의 촛불까지, 한국의 현대사는 부당하게 아버지의 자리를 차지한 자들을 물리치고 주체로 서기 위한 자식들의 투쟁의 역사였다고 할 수 있습니다.

꼭 정치적인 측면에서만은 아닙니다. 명절마다 되풀이되는 제사 갈등, 권위적인 직장 문화를 둘러싼 꼰대 논쟁, 전통적 성역할에서 비롯된 남녀 갈등 등등. 한국에서는 상상할 수 있는 모든 분야에 걸쳐 전통과 권위가 끊임없이 도전받고 있습니다. 프로불편러라는 말이 괜히 나온 게 아닙니다.

아버지를 죽이지 못한 일본과 계속해서 아버지를 죽여 온 한국. 말이 주는 느낌이 조금 그렇긴 하군요. 아버지를 죽인다는 것이 정신역동이론의 은유라는 점을 다시 한번 기억해 주시기 바랍니다.

아버지를 죽인 것과 죽이지 못한 것의 차이는 변화에 대한 태도로 이어집니다. 한국인들은 끊임없이 아버지를 죽이고 새 질서를 구축하려 노력해 왔습니다. 한국만큼 변화가 빠른 나라가 없죠. 그 결과, 한국은 식민지배를 받았던 나라들 중에서 유일하게 선진국 반열에 올랐고 급변하는 세계사적 흐름에서 스스로의 위치를 찾아가고 있습니다.

워낙 빠른 시간 내에 많은 변화가 이루어지다 보니 그만큼 해결해야 할 문제도 많다는 것이 한국인들에게 주어진 숙제긴 하지만요. 밖에서 보면 혼란스러워 보이고 안에서 봐도 속 시끄럽지만 한국인들은 어떻게든 해 나갈 겁니다. 지금까지 그래 왔던 것처럼 말이죠.

반면, 아버지를 죽이지 못한 자식들(이를테면, 일본인들)은 변화를 두려워합니다. 강하고 잘난 아버지의 명령을 따르는 것이 훨씬 안전하고 편안할 수는 있습니다. 그러나 아버지의 권위에 의존해 버릇한 자식은 자신의 앞날을 주체적으로 이끌어 갈 의지를 갖기 힘든 법이죠.

이들은 스스로를 바꾸어야 할 갈등이나 문제를 만나면 아버지의 등 뒤에 숨거나 자신의 내적 세계로 침잠하려 합니다. 사회에 문제가 있어도 문제를 제기하거나 바꾸려 하지 않고, 자신들이 뽑은 정치가들이 일을 제대로 하지 않아도 나와는 관계없는 일이라는 태도는 주체로서의 자기 인식이 부족한 모습입니다.

위안부, 강제징용 등 자신들의 과거사를 인정하지 않는 것도 (아버지를 죽이지 못했기에) 아버지 세대의 과오를 받아들일 수 없는 일본의 특수성에 기인한다고 생각됩니다. 비슷한 관점에서 보자면 역사의 주체로 서지 못한 일본인들의 자아상에서 비롯된 일일 수도 있겠습니다. 주체란 스스로 판단하여 실행하고 그 일에 책임을 질 줄 아는 존재니까요.

모든 문화는 나름대로의 이유를 갖고 있고 아버지를 죽이지 않기로 결정한 일본의 문화 역시 누군가 함부로 평가할 부분은 아니겠으나, 현재 일본의 모습은 일본에서 살고 있는 일본인들의 입장에서도, 일본과 머리를 맞대고 살아가야 하는 한국인들의 입장에서도 썩 바람직한 상황은 아닌 듯합니다.

한국의 '알다'

vs

일본의 '와카루'

저는 사실 일본에 다녀온 적이 딱 한 번 있습니다. 2004년의 4박 5일이 전부죠. 겨우 4박 5일 일본 다녀온 사람이 무슨 일본에 대한 책이냐 싶으실 텐데요, 사실 어떤 문화에 사는 사람이 그 문화를 제일 잘 아는 것은 아닙니다. 문화를 이해하는 것과 그 문화에서 오래 살아왔다는 사실은 큰 관계가 없습니다.

　루스 베네딕트는 한 번도 일본을 가 보지 않은 상태에서《국화와 칼》을 썼고요. 최근의 예로는 재작년 일본과의 무역 분쟁과 최근 코로나 사태에서 일본에 대한 수많은 잘못된 판단과 쓸데없는 조언을 남발한 소위 '전문가'분들이 계십니다. 그분들이 어디 일본 경험이 없어서 그러셨던가요?

그분들은 일본에게 굴복하지 않으면 당장 나라가 망할 것처럼 설레발을 쳤지만 2년이 지난 현재 일본의 수출 규제가 한국 경제에 미친 영향은 0에 수렴하는 것으로 드러나고 있습니다. 오히려 오랫동안 일본에 종속되었던 산업들이 독립할 수 있는 계기가 되었다는 평가죠. 한국의 탈일본은 오늘도 계속되고 있습니다.

물론 제가 루스 베네딕트에 견줄 만한 학자는 아니겠지만 문화의 원리를 이해하고 개인적, 정치적 이해와 관계없이 문화를 분석하는 능력은 누가 봐도 악의와 사심에 찬 분석을 일삼는 일부 전문가들보다는 훨씬 낫다고 생각합니다. 그리고 생각보다 잘 안 알려져 있지만 저 또한 20년 가까이 문화만 들고 판 '전문가' 입니다.

어쨌든, 딱 한 번 갔던 일본 여행에서 받은 가장 큰 인상은 '왜 이렇게 모든 면이 잘게 나뉘어 있을까?'였습니다. 그때 가져갔던 제 수첩에 지금도 적혀 있는 메모입니다. 건물의 창문, 난간, 지붕과 벽 사이의 공간 등 사람이 만든 구조물에서 볼 수 있는 어떤 종류의 여백이나 빈 공간들이 예외 없이 직선의 구획들로 잘게 나뉘어 있었던 것입니다.

'일본은 깨끗하다더니 길바닥에 쓰레기가 많네'와 '지하철 갈아타는 게 왜 이렇게 복잡해?' 등 몇 개 안 적혀 있는 메모 중 하나인 걸 보니 제게 있어 '여백과 공간이 잘게 나뉘어 있다'는 이미지는 꽤 인상적이었던가 봅니다.

당시에는 막연한 의문이었던 이 생각이 일본을 이해하는 데 의외로 본질적일 수 있겠다는 생각이 든 것은, 언젠가 일본 주재 공무원인 남편과 일본에서 살다 온 후배로부터 들은 어떤 이야기 때문이었습니다.

일본어가 서툴렀던 이 친구가 일본어 '分かる(와카루)'를 '붕카루'라고 발음했다는 건데요, 후배 말로는 나눌 분分 자가 들어 있어서 붕카루로 발음하는 줄 알았다고 합니다. 저도 일본어는 잘 몰라서 처음엔 웃음 포인트를 못 찾았었습니다.

마침 집에 일본어 전공한 사람이 있어 물어보니 와카루라는 말이 아주 초보적인 단어이기 때문에 이것을 붕카루라고 읽으려 했다는 발상 자체가 웃기는 거라더군요. 한참을 실없이 웃다 보니 갑자기 이상한 생각이 들었습니다. 안다는 말에 왜 나눌 분分이 들어가는 걸까요?

일본어 分かる(와카루)는 알다, 깨닫다, 이해하다라는 뜻을 갖고 있습니다. 몰랐던 것을 알게 된다는 의미로 영어의

understand와 비슷한 맥락에서 쓰이는 말입니다.

언어는 존재의 집이라고 합니다. 하이데거, 비트겐슈타인 등 언어의 중요성을 이야기한 분들은 많습니다. 문화심리학에서도 언어는 심리 경험을 매개하는 중요한 요인으로 꼽고 있지요. 하지만 언어와 심리에 대한 과학적인 접근은 제한적입니다.

우리의 언어 사용은 오랜 옛날부터 관습화되어 누구에 의해, 언제부터, 왜 그런 말을 쓰게 되었는지조차 알 수 없기 때문이지요. 따라서 언어 분석은 상당 부분 연구자의 해석에 의존합니다. 그래서 저도 이 와카루라는 말이 가진 문화심리학적인 의미에 대해 한번 생각해 보았습니다.

우선, 일본어로 '깨닫다' '이해하다' '알게 되다'라는 의미를 가진 말에 나눌 분分 자가 들어 있다는 것은 일본인들이 생각하는 '알다'는 개념은 '나누다'와 밀접한 관계가 있다는 의미일 것입니다. 나누는 것은 안다는 것과 어떤 관계가 있을까요?

나눌 분分은 칼 도刀와 여덟 팔八 자로 이루어져 있습니다. 말 그대로 칼로 조각낸다는 뜻입니다. 여기서 '나누어 주다' '떨어져 나가다' '구분(별)하다' 등의 다양한 의미가 파생되는데, 이 중에 구분(별)하다는 의미가 '알다'와 연관이 있으리라 생각됩니다.

사물을 구별해서 명백하게 하는 것을 분별分別이라고 하는

데, '모호한 것을 나누어 다르게 만들면' 분명分明해집니다. 구분을 지으면 알게 되는 것입니다. '안다'는 말에는 여러 의미가 있고 구분하여 알게 되는 것도 그중 하나죠.

나누어 명확해지는 것들의 예는 신분身分이나 직분職分 등이 있습니다. 사람들은 예로부터 계급과 직책을 나누어 자신과 타인의 역할을 분명히 해 왔습니다. 인간 사회의 모든 조직과 제도는 이러한 과정 속에서 만들어지고 또 소멸되었습니다. 이해理解하다라는 말에도 풀 해解 자가 들어가는 걸 보면 알게 된다는 뜻에는 분명 뭔가를 해체하고 잘게 조각내는 과정이 포함되는 것 같습니다.

주목할 것은 일본인들의 '앎'이라는 개념에서는 이 구분分이라는 과정이 매우 중요하다는 사실입니다. 그러니 '알다'라는 말에 나눌 분 자가 들어가 있는 것이겠지요. 그러다가 일본인들의 이러한 인식이 드러나는 예를 하나 찾았습니다.

한국과 일본의 심리학 용어는 대체로 비슷하지만 몇 군데 재미있는 차이가 있습니다. 그중 대표적인 것이 self의 번역어입니다. 자신을 독립적인 존재로 보는 서양 개인주의 문화권의 사람들은 어릴 때부터 객관적으로 자신을 관찰하고 개념화하여 자신의 행동의 기준이 되는 셀프라는 개념을 발달시켰습니다.

자신을 그런 방식으로 생각해 본 적이 없는 한국과 일본 등 동양 집단주의 문화권에서 셀프는 생소한 개념입니다. 따라서 새로운 번역어를 만들어 내야 했는데 이 셀프를 한국에서는 스스로 자自에 몸 기己를 써서 '자기自己'라 옮기지만 일본에서는 몸 기 대신 나눌 분分을 써서 '지분自分'이라 합니다.

자신의 몸己이나 구분되는 자신分이나 다른 이들과 다른 '나self'를 뜻하는 것은 같습니다만 기己와 분分의 사용은 분명 다릅니다. 한국인들이 셀프를 나라는 '몸을 가진 개체己'로 본다면 일본인들은 '다른 이들과 구분되는 존재分'로 파악한다는 뜻이겠지요.

이때 '구분된다'는 뜻은 타인과 별개로 독립적independent이라는 의미가 아니라 타인과의 관계 속에서interdependent 자신에게 주어진 역할 등으로 구분된다는 의미에 가까울 것으로 생각됩니다. (마찬가지로 한국인 자기의 성격도 관계 안에서의 개체성이라고 보는 것이 맞을 것 같습니다.)

분分이 들어가는 말들 중, 가장 일본적인 것은 본분本分입니다. 물론 우리말에도 있는 표현이지만 그 의미와 활용 범위가 일본적이라는 말씀입니다. 본분은 일반적으로 사회 속에서 각자가 자리한 위치에 걸맞은 행동 양식 전체를 가리킵니다.

사회심리학자 미나미 히로시는 이 본분이 일본인의 생활을 하루 24시간에 걸쳐 구속한다고 주장합니다. 본분의 속박은 시간 뿐 아니라 공간을 초월하여 영향을 미칩니다. 예를 들면, 어떤 회사의 직원은 회사 밖에서도 직원의 본분이 있으며 학생에게는 학교 밖에서도 학생의 본분이 있어 그것에 걸맞게 행동해야 하는 것입니다.

이렇듯, 나눈다分는 것은 일본인들의 심리를 이해하는 데 가장 중요한 개념이라 할 수 있겠습니다. 그러고 보니, 일본인들은 모든 것이 분명하게 구분된 상태를 이상적으로 생각하는 경향이 있는 것 같습니다. 아는 것이 모르는 것보다 훨씬 바람직하기 마련이죠. 무대와 관객이 분명히 나뉜 전통극이나 혼네와 다테마에로 나뉜 대인 관계, 자신에게 주어진 직분에 충실한 직업의식 등이 그 예라고 할 수 있겠습니다.

한편, 우리말 '알다'는 어떤 의미를 담고 있을까요? 국어사전에 보면 '의식이나 감각으로 느끼거나 깨닫다'라고 나와 있습니다. '깨닫다'의 어원은 '깨다'와 '알다'의 합침말이라고 돼 있는데 어째 설명이 돌고 도는 느낌입니다. 이 외에도 확실친 않지만 '깨다+닿다'의 합성어라는 설도 있는 것 같습니다.

말이라는 게 그렇습니다. 늘 자연스럽게 쓰고 있지만 그게 어디서 왔는지는 알기 어려운 법이죠. 그러나 '알다'의 뜻풀이에 나오는 '깨닫다'에서 한국인들이 생각하는 '알다'의 의미를 약간이나마 짐작할 수 있을 것 같습니다.

그것은 '깨다'입니다. 깨다+알다나 깨다+닿다에 모두 '깨다'가 나옵니다. 한국인의 '앎'에는 '깨다'라는 개념이 중요하다는 뜻일 테죠. '나누어야' 알게 되는 일본인들과 달리 한국인들은 '깨야' 알 수 있다고 생각하는 모양입니다.

'깨다'는 기존에 있던 어떤 것을 파괴한다는 뜻입니다. 기존에 있는 것들을 잘 '나누어서' 알게 된다는 느낌이 아니라 기존의 개념을 '깨어서' 새로운 개념으로 확장한다는 뜻에서 '깨다'가 알게 된다는 뜻의 '깨닫다'에 들어간다고 보는 것이 타당해 보입니다.

이런 차이는 또 어디서 왔을까요? 문화에 대한 질문은 계속해서 또 다른 질문으로 이어집니다. 이러한 질문에 대답하다 보면 한국과 일본의 문화적 차이와 거기서 비롯된 한국인들과 일본인들의 마음의 차이도 짐작해 볼 수 있을 겁니다.

물론 기껏 찾아낸 답도 정답이라는 보장은 없습니다. 그걸 검증할 방법도 없고요. 하지만 내 주위에 일어나고 있는 일들에 대해 이런저런 생각을 해 볼 수 있다는 것이 문화를 공부하는 매력이 아닐까요? 그 생각들 중 하나가 내가 궁금해하던 것들에 대한 새로운 관점을 제시해 줄 수도 있으니까요.

다른 나라 문화를 본받기 어려운 이유

우리는 흔히 다른 나라의 문화를 본받자는 말을 합니다. 특히 언론에서 많이 등장하는 나라가 일본인데요, 우리와 지리적, 역사적으로 가까운 나라이기도 하고 또 우리가 겪고 있는 발전 과정을 먼저 겪은 나라라는 점에서 그럴 수 있겠다 싶습니다.

대표적으로, 뭐 하나 대충 안 만드는 장인 정신을 본받자, 깨끗한 거리를 본받자, 질서를 잘 지키는 시민 의식을 본받자, 노벨상을 척척 받는 과학계를 본받자, 게임과 애니메이션을 잘 만드는 상상력을 본받자, 하다못해 일본은 축구에 지고도 로커룸 청소를 하고 간다며 이런 건 본받아야 한다는 뉴스까지 뜰 정도입니다.

일견 옳은 말씀입니다. 우리 사회는 많은 문제점을 가지고 있고 문제들을 해결하기 위해서 다른 나라들의 사례를 참고하는 것은 당연히 해야 할 일이기도 합니다. 그러나 다른 문화를 본받는 데에는 유의해야 할 점이 있습니다. 바로 두 나라의 문화적 배경을 고려해야 하는 것이죠.

사람들의 행동은 그들이 사는 문화에서 비롯된 것입니다. 잘 기능하는 어떤 나라의 문화는 그 나라 사람들이 자신들의 역사적, 환경적 조건에서 잘 살아가기 위해 만들어 낸 산물이죠. 그런 것들을 다른 나라에 그대로 도입한다? 아무런 부작용이 없을까요?

지금까지 교육이나 복지, 경영 등 외국의 훌륭한 제도나 문화를 국내에 도입하려는 수많은 시도가 있었습니다만 그 결과는 어땠던가요? 수험생들은 매년 달라지는 입시 제도에 혼란스럽고 경영이나 행정도 그 수장이 바뀔 때마다 달라지는 방침 탓에 혼선을 겪습니다.

그러다가 원래 나라에서는 잘 진행되던 제도가 우리나라에서는 안 되는 이유를 미개한 국민에게서 찾곤 하는데요, 제도는 좋은데 국민들이 그걸 받아들일 수준이 안 됐다는 설명이죠. 정말 그렇습니까?

다른 나라의 문화를 본받는 일이 왜 어려운지 설명하기 위해 생물학 이론을 하나 빌려 오겠습니다. 수렴진화convergent evolution라는 개념인데요, 수렴진화란 계통적으로 관련이 없는 둘 이상의 생물이 적응의 결과 유사한 형태를 보이는 것을 뜻합니다.

　　대표적인 예로 익룡, 새, 박쥐의 날개를 들 수 있습니다. 익룡은 파충류이고 새는 조류, 박쥐는 포유류입니다. 그러나 세 종류의 생물은 환경에 보다 잘 적응하기 위한 결과로 날개를 갖게 되었습니다.

　　그러나 날개의 구조는 세 동물이 모두 다릅니다. 익룡은 넷째 발가락으로 피막으로 된 날개를 지탱하며 새는 발가락뼈들이 합쳐진 뼈에 깃털이 빽빽이 나 있고, 박쥐는 길게 자란 네 개의 발가락 사이에 피막이 덮여 있는 형태입니다. 날개를 갖고 있다고 해서 그 기원이나 비행 원리까지 같은 것은 아니란 뜻이죠.

　　이렇듯 자연에는 모습은 비슷하지만 그 기원은 전혀 다른 생명체들이 많습니다. 비슷한 환경에서 살아가기 위해 진화해 온 결과죠.

　　문화는 어떨까요? 물론 생명체와 문화는 같은 수준에서 논의하기 어려운 대상입니다. 그러나 문화가 변화해 가는 과정은 생명체의 진화와 유사합니다. 생명체나 문화가 변화하는 이유는 개체의, 그리고 집단의 '생존'이기 때문입니다.

　　생물이 생존을 위해 환경에 최적화되어 가는 것이 진화라면,

사람들이 생존을 위해 환경에 최적화한 결과가 바로 문화라고 할 수 있지요. 사람들이 살아가는 환경(자연적+사회적)이 계속해서 변화하면서 집단의 문화는 생명체가 진화하는 것처럼 변화하기 마련입니다.

하지만 사람들은 박쥐와 새의 차이는 잘 알면서 문화와 문화의 차이는 그렇게 중요하게 생각하지 않는 것 같습니다. 사람 사는 게 다 비슷하다는 거죠. 이를테면, 심리학에서는 한국과 일본을 같은 집단주의 문화권으로 분류합니다.

그러나 살아온 환경과 역사가 다른 두 나라의 문화를 그냥 '집단주의' 한 마디로 퉁치는 것이 과연 타당한 일일까요? 그것도 과학적 학문을 표방하는 심리학이 말입니다.

한국과 일본의 사회현상을 보면 분명 '집단주의적'임에도 불구하고 그 이유가 달라 보이는 것들이 있습니다. 예를 들면, 명품 소비의 경향성입니다. 루이비X 같은 명품은 한국과 일본에서 모두 많이 팔리지만 각각 다른 패턴이 나타납니다.

일본에서는 한 브랜드(루이비X) 내의 같은 제품이 많이 팔리는 데 비해 한국에서는 같은 브랜드의 여러 제품군을 구매하는 경향이 있다고 합니다. 겉으로 보기에는 두 나라 사람들이 명품을 많이 산다는 공통점이 있지만 말이죠.

전형적인 집단주의적 해석으로 이러한 소비 패턴을 분석하면 이렇습니다. 집단에 속해야 안정감을 느끼고 집단 내 조화를 추구하는 집단주의 문화 사람들은, 자기가 속한(혹은 속하고 싶어 하는) 집단의 표상으로서 특정 상품을 구매한다는 것이죠.

크게 보면 틀린 얘기는 아닙니다. 새, 박쥐, 익룡, 곤충, 날다람쥐가 날개를 갖고 있는 것처럼 말이죠. 그러나 현상 이면의 의미는 같지 않습니다.

일본인들이 특정 브랜드의 제품을 구매함으로써 나도 그 집단에 속했다는 안정감을 추구한다면, 한국인들은 특정 브랜드의 제품을 구매함으로써 내가 다른 사람과 구별되는 존재라는 욕구를 충족한다고 할 수 있습니다.

이렇듯 문화에는 비슷해 보이는 현상이지만 서로 다른 심리적 원인에서 비롯되는 것들이 있습니다. 생물학에서의 수렴진화와 유사한 과정이라고 할 수 있죠. 이것이 다른 문화를 '본받기' 어려운 이유입니다. 어떤 문화에는 그 나름의 이유가 있기 때문입니다.

박쥐가 새가 나는 것이 부럽다고 새의 날개를 본받을 수는 없는 노릇입니다. 아무리 새처럼 날갯짓을 해 봐야 피막이 사라지고 깃털이 돋지는 않을 겁니다. 당연히 박쥐가 새처럼 날게 될 일은 없겠죠. 박쥐는 박쥐가 나는 방식대로 납니다. 새의 경우도 마찬가지고요.

따라서 서로 다른 두 문화를 비교할 때는 그 구조와 기능을 이해한 후 같은 차원의 비교가 이루어져야 합니다. 겉으로 표출되는 모습이 유사하다고 그 기능이 같으리라는 보장이 없으며 같은 기능을 한다고 해서 그 기제가 같으리라는 법이 없기 때문이죠.

그렇다고 다른 문화를 전혀 본받을 필요가 없다는 말씀은 아닙니다. 세계의 다른 모든 문화처럼, 우리 문화도 완전무결하지는 않습니다. 문화는 변화하는 환경과 사람들의 욕구에 맞게 끊임없이 변화하고, 또 변화해야 합니다.

다만, 다른 문화를 본받기 위해서는 그 배경을 알아야 한다는 말씀이고요. 다른 문화를 따라가기 전에 우리 문화에 그와 비슷한 기능을 하는 부분은 없을지 찾아보자는 것이죠. 그래야 다른 문화를 본받으려는 원래의 목적(우리가 더 잘 살기 위해)에 충실할 수 있고, 그 과정에서 불필요하게 스스로를 비하하는 일을 막을 수 있습니다.

4부

한국인과 일본인의
심층 심리

4부는 한국과 일본 두 나라 사람들의 마음을 이루는 가장 본질적인 부분에 대한 이야기들입니다. 앞선 글들이 한국 vs 일본으로 이루어져 있는 데 반해 여기서는 한국인과 일본인의 마음을 따로따로, 대신에 좀 더 깊이 다뤄 보려고 합니다.

　한국과 일본의 문화는 어떤 하나의 기준에 대한 생각에서 갈라지는 것 같습니다. 그것은 바로 '경계'입니다. 선 또는 벽이라고 해도 좋겠습니다. 경계는 나와 남을, 내부와 외부를, 내 세계와 바깥 세계를 나누는 기준입니다.

　한국인들에게, 일본인들에게 경계란, 선이란, 벽이란 무엇일까요? 그들은 왜 그러한 생각을 갖게 되었을까요? 앞서 살펴본 한일 양국의 문화 현상들과 스스로도 왜 그러는지 모르고 하는 두 나라 사람들 행동의 가장 근원적인 이유를 어쩌면 여기서 찾을 수 있지 않을까요?

한류는
어디서 비롯되었을까

한류韓流는 이제 부정할 수 없는 세계적 문화 현상입니다. 아시아 일부 나라의 드라마 열풍으로 시작됐던 한류는 K-팝과 영화를 넘어 K-뷰티, K-푸드, K-의료 등 다양한 분야로 확산되고 있습니다. 초창기에는 여러 모로 한류를 인정하지 않던 사람들도 일이 이렇게 되다 보니 이제는 받아들이고 있는 추세입니다.

과연 한류가 가능할 수 있었던 이유는 무엇일까요. 경제성장에 따라 발달한 문화 인프라, 꾸준히 자기 분야에서 최선을 다해 온 예술인들의 노력, 인터넷과 유튜브 등 새로운 매체의 발달 등 여러 요인이 있을 수 있겠지만, 한국 문화와 한국인들이 가진 심리적 특성도 한몫했을 거라 생각됩니다.

외신이나 매체 관계자들이 한류에 대한 이런저런 분석을 내놓고 있습니다만, 주로 콘텐츠 자체에 대한 분석이고 한류와 한국 문화의 연관성을 언급한 것들은 거의 없습니다. 학계(?)에서도 나름 이 한류라는 현상이 어디서부터 비롯되었는지 답을 찾으려는 노력들이 이루어지고 있습니다(심리학계는 아닙니다).

저도 자료를 찾을 겸 여러 학술지들을 살펴본 적이 있는데요, 고구려 무용총 벽화의 그림과 소녀시대를 연관 짓는 시도부터 해서 유교 경전에서 싸이의 코믹함을 찾으려는 모습까지……아주 흥미로운 연구들이 많았습니다. 물론 저는 하나도 동의할 수 없었지만 말이죠.

한류는 당연히 한국 문화에 그 뿌리를 둘 것입니다. 어떤 방식으로든지 말이죠. 그러나 싸이의 말춤이 수렵도의 기마 인물에서 유래했다든지 한글의 우수성이 한류 확산의 주 원인이라는 주장으로는 당장은 신기하고 기분은 좋겠지만 제대로 된 답에 접근할 수 없다는 것은 분명해 보입니다.

이렇듯 1차 사료에 가까운 자료와 현대의 문화 현상을 직접 연관 지으려는 시도는 무리가 있습니다. 고대에 춤추고 노래했다는 기록이 있는 민족이 우리만은 아니니까요. 역사적 자료에 나타난 과거 한국인들의 모습이 당대 다른 나라 사람들과 뚜렷이 다르고 그러한 속성이 현대 문화 현상에 나타난 현대 한국인들의 '심성'과 공통점이 있다는 식의 주장이면 몰라도 말입니다.

사람들은 현대 한국인들의 많은 특성이 현대에 습득된 것이라 생각하는 경향이 있습니다. 과거 유교 문화와 집단주의 문화의 영향으로 자기 표현도 못 하고 즐길 줄도 모르고 살아왔던 한국인들이 현대의 경제 발전과 문화 개방의 영향으로 개인주의화되면서 자기주장도 강해지고 문화 예술도 발전했다는 식이죠.

그러나 한국인들의 어떠한 측면은 역사적으로 꽤 오랜 뿌리를 갖고 있습니다. 몇 가지 역사적 기록을 통해 한국인들이 지닌 심성의 뿌리를 더듬어 보도록 하겠습니다.

현종실록 1662년 7월에는 전남 무안의 어민 열여덟 명이 풍랑으로 떠돌다 오키나와까지 갔던 기록이 남아 있습니다. 말이 통하지 않아 한동안 쩔쩔매던 두 나라 사람들. 그런데 왜인지 오키나와인들이 갑자기 북을 갖다 주자 조선인들은 북을 치며 춤추고 노래를 불렀답니다. 그러자 오키나와인들이 "아, 저들이 조선인이구나!" 하며 조선말을 아는 사람을 연결해 줘서 조선으로 돌아올 수 있었다고 합니다.

오키나와인들은 북 치고 춤추고 노래하는 사람들을 보고 그들이 조선인이라는 것을 어떻게 알 수 있었을까요? 적어도 오키나와인들이 다른 나라 사람들과는 달리 조선인들이 '북 치고 춤추고 노래 부르며 논다'는 사실을 알고 있었다는 얘깁니다.

'북 치고 춤추며 노래하는 조선 사람'의 이미지는 보다 고대로 거슬러 올라갑니다. 중국 사람들은 자신들을 궁리진성窮理盡性의 사람들로, 한국 사람들을 고무진신鼓舞盡神의 사람들로 묘사해왔습니다. 궁리진성이란《주역》에 나오는 말로 마음을 다해 이치를 탐구한다는 의미이고, 고무진신이란 신명을 다해 북 치고 춤춘다는 뜻이죠.

고무진신이라는 말은《삼국지》〈위지〉 동이전의 동이 사람들은 한번 놀면 며칠을 밤새워 술 마시고 북 치고 춤을 춘다는 기록에서 왔으리라 추정됩니다. 고대 중국인들이 이미 한국인(동이족)들을 그들과는 다른 심성을 가진 사람들로 이해하고 있었음을 알 수 있는 이야기입니다.

시대가 바뀌고 과거의 많은 문화가 사라졌지만 이 부분(술 마시고 춤추고 노래하는_feat. 북)은 현재도 변함없어 보입니다. 그만큼 한국인들의 본성과 가장 가까운 모습이 아닐까 합니다. 전쟁과 기근, 참화가 나라를 휩쓸었어도 이 모습은 사라지지 않았습니다. 현대 들어서도 일제강점기 및 전쟁 등으로 일시적으로 사라진 것처럼 보였을 때도 있었지만 이 모습은 어딘가에 남아 면면히 흘러왔습니다.

그게 건전한 맥락이었든 건전치 못한 맥락이었든 말이죠. 기쁜 일이 있어도 슬픈 일이 있어도 날이 좋으나 궂으나 (음주) 가무는 역사 속에서 한국인들과 함께해 온 우리 문화였던 것입니다.

춤과 노래는 헤아릴 수 없는 옛날부터 인류와 함께했습니다. 춤과 노래를 통해 사람들은 시름을 잊고 기쁨을 표현하며 다른 이들과 돈독해질 수 있었죠. 한국의 역사에서 춤과 노래가 특히 중요했었다는 사실은 한국인들이 춤과 노래의 기능을 잘 알고 있었으며 그것을 삶에서 잘 활용해 왔다는 것을 의미합니다.

타고난 박치나 음치가 아니고서는 춤이나 노래나 자주 하면 잘하게 됩니다. 또한 볼 일이 많으면 감상하는 눈도 날카로워지겠죠. 함께하다 보면 상대와 호흡을 맞추거나 관객과 상호작용하는 법 또한 배우게 됩니다. 노래를 어떻게 불러야, 춤을 어떻게 춰야 잘하고 멋지게 보이는지, 사람들이 좋아하는지 알게 된다는 얘깁니다.

우리는 유치원부터 초중고, 대학교에 이르기까지 장기자랑을 합니다. 친척들이 모이면 아이들은 노래와 춤을 추죠. 술이 한

잔 들어가면 노래가 나옵니다. 잔치(파티)에 밴드가 오는 것이 당연하고 관광버스 안에서도 디스코 음악이 흘러나오죠. 산책하는 사람들도 (이어폰은 어디 두고) 음악을 들으며 노래를 흥얼거립니다. 때로는 말도 노래로 합니다(내가~ 그걸~ 어디다~ 뒀더라~~).

한국인들에게 노래와 춤은 문화적으로 학습되는 행위 양식에 가깝습니다. 한류는 그러한 문화가 특정 시대의 특정 조건을 만나 그 꽃을 피우게 된 것이죠. 예를 들면, 1990년대 이후로 오랜 시간 다져진 문화 산업의 인프라와 2000년대 들어 눈부시게 발달한 인터넷 기술 같은 것들 말입니다. (물론 한류스타가 되는 이들은 우리 문화에서도 매우 특출 난 사람들입니다.)

그렇다면 한국인들은 왜 노래와 춤을 좋아하게 되었을까요? 단지 그 기능을 취하기 위해서? 인간은 그렇게 목적적인 존재가 아닙니다. 운동이 몸에 좋다고 해서 모든 사람이 운동을 하는 건 아니지 않습니까. 문화의 기능은 구성원들의 마음속에 내재되어 스스로 부여한 의미를 바탕으로 자동적으로 작동하게 됩니다.

한국인들이 춤과 노래를 하는 이유는 우리가 쓰는 말에서 드러납니다. '흥'과 '신명'이 바로 그것입니다. 우리는 '흥'이 올라야 몸이 움직이고 '신'이 나야 몸이 풀리는 사람들입니다. 노래도 마찬가지겠죠. 과연 '흥'과 '신(명)'이란 무엇일까요?

왜 한국인들은
고속버스춤을 출까

봉준호 감독의 〈마더〉 마지막 장면에는 고속버스춤이 등장합니다. 황혼의 고속도로를 달리는 버스 안에서 무아지경으로 춤을 추는 우리 '어머니들'의 모습입니다. 봉준호 감독은 어렸을 때 본 고속버스춤의 강렬했던 인상을 영화의 마지막 장면으로 남겼습니다.

제게도 고등학교 때 우연히 목격했던 고속버스춤의 충격이 아직 남아 있습니다. 한국인들은 왜 이렇게 노는 것일까요? 아니, 왜 이렇게 놀아야 하는 것일까요? 30년 전 까까머리 고등학생은 멸종위기종 문화심리학자가 되어 이제 그 실마리를 찾아보려 합니다.

지금은 많이 사라진 모습입니다만 한국인들의 놀이 문화에는 꼭 '춤판'이 등장합니다. 다들 조금씩 살 만해졌던 1980년대 들어 '관광'은 한국인들의 중요한 놀이 문화가 되었습니다. 단체로 버스를 대절해서 명승지를 찾아가는 것이죠.

그러나 관광의 목적은 명승고적의 답사가 아니었습니다. 목적지로 향하는 버스 안에서, 관광지 입구의 공터에서 벌어지는 노래와 춤이 관광의 중요한 이유였죠. 정작 관광지에 도착하면 기념사진만 한 방 찍고 버스 옆에 쳐 놓은 천막으로 돌아와 춤판을 벌이는 모습을 흔히 볼 수 있었습니다.

집으로 돌아가는 버스에서까지 춤판은 계속됩니다. 아니 춤판은 절정에 달합니다. 일과 가족밖에 몰랐던 한국인들에게 '관광'은 한숨 돌릴 수 있는 일탈이었습니다. 한 치의 아쉬움도 남지 않게 하얗게 불태우는 것. 이것이 고속버스춤의 문화적 의미입니다.

고속버스춤은 대단히 한국적인 현상입니다. 사람들은 무엇에 홀린 듯 위험한 고속도로에서 몸을 흔들어 댑니다. 안전불감증, 천박, 교양 없음으로 이해되어 왔던 이 낯선 행위의 정체는 의식, 즉 제의ritual입니다. 제의란 어떤 목적을 갖는 행위입니다. 다시 말해, 고속버스춤은 제사나 종교의식처럼 문화적으로 약속된 행위를 하면서 문화적으로 구성된 어떤 기능을 수행해 왔다는 것일 테죠.

고속버스춤의 중요한 특징은 엄청난 몰입에 있습니다. 생각을 해 보십시오. 시속 100킬로미터로 달리는 버스 안에서 춤을 추려면 보통 집중력으로는 불가능합니다. 공간은 좁고 버스는 흔들립니다. 그러나 한국인들은 그 어려운 것을 해냅니다. 바로 몰입입니다.

몰입은 긍정심리학에서 보통 flow라는 개념을 의미합니다. 어떤 행위를 하면서 물 흐르듯flow 자연스럽게 빠져드는 상태죠. 그러나 고속버스춤의 몰입은 의도적인 측면이 강합니다. 춤을 추다가 자연스럽게 춤에 몰입하는 것이 아니라 처음부터 온몸과 마음을 다해 춤판에 뛰어드는 것입니다.

음악은 사람들의 이러한 몰입을 도와주는 역할을 합니다. 휴게소에서 많이 파는 고속도로 메들리의 노래들은 원곡보다 두어 배 빠른 박자로 편곡돼 있습니다. 아예 고속버스에서 틀기 위해 작곡되는 노래들은 말할 것도 없죠. 게다가 이 노래들에는 '이히~' '앗싸~' '살리고 살리고~' 등의 '추임새'가 함께 녹음되어 있습니다.

추임새는 우리 전통 예술의 용어로 음악 사이사이에 들어가 '춤을 추게 만드는 말'을 뜻합니다. '얼씨구 좋다' '잘한다' '지화자' 등이 그 예죠. 추임새는 지금 여기서 함께하는 사람들의 공감과 지지를 확인해 줍니다. '아, 여기선 춤을 추어도 되는구나' 하는 약속된 신호죠. 사람들은 더욱 빨리 그 상황에 몰입하게 됩니다.

이렇게 몰입하는 이유는 그 상황에서 자유로운 표현들이 가능하기 때문입니다. 고속버스춤의 동작은 단순한 것 같으면서도 개개인의 개성이 살아 있는 프리스타일, 즉 막춤입니다. 사람들은 자신의 흥에 따라 배운 적도 없고 정제되지도 않은 몸짓을 내놓습니다.

현대무용가 안은미 씨는 2015년 프랑스 파리의 한 축제에서 한국 아주머니들의 막춤을 주제로 공연을 열었습니다. 춤을 배워 본 적 없는 한국 아주머니들의 공연은 평단과 관객의 엄청난 호응을 얻었죠. 그들의 자유로운 표현이 사람들의 공감을 이끌어 낸 것입니다.

자유로운 표현은 내 감정을 이해하고 드러내는 데 도움을 줍니다. 쌓였던 스트레스를 해소하는 것은 물론, 몰랐던 자신의 모습을 발견함으로써 새로운 삶의 에너지를 찾게 하는 효과도 있습니다. 이러한 경험, 이러한 감정을 한국인들은 '신명'이라 불렀습니다.

신명은 고운 옷 차려입고 무대에 서는 예술인들에게서만 찾을 수 있는 것이 아닙니다. 신명은 먹고사느라 뭐 하나 제대로 배울 시간도 없었던 이들의 삶 속에 이어져 내려왔습니다. 힘들고 억울한 일 많은 민초들이 삶에 짓눌리지 않기 위해 끌어올리던 긍정적 에너지가 바로 신명인 것입니다.

따라서 고속버스춤은 신명에 도달하기 위한 제의입니다. 이 신명을 내기 위해 사람들은 긍정적 기분을 느낄 수 있는 행위에 몰입합니다. 빠른 비트의 음악은 감정을 고조시키고 함께하는 이들과의 공감은 이러한 감정을 더욱 끌어올리는 기폭제가 됩니다.

마침내 체면 때문에, 성격 때문에, 사회적 지위 때문에 평소에는 하지 못하던 그 어떤 행동도 허용되는 완벽한 자유의 순간이 찾아옵니다. 답답하던, 막혔던 기운이 터져 나와 자유롭게 흘러넘치는 순간입니다. 서로의 눈빛을 통해 이를 확인한 다음부터 그곳은 이미 신명의 세계입니다.

이 신명을 맛보기 전까지는 일상으로 돌아갈 수 없습니다. 잠시의 일탈이 끝나고 다시 일상으로 돌아가야 한다는 생각이 들 때, 신명을 향한 욕구는 더욱 불타오릅니다. 관광을 마치고 돌아가는 야밤의 고속버스가 춤판이 될 수밖에 없는 이유입니다.

이렇게, 한 점 아쉬움 없이 불태우고 나면 한국인들은 "후련하다"라고 말합니다. 달리 말해, 후련함을 느끼지 못하면 한국인들은 '논 것 같지 않'습니다.《삼국지》〈위지〉 동이전에도 나오는, 몇날 며칠씩 계속되었다는 한국인들의 놀이 문화의 근원이 여기 있습니다.

안전상의 이유로, 또는 교양 없고 천박해 보인다는 이유로 고속버스춤은 차차 현대 한국인들의 기억에서 잊혀져 가고 있습니다. 안전은 중요합니다. 하지만 남 보기 부끄럽다는 이유로 내다 버리기엔 고속버스춤의 문화적 기능은 결코 작지 않습니다.

고속버스가 아니더라도, 여러 사람 오가는 관광지가 아니더라도 마음 맞는 사람들과 함께 마음껏 자신을 표현해 보시기 바랍니다. 체면 같은 건 집어치우고 하얗게 불태워 보십시오. 한 점 아쉬움이 남지 않을 때까지.

신명이 당신과 함께하기를.

'한'이란 무엇일까

유튜브에 올라 있는 한국 노래(특히 애절한 발라드 유) 댓글에는 '나라 잃은 창법'이니 '한국인의 한이 느껴지는 목소리'니 하는 반응들이 많습니다. 한恨이란 무엇일까요? 나라를 잃은 느낌? 애절하고 슬픈 기분? 한은 정과 더불어 한국인의 대표적인 정서로 받아들여지고 있는데요, 정작 한이 무엇인지 제대로 알고 있는 사람은 흔치 않은 듯합니다.

문화적 개념이라는 것이 원래 그렇습니다. 알고 있고 익숙하지만 그것을 설명하기란 쉬운 일이 아니죠. 내가 보기엔 이게 맞나 싶지만 다른 누구는 또 그게 아니라고 합니다. 문화란 코끼리와 같아서 저마다 바라보고 이해하는 측면이 다를 수밖에 없죠

한국 문화를 묘사하면서 한과 유사한 개념을 최초로 언급한 사람은 일본인 미술평론가 야나기 무네요시일 것입니다. 그는 자연과 역사가 예술의 특성을 결정한다는 생각 아래 조선의 예술은 반도라는 지리적 환경이 주는 운명적인 역사와 관련이 있다고 주장했습니다.

'비애미'로 요약할 수 있는 그의 주장은, 조선은 반도적 성격 때문에 늘 외침에 시달렸고 그로 인해 괴로움과 슬픔의 역사를 갖게 되었으며, 그러한 역사적 경험이 조선 특유의 미감을 형성했다는 것입니다.

야나기 무네요시의 관점은 많은 학자에 의해 식민사관이라는 비판을 받았지만, 이러한 생각은 일제강점기를 전후하여 널리 전파되었고, 6.25와 분단, 군사독재 등 슬프고 고통스러운 현대사를 겪으며 한은 한국인의 대표적 정서로 알려지게 되었습니다.

과연 한은 한국의 슬픈 역사가 만들어 낸 정서일까요? 어떤 이들은 한 자체가 제국주의 시대에 일제가 우리나라를 폄하하기 위해 만들어 낸 개념이라고 주장하기도 합니다만, 여러 기록들을 보면 문화적으로나 역사적으로 한이 한국적인 정서임은 부정할

수 없습니다.

다만 한이 의미하는 것이 그렇게 어둡고 퇴영적인 것만은 아니라는 점은 짚고 넘어갈 필요가 있습니다. 문화적 개념이란 복합적이고 다층적인 구조를 갖고 있기 때문입니다. 이러한 점을 도외시하고 한국인들의 한은 한국의 어둡고 슬픈 역사에서 유래되었다고 생각하는 것은 확증편향일 뿐입니다.

그렇다면 한은 어떻게 만들어지고 경험되는 것일까요? 일단 '한국의 슬픈 역사'가 전부는 아니라는 말씀을 드립니다. 물론 집단의 공유된 역사는 문화적 정서 형성에 빼놓을 수 없는 요인이기는 합니다만, 더 중요한 것은 문화 구성원들의 '경험 방식'입니다.

요약하자면 한은 '어쩔 수 없고' '돌이킬 수 없는' 일 때문에 발생합니다. 즉, 한이란 통제 불가능한 이유로 발생하는 부정적 결과로 인한 정서죠. 어찌 보면 문화 보편적일 수 있는 이 감정을 '한국적'으로 만드는 것은 '주관성'입니다.

한국인의 감정 경험 방식은 상당히 주관적이라 이해되고 있습니다. 요약하자면, 한국인들은 자신에게 일어난 일들을 해석할 때 객관적 사실이나 다른 사람들의 관점과는 별개로 자기 본위의 해석을 하는 경향이 있다는 점입니다.

다시 말해, 부당한 피해나 상대적 박탈감과 같이 자신의 통제력이 미치지 못하는 상황을 매우 민감하게 받아들이고 또 부정적으로 해석하기 쉽다는 것이죠. 이는 특정 시기의 역사적 경험보다는 한국인의 문화적 경험 방식에 근거한다고 생각됩니다.

이어서 한의 문화적 의미와 기능에 대해 말씀드릴 차례인데요, 한의 의미를 이해하기 위해 우선 한의 경험 과정을 따라가 보도록 하겠습니다. 한은 처음에 억울이나 화 같은 활성화된 격렬한 정서로 경험됩니다. 그러나 신분제 사회였던 과거, 나에게 억울함과 분노를 준 사건이 쉬이 해결되긴 어려웠을 겁니다. 그러한 격렬한 정서를 오래 지니고 살게 되면 몸과 마음이 여러 가지 병에 걸리게 됩니다.

오래 해결되지 못한 억울함은 화병의 원인으로 꼽히기도 합니다. DSM-4에 실렸던 한국의 문화적 증후군이죠. 살아가야 할 날은 많고 병에 걸리는 건 내 손해입니다. 어떻게든 억울함과 화를 삭여 내야 합니다. 그래서 이루어지는 과정이 한의 경험 과정에서 가장 중요한 과정인 '내부귀인'입니다.

내부귀인이란 내가 경험한 사건의 원인을 내 자신에게서 찾는 것입니다. 사실 내가 겪은 억울함의 원인은 외부에 있습니다. 누군가가, 사회적 상황이 내게 부당한 피해를 야기한 것이죠. 그러나 위에서 말씀드린 대로 과거에는 그러한 부당함을 해결하기가 쉽지 않았습니다. 배움이 짧고 사회적 활동이 제한된 이들일수록 그러했겠지요.

그리고, 주관적 해석이 두드러지는 한국인들의 경험 방식 자체가 '부당함'에 민감한 것도 사실입니다. 현대 한국사회의 주요 키워드가 '공정'인 것도, 그 공정의 기준이 매우 상대적인 것도 여기에 원인이 있지 않을까 싶습니다.

내게 부당함을 느끼게 한 현실은 쉽게 바뀌지 않고 늘 화가 난 채로 매일매일을 견디긴 어려우니, 억울한 일을 당한 이유가 내게 있다고 생각하는 것이 '내부귀인'인 것입니다. 내가 못 배워서, 내가 힘이 없어서, 내가 돈이 없어서 이런 일을 당했다는 것이죠.

내부귀인의 결과는 '서러움'입니다. 서러움이란 통제 불가능에서 오는 무력감에서 비롯된 슬픔입니다. 내가 더 이상 할 수 있는 일이 없을 때 발생하는 자기 연민의 감정이죠. 여기에서 한의 첫 번째 기능이 나옵니다. 자신이 경험한 부정적인 사건의 원인이 결국 자기에게 있다고 인정해 버림으로써, 도저히 받아들일 수 없는 상황에서 상실했던 통제력의 출처를 확인하는 것이죠.

사람들은 통제감의 욕구를 갖습니다. 그리고 통제감의 욕구는 그 사람의 자존감과 정신 건강에 상당한 영향을 미친다고 알려져 있죠. 한이 발생하는 상황은 통제감의 상실을 의미하며, 통제감의 상실은 자기 가치감의 손상 및 그에 따르는 부정적인 결과들로 이어집니다.

이때 통제력의 행방을 찾는 것만으로도 큰 안정감이 듭니다. 도대체 내가 왜 이런 일을 겪었는지 알 수가 없는 와중에 그게 '내 탓'이라는 이유를 찾았으니까요. 주위에 대한 통제감을 획득하는 것은 귀인attribution의 중요한 심리적 기능입니다.

대다수의 백성이 자신에게 닥친 부당한 일들을 받아들여야만 했던 전근대 시대에 이러한 심리적 과정은 부정적 감정을 다스리는 중요한 기제였습니다. 억울함과 분노는 시간과 함께 삭여져 정조 내지는 성격 특성으로서의 한이 됩니다.

그러나 내부귀인의 효과는 여기서 끝나지 않습니다. 억울함의 이유는 찾았고 부정적 감정은 완화되었지만 아직 내게 부당함을 주었던 상황은 바뀌지 않았습니다. 내가 무력하기 때문이라는 자탄은 속을 태우고 입맛을 쓰게 하며 자기 연민에 빠지게 하죠. 어떤 사람들은 자탄과 자기 연민에 빠져 슬프고 어두운 나날을 보내기도 합니다.

그러나 어떤 사람들은 자기 연민에서 벗어나 상실한 통제감을 회복하려는 동기로 나아가기도 합니다. 한국 문화에서의 한의 의미가 여기에 있습니다. 한에는 잃어버린 것, 실현되지 않은 것에 대한 원통함이 있습니다. 그리고 그 원통함은 상황을 극복할 동기로 바뀌죠.

'내가 못 배워서 당했다'고 생각하는 사람은 공부를 하고, '내가 돈이 없어서 당했다'고 생각하는 사람은 돈을 벌려 하며, '내가 힘이 없어서 당했다'고 생각하는 이는 힘을 가지려 합니다. 그리고 언젠가는 내게 억울함과 서러움을 주었던 상황을 극복하는 결과로 나타나죠.

따라서 한국인들에게 한은 한번 생기면 죽을 때까지 벗어나지 못하고 슬픔에 빠져 있어야 하는 무엇이 아닌, 맺히면 풀어야하는 것입니다. 한이 풀리면 아주 그냥 기분도 좋고 에너지도 넘치는 감정이 찾아옵니다. 신명이죠.

이것이 옛사람들이 한과 신명을 함께 언급했던 이유입니다. 우리의 예술에는 '한과 신명'이라는 키워드가 항상 함께합니다. 가장 한스러운 춤이라는 '살풀이'는 진행될수록 역동적이고 힘찬 춤으로 바뀌어 갑니다. 제목 자체가 살'풀이'라는 점에 주목할 필요가 있겠습니다.

따라서 한을 어둡고 퇴영적인 정서로만 이해하는 것은 매우 모자란 이해입니다. 한은 반드시 풀어야 한다는, 신명을 경험해야겠다는 동기로 이어지기 때문입니다.

곰과 호랑이는 왜
사람이 되고자 했을까

◆◆◆

한국의 문화콘텐츠에는 변신을 주제로 한 작품이 드뭅니다. 평범한 사람이 힘을 숨기고 살다가 영웅으로 변신하는 미국식 슈퍼히어로물은 물론, 옆나라 일본이 원조격인 변신로봇물, 마법소녀물, 전대물도 없습니다.

그러나 한국의 옛이야기에는 변신 이야기가 많습니다. 한국 변신 이야기의 원조는 역시 단군신화입니다. 한민족 최초의 나라가 열리는 이야기인 단군신화에는 사람이 되기 위해 쑥과 마늘만 먹고 동굴 안에서 100일을 지내야 하는 호랑이와 곰이 등장합니다.

한국인이라면 누구나 알고 있을 이 이야기는 한국인들의 심성을 이해할 수 있는 가장 오래된 자료이자 한국에서 전승되는 여러 이야기들의 원형原型, archetype이라고 할 수 있는데요, 한국 문화에서 '변신'의 의미도 이를 통해 짐작해 볼 수 있습니다.

핵심은 변신의 동기입니다. 곰과 호랑이는 '사람'이 되고 싶어 환웅을 찾아갑니다. 사람의 모습으로 (환웅이 다스릴) 세상에 살고 싶어서죠. 사람 되기는 쉽지 않습니다. 100일간의 자가격리와 육식 금지라는, 곰과 호랑이 같은 상위 포식자들에게는 매우 어려운 퀘스트가 주어집니다.

2주간의, 그것도 풍족한 식품을 지원받는 자가격리도 어려운데 와이파이도 터지지 않는 캄캄한 동굴 속에서 쑥과 마늘만 먹으며 100일간 자가격리라니요. 다들 아시다시피 이를 견디고 사람이 된 것은 곰(웅녀)이었습니다. 환웅와 웅녀의 아들이 우리 민족의 시조, 단군입니다.

신화는 사실의 기술이 아닙니다. 우리는 이 이야기에서 곰이 사람이 될 수 있느냐, 우리가 과연 곰의 후손이냐를 따질 것이 아니라 이 이야기의 이면에 숨겨진 의미를 찾아내야 합니다. 역사가들은 단군신화에서 선진 청동기 문화를 가진 이주 집단(환웅)이 토착세력(곰과 호랑이)들과 융합하는 과정을 읽어 냈죠.

문화심리학자인 저는 '사람이 되고자' 하는 곰과 호랑이의 욕망을 강조하고자 합니다. '사람 아닌 존재'의 '사람이 되고자 하는 욕망'이야말로 한국 변신 이야기의 핵심이기 때문입니다.

한국의 변신 이야기들은 대개 사람 아닌 존재가 사람이 되는 모습을 보여 줍니다. 단군신화로부터 《삼국유사》에 나오는 '김현감호'의 호랑이, 우렁 각시, 지네 여인, 구미호, 손톱 먹은 쥐 등이 그렇습니다. 조금 성격이 다르지만 '은혜 갚은 까치'의 구렁이나 '여우 누이'의 여우도 있군요. 교과서에 실린 이야기도 있고 어렸을 때 읽었던 전래동화나 〈전설의 고향〉 등에서 수없이 접했던 전형적인 한국 설화들입니다.

세부적인 전개나 결론은 조금씩 다릅니다만 이 이야기들에서 공통적으로 나타나는 것이 바로 '인간이 되고자 하는 욕망'입니다. 호랑이, 여우, 쥐, 우렁이 등등은 사람과 어울려 살고 싶어서 사람이 되고자 합니다. 대표적으로 우렁각시의 변신 동기는 혼자 사는 노총각과 같이 살기 위해서였죠.

사람 가까이 살면서 사람들 사는 모습을 봐 왔던 동물들은 사람들이 부러웠고 사람이 되고 싶어 했다는 것입니다. 사람 사는 게 거기서 거기일 텐데 그들은 왜 그렇게도 사람이 되고 싶었을까요?

한국 변신 이야기의 중요한 특징 또 하나는 변신한 존재는 사람을 해치지 않는다는 점입니다. 물론 '은혜 갚은 까치'의 구렁이처럼 복수를 목적으로 한 변신도 있고 '여우 누이'처럼 본래 식습관을 이기지 못한 케이스도 있지만 '사람을 해치지 않는다'는 점은 한국 변신 이야기를 규정 짓는 중요한 속성이죠. 그러고 보면 '은혜 갚은 까치'의 구렁이도, '여우 누이'의 여우도 결국 사람은 해치지 못했네요.

사랑하는 김현을 위해 자신의 목숨을 내어 준 호랑이 처녀나 남편의 조급함과 배신에도 끝내 남편을 해치지 않은 구미호와 지네 여인이 그렇습니다. 손톱 먹고 사람이 된 쥐 역시 겉모습은 훔쳤을지언정 사람을 해치려는 의도는 크게 드러나지 않습니다. 제가 쥐였으면 손톱 임자부터 처치했을 것 같은데 말입니다.

사람이 되고자 한 존재들의 욕망은 사실 사람들의 욕망입니다. 인간 아닌 존재들이 사람이 되기를 간절히 원했다는 것은, 사람으로 사는 일이 그만큼 좋다고 여겼기에 가능한 생각입니다. 의외로(?) 한국인들은 전통적으로 사람들과 사람 사는 세상에 대해 상당히 긍정적인 생각을 갖고 있었습니다.

이른바 '개똥밭에 굴러도 이승이 좋다'는 겁니다. 이 '현세주의'는 한국 문화의 중요한 특징으로 꼽힙니다. 현실적인 문제에 집중해 왔던 유교의 영향일 수도 있고 그 이전부터 한국인들의 삶과 마음에 영향을 끼쳐 온 무속에 기인한다고 여겨지기도 합니다.

무속은 동북아시아 샤머니즘의 한국적 유형이라 할 수 있는데요. 샤먼(무당)이 천계로 올라가 신과 만나는 시베리아 샤먼과는 달리 한국의 신들은 당신들이 직접 무당의 몸으로 '내려옵니다'. 당장에 아무것도 부러울 것이 없는 천상의 존재 환웅도 인간 세상으로 내려왔죠.

환웅과 웅녀의 아들 단군은 제사장 겸 군왕으로 우리나라 무당들의 조상이 되는 분입니다. 전통적으로 한국의 종교는 신이나 내세에 대한 언급보다 인간의 문제를 직접적으로 다뤄 왔습니다. 이러한 특징은 후세의 유교와 결합하여 한국 문화의 현세주의적 또는 인간 중심적 측면을 강화하게 됩니다.

한편, '사람이 아닌 존재가 사람을 사랑하여 사람의 모습으로 사람 세상에 산다'는 전통 변신물의 코드는 현대 한국의 문화 콘텐츠에서도 반복됩니다. 변신이라는 형식보다는 그 본질이 여전히 전해오고 있다는 생각인데요, 드라마 〈별에서 온 그대〉나 〈도깨비〉가 대표적입니다.

외계인이지만 사람의 모습으로 수백 년을 살면서 만난 한 여자를 사랑하는 '도민준'. 산 자도 죽은 자도 아니지만 사람들 틈에서 수백 년을 살아왔고 한 여자를 사랑하는 '김신'. 이 드라마들의 구조는 지금껏 말씀드린 옛이야기들과 본질적으로 동일합니다. 좀 빈약해 보이는 요약이지만 원래 아무리 멋진 콘텐츠도 핵심 구조만 남겨 놓으면 별거 없어 보이니 양해 부탁드립니다. 한 마디로 한국에서 변신의 의미란 '사람이 되고 싶다' '사람의 모습으로 사람 세상에 살고 싶다'는 욕망과 관계가 있다는 것이죠.

마지막으로, 한국에서 변신의 의미를 다른 문화권들의 변신과 비교해 보겠습니다. 내면의 악이 자신을 침식할지 모르는 두려움을 표현한 서구 개인주의 문화권의 변신과 현실의 내가 아닌 더 크고 멋진 내가 되려는 욕망의 표출인 일본의 변신에 비해, 한국의 변신은 '다른 존재들도 나처럼 되고 싶을 거라는 생각'에서 비롯됩니다.

써 놓고 보니 웬 근자감인가 싶은데요, 사실 근자감은 한국인 심리의 중요한 한 축입니다. 문화심리학에서 한국인들은 '자기 가치감'이 높은 이들로 규정된다고 말씀드렸습니다. 내가 왠지 다른 사람들보다 잘났을 것 같다는 느낌적인 느낌을 강하게 갖고 있는 사람들이란 거죠.

정리하자면, 서양의 변신이 자기의 일관성을 유지해야 하는 개인주의 문화의 압력에서 비롯되었고, 일본의 변신이 개인에게 주어진 사회적 역할 이외의 선택지가 매우 적은 일본 문화적 특성에서 유래되었다면, 한국의 변신에는 자신을 대단한 존재로 바라보는 한국인들의 생각이 반영되어 있다고 볼 수 있을 것 같습니다.

프로불편러들의 나라

•••

한국에는 참 불편한 분들이 많습니다. 남들이 보기에는 별것 아닌 일들에 크게 불편해하는 분들이죠. 이들을 이르는 '프로불편러'라는 용어가 있을 정도입니다. 프로불편러들의 사례를 보다 보면 아무리 저마다 생각하는 바, 느끼는 바가 다르다지만 참 불편한 일도 많다는 생각이 절로 듭니다.

불편함의 토로는 변화의 요구로 이어집니다. 녹아내린 슬리퍼, 길에서 익어 가는 계란프라이 등 재치 넘치는 표현으로 인기가 높던 '대프리카' 대구의 조형물들은 대구의 이미지를 저해한다는 한 시민의 신고로 하루아침에 철거되었습니다. (이후 아쉽다는 시민들의 요구로 다시 설치되었다네요.)

술집에서 만난 유치원 선생님에게 '교사로서 이런 모습' 불편하다며 문자를 보내는 학부모, 어버이날에 부모님 없는 사람들이 상대적 박탈감을 느끼니 어버이날을 평일로 돌리자는 사람, TV에 나오는 연예인들의 복장, 헤어스타일, 방송 태도를 지적하는 사람들…….

지하철 운전석에는 에어컨 온도가 낮으면 춥다는 민원이, 조금 높으면 덥다는 민원이 들이닥치고, 독서실에서는 슬리퍼 끄는 소리, 책장 넘기는 소리부터 옆 사람 숨쉬는 소리까지 불편하다는 쪽지가 붙습니다. 이 모든 행동은 자신이 불편하다는 이유로 다른 이들의 행동을 변화시키려는 의도에서 비롯된다고 볼 수 있습니다.

물론 개중에는 긍정적인 불편함도 있습니다. 우리 사회에는 당연한 듯 전해왔던 부당한 관행들이 존재합니다. 상사, 선배 등 손윗사람의 자연스러운 갑질이나 능력보다 지연, 학연을 우선하는 세태, 외모나 성별로 사람을 판단하려는 경향 등 한국 사회가 보다 좋은 방향으로 나아가기 위해 개선해야 할 분야들이 많습니다. 또한 그러기 위해서는 불편함을 느끼고 이를 토로하는 이들이 많아져야 하겠죠.

그러나 프로불편러들이 제기하는 문제들 중에는 그것이 정말 불편한 것이어서 우리 모두가 개선의 노력을 기울여야 할지 판단하기 애매한 것들도 많습니다. 이를 테면, 매년 개최되는 산천어 축제가 수십만 생명을 학살하는 것이기 때문에 금지해야 한다는 주장이 있습니다. 인간의 오락을 위해 동물들의 희생을 당연시해서는 안 된다는 것이죠.

희생되는 동물에 공감하는 것은 이해 가는 측면이 있지만, 산천어 축제로 유지되는 지역사회의 경제에 대한 대안이나 인간이 하루에 6억 마리씩 먹어 치우는 닭 같은 다른 동물들과의 형평성은 솔직히 부족해 보입니다.

비슷한 예로, 서비스업 종사자들이 아줌마, 아저씨, 어머님이라고 부르는 호칭이 불편하다는 이야기가 있습니다. 자신은 결혼도 안 했고 아이도 없는데 그렇게 불리면 기분이 나쁘다는 것이죠. 그러나 아줌마, 아저씨는 타인의 존재를 가족의 범주에서 인식하는 한국 문화에서 비롯된 호칭으로 누군가를 비하하는 표현이 아닌 엄연한 존칭입니다. 당신은 내 가족이 아니니 가족 호칭으로 부르지 말라는 논리라면 고객들도 식당 종업원 분들에게 이모님이라고 불러서는 안 되겠죠.

이러한 이슈들은 우리 사회가 변화하면서 다양한 가치들이 혼재하게 되었기 때문에 문제가 되는 것들입니다. 사회가 변함에 따라 가치관이 빠르게 변화하면서 과거에는 당연하다고 여겨지던 것들이 불편해지기도 하죠. 예를 들어, 1990년대만 해도 사람들은 아무 데서나 담배를 피웠지만 지금은 온갖 욕을 먹습니다.

중요한 것은 사회 구성원들 사이의 합의입니다. 많은 사람이 동의하는 불편함은 문제 해결의 초석이 될 수 있습니다. 그러나 나 혼자만 느끼는 불편함을 다른 이들에게까지 강요하는 것은 조금 그렇습니다. 하지만 한국에는 그런 사람들이 꽤 보입니다. 적어도 그런 '유형'의 사람들이 존재하는 것은 확실해 보입니다.

여러 가지 원인이 있지만 한국인들이 느끼는 불편감의 가장 큰 원인은 주관성에서 찾을 수 있습니다. 주관성이란 경험에서 '내가 느끼고 받아들인 부분'입니다. 같은 시간에 같은 사건을 경험한 사람들의 기억이 모두 같지 않은 이유죠.

문화심리학에서는(저는) 한국인들의 '자기 중심적' 해석이 한국인 심리의 중요한 특징이라고 생각하고 있는데요, 여기에는 높은 자기 가치감과 타인에게 영향력을 미치고 싶어 하는 주체성 자기가 작용할 것으로 추정됩니다.

"내가 볼 때는~"으로 시작하는 한국인들의 언어 습관은 이러한 주관성을 엿볼 수 있는 결정적인 사례입니다. '내가 볼 때' 앞에서는 어떤 객관적 증거나 반론도 힘을 잃는 경우가 많습니다. 이러한 자기 중심적인 경험 방식은 내 기준에 맞지 않는 모든 것이 불편하다고 인식하게 하기 쉽죠.

불편함은 내면의 안정이 깨어질 때 경험되는 감정입니다. 서 있는 바닥이 기울었거나 누워 있는 바닥이 울퉁불퉁할 때 불편을 느끼는 것처럼, 사람들은 자신의 상식이나 신념에 도전을 받을 때 불편함을 느낍니다. 그리고 그것은 일차적으로 개인(주관성)의 영역입니다. 내가 볼 때 불편하다는데 누가 뭐라 하겠습니까.

문제는 내가 느끼는 불편함을 타인에게 공감받으려면, 그리고 타인들의 공감을 바탕으로 세상을 변화시키려면 내가 느끼는 불편함이 얼마나 사회적 합의를 이룰 수 있느냐를 판단해야 한다는 데 있습니다. 세상은 나만 사는 곳이 아니기 때문입니다.

불편함은 결코 긍정적 정서라 하기 어렵습니다. 불편함과 같은 부정적 정서들은 당연히 행복을 느끼는 데 방해가 됩니다. 한국인들의 행복도가 낮은 이유 중에는 불편함을 쉬이 느끼는 우리의 마음 경험 방식도 한몫했을 겁니다.

그러나 반드시 기억해야 할 사실이 있습니다. 세상을 바꾸는 이들은 불편을 느끼는 사람들이라는 것입니다. 사회적 합의를 찾아가려는 노력과 불필요한 감정 싸움을 줄이려는 지혜가 뒷받침 된다면 프로불편러들의 불편감은 사회를 변혁하는 원동력이 될 수 있습니다.

한국에 사는 우리들은 늘 우리나라가 별로라고 불평했지만 한국은 누구도 몰랐던 사이 세계에서도 손꼽히는 '편한' 나라가 되어 있었던 것처럼 말이죠.

드립의 민족

역사적으로 한국인들을 '풍자와 해학의 민족'이라고 합니다. 문학과 예술을 비롯한 우리 문화의 전반에 풍자와 해학이 깃들어 있기 때문인데요, 민화 〈까치 호랑이〉에 그려진 얼빵한 표정의 호랑이와 놀리는 듯한 까치의 시선은 한국인들의 해학을 가장 잘 표현하고 있다고 하죠.

풍자는 사회의 부정적 현상이나 인간의 모순을 비웃는 표현 방식입니다. 풍자의 심리적 기능은 공격입니다. 내게 부정적 감정을 불러일으킨 대상을 직접적으로 공격할 수는 없으니 말 그대로 '돌려 까는' 것이죠. 반면 해학은 화나고 슬프고 안타까운 장면을 웃음으로 승화시킵니다. 상황 자체를 우습게 만들어 버리는 것입니다.

계급적 질서가 지배하던 과거, 분하고 화나는 일을 당한 민초들이 억울함을 해소할 방법은 많지 않았을 것입니다. 그러나 삶은 계속되어야 합니다. 화나고 억울한 마음으로 하루하루를 살아갈 수는 없죠. 부정적 감정들을 견딜 만한 것으로 바꾸어 줍니다. 다시 말해, 풍자와 해학은 일상의 부정적 경험에 대처하는 한국인들의 방어기제였던 것입니다.

풍자와 해학은, 그러나 현실에 대한 순응과는 거리가 멉니다. 풍자와 해학에는 부정적 감정을 긍정적으로 바꾸어 주는 기능 외에도 저항 의지의 표출이라는 기능이 있습니다. 부당한 권위를 인정하지 않는, 삐딱하고 날카로운 정신이죠.

일제강점기 창씨개명에 대응하는 우리 조상님들의 개명 사례들을 보면, 犬糞食衛(이누쿠소 쿠라에, 개똥이나 처먹어라), 昭和 亡太郎(쇼와 보타로, 쇼와 망해라), 玄田牛一(쿠로다 규이치, '칙쇼'의 파자), 田農炳夏(덴노헤이카, 천황폐하와 동음) 등 서슬 퍼런 일제의 권력에 굴하지 않고 어떻게든 저항하려는 의지가 느껴집니다.

한편 풍자와 해학의 기본 원리는 파격, 즉 격식(형식)의 파괴인데요, 익숙한 상황을 깨고 맥락을 비틀어 웃음과 재미를 이끌어낸다는 것입니다. 일제강점기 진도 지역에서 불리던 〈거꾸로 아리랑〉에서 파격의 예를 확인할 수 있습니다.

〈거꾸로 아리랑〉이란 일제가 민족정신을 고취시킨다는 이유로 아리랑을 부르는 것을 금지하자 가사를 거꾸로 해서 불렀다는 노래입니다.

판대본일 리바각딸 의놈왜 들끼새

(일본대판 딸각바리 왜놈의 새끼들)

을칼총 고다찼 라마 을랑자

(총칼을 찼다고 자랑을 마라)

아리아리랑 스리스리랑 아라리가 났네

아리랑 응응응 아라리가 났네

신순이 이선북거 면가떠 실둥두

(이순신 거북선이 두둥실 떠가면)

은남다죽 들끼새자종 라리하 을살몰

(죽다남은 종자새끼들 몰살을 하리라)

이렇듯, 한국인들은 역사 속에서 풍자와 해학을 통해 억압과

핍박에 굴하지 않고 이를 웃음으로 승화하며 긍정적으로, 때로는 패기롭게 살아왔습니다. 그리고 그 정신은 현재까지 면면히 이어지고 있습니다.

한국에 인터넷 시대가 열린 후로 인터넷이라는 공간에서는 각종 패러디와 드립이 넘치고 있는데요, 단순히 재미를 추구하는 것들도 많지만 역시 현실에 대한 날카로운 비판을 담은 풍자형 패러디는 단연 한국 인터넷 문화의 백미라 할 수 있습니다.

2016년 전국을 뒤덮었던 탄핵 촛불집회에는 각양각색의 패러디들이 온라인과 오프라인을 뒤덮었습니다. 엄숙하기만 할 것 같은 시위 현장에 나타난 기상천외한 각종 단체의 깃발들은 당시의 분위기를 잘 보여 줍니다.

우리는 국정농단이라는 초유의 사태에 분노했지만 화만 내지 않았습니다. 좌절과 분노는 풍자와 해학의 옷을 입고 성숙하게 표출되었고 자칫 폭력을 부를 수 있었던 부정적 에너지는 긍정적 에너지로 화해해 탄핵에 이어 세계가 높이 평가한 평화적 정권 교체를 이뤄 낼 수 있었죠.

이런 재기 넘치는 깃발들과 함께 2016년의 광장은 공연과 떼창, 토론과 음식이 어우러진 신명 나는 한마당이었습니다. 언제 따로 말씀드리겠지만 파격은 신명의 중요한 요소이기도 합니다. 신명은 한국인들의 문화적 행동을 이해하는 데 매우 중요한 개념입니다.

지금도 한국의 온오프라인에는 오만 가지 패러디와 드립이 넘치고 있습니다. 풍자와 해학의 민족을 잇는 '드립의 민족'이라는 말이 전혀 어색하지 않습니다. 단순한 말장난이든 세태를 꼬집는 풍자든 간에 우리가 드립을 치는 이유는 분명합니다.

재미있으니까요. ^^

'찢었다'는 말은
어디서 왔을까

요즘 예능에서 유행하는 표현이 있습니다. 바로 '찢었다'라는 말인데요, 보통 '무대를 찢었다'처럼 주로 가수나 댄서의 퍼포먼스에 대해 감탄하는 맥락에서 사용됩니다. 많이들 들어 보셨고 일상에서도 가끔 쓰시는 분들 계실 겁니다. 대체 뭘 찢었다는 뜻일까요?

'찢었다'가 수식어로 나왔다는 얘기는 일단 그 퍼포먼스가 '대단했다' '굉장했다'는 의미입니다. '보통이 아니다' '평범하지 않다'라는 뜻도 포함되죠. 하지만 '찢었다'의 어감에는 뭔가 더한 것이 있습니다.

천이나 종이를 찢으면 '쫙' 소리와 함께 그 뒤에 있는 것들이 단번에 드러나게 되는데 대략 그런 느낌에 가깝다고 보시면 될 것 같습니다. 뭔가를 찢는 것처럼 강렬하고 충격적인 임팩트와 함께 일상의 분위기, 퍼포먼스 이전까지의 분위기가 한순간에 다 바뀔 정도로 그것이 대단했다는 의미일 것입니다.

어떤 현상이 유행하는 데는 이유가 있기 마련입니다. 유행어도 마찬가지죠. 이 '찢었다'는 표현이 한국에서, 특히 예술적 퍼포먼스를 형용하는 말로 자리 잡게 된 이유는 무엇일까요?

저는 신명 연구자입니다. 학계에서 이상한 사람 취급 받아 가면서 한국인들의 문화적 정서이자 동기로 이해되는 신명의 심리학적 의미와 과정을 연구해 왔는데요, 신명의 경험 과정에서 '찢었다'와 관련 있어 보이는 지점을 발견했습니다. 바로 제가 '파격'이라고 이름 붙인 신명의 측면입니다.

신명은 전통적으로 한국인들이 가장 좋고 가장 이상적이라고 인식해 왔던 상태입니다. 신난다, 신명 난다라는 상태는 일상적인 즐거움과 기쁨보다 한참 더 위에 있는 기분을 뜻합니다. 우리가 싱그러운 아침 햇살 속에 잔잔히 불어오는 바람을 맞으며 한 손에 방금 내린 커피 한 잔을 들고 "아이, 신난다"라고 하지는 않잖습니까?

신(명)이 날 때는 일단 생리적 반응부터가 훨씬 격해집니다. 가슴이 터질 듯 뛰고 숨이 가쁘며 자기도 모르게 펄쩍펄쩍 뛰어오르고 소리를 지르는 등 격렬한 기쁨을 표현하기 위한 격렬한 반응이 동반되죠. 마치 초자연적인 존재, 신神이 내 몸에 깃든 것 같은 상태. 사실 신명의 어원이 이겁니다.

그러한 격한 기쁨은 자신도 모르게 어느 순간에 갑자기 찾아오는 것이지만 몇 가지 조건이 필요합니다. 제가 찾은 신명의 조건 중에 '파격'이 있다는 말씀입니다. 파격이란 격식이 깨어지는 것을 의미합니다. 우선 한국인들은 일상을 지배하는 어떤 규칙이 깨어질 때 격렬한 기쁨을 느낀다고 이해할 수 있을 것 같습니다.

'찢었다'라는 감탄사가 의미하는 바가 여기 있습니다. 자신이 보고 있는 퍼포먼스가 이전까지의 분위기를 '찢고' 내게 새로운 감동과 쾌감을 줄 때 사람들은 '찢었다'라는 말을 하게 되는 것이죠.

신명은 명절의 '전통놀이 한마당' 같은 데나 있는 줄로 알 청년들이 무의식적으로 '찢었다'는 표현을 쓴다는 사실은 한국인들에게 신명의 DNA가 얼마나 깊게 또 널리 자리 잡고 있는지 나타내 주는 증거라 할 수 있습니다.

'찢었다'라는 표현은 보통의, 일반적인, 일상적인 것들로는 한국인들에게 감동을, 쾌감을 줄 수 없다는 것을 뜻합니다. 파격의 즐거움을 알기에 한국인들은 더 새로운, 더 멋진, 더 강렬한 표현을 찾으려 했고 그것이 현재의 한류로 이어진 것이 아닐까요. 저는 한류의 본질이 이 표현성에 있다고 믿는 사람입니다.

잠깐, 중간에 뭐가 하나 빠진 것 같습니다. 새로운, 전에 없던, 더 강렬한 것이 다 신명으로 이어지는 것은 아니라는 점이죠. 우리는 새롭기만 한, 전에 없기만 한, 강렬하기만 한 수많은 시도들을 목격해 왔습니다. 그러한 시도들로는 사람들의 공감을 얻을 수 없죠. 비웃음을 사지 않으면 다행입니다. 따라서 신명을 위한 파격의 가장 중요한 전제는 '공감'입니다. '찢었다'는 표현 역시 새롭고, 강렬한 퍼포먼스에 대한 공감에서 비롯되는 표현일 것입니다.

신명의 또 하나의 조건인 공감은 파격을 가능하게 해 주는 역할을 합니다. 나의 퍼포먼스, 나의 행위가 주위 사람들의 공감을 받고 있다는 생각은 안정감을 주죠. 내가 또 다른 뭔가를 해도 그들이 다 이해해 줄 것 같은 느낌입니다. 바로 그 느낌이 들 때 자유로운 표현이 나오는 것입니다. 전에 없던, 새로운, 나를 표현하기 위한 몸짓 말이죠. 그 몸짓에 다른 이들이 다시 한번 공감해 줄 때 신명의 쾌감은 극대화됩니다.

그 전까지의 쾌감, 나를 드러내고 표현하는 쾌감이 흥興이라면 나의 흥을 인정받고 거기에 내 안의 잠재력까지 마음껏 펼쳐 놓은 쾌감이 신명입니다. '나의 무엇인가를 마음껏 남김 없이 펼쳐 놓는다는 것'이야말로 신명의 본질이라 할 수 있죠.

한국인들이 흥이 많다는 이야기는 자기 표현의 욕구가 강하다는 뜻일 겁니다. 그리고 자기 표현의 욕구는 멍석이 깔릴 때, 즉 자신의 표현이 다른 사람들의 공감과 인정을 받을 때 그 진정한 잠재력을 발휘할 수 있죠. 퍼포머(행위자)의 흥을 이해하고 교감해 줄 사람들의 존재가 필요한 이유입니다. 여기가 신명의 집단화가 이루어지는 지점이죠.

신명은 퍼포머의 신명처럼 개인적으로 경험되는 부분도 있습니다만, 퍼포머의 행위를 감상하고 참여하는 이들에게 이어지는 집단적 신명도 있습니다. 퍼포머의 입장에서 '찢는다'는 것은 내 표현의 한계, 나를 제한해 왔던 한계를 찢고 자신의 세계를 확장하는 의미, 감상자 혹은 참여자들의 '찢는다'는 지금까지의 일상적 감상과 역할에서 벗어나 퍼포머가 창조한 새로운 세계로 들어간다는 의미일 것입니다.

퍼포먼스가 짧게 끝났다면 단순히 퍼포머의 짧은 신명과 감상자들의 일시적인 감상으로 끝나겠지만(보통 예능에서는 이 정도만 나오죠) 좀 더 전통적 의미의 신명은 이제부터가 시작입니다. '찢어진' 일상과 신세계의 경계, 퍼포머와 나의 경계를 뚫고 들어가 지금 이 순간을 함께하는 이들과 하나가 되어 나의 행위와 나를 구별할 수 없고 행위자와 참여자, 나와 네가 구분되지 않는 상태가 됩니다.

나를 표현한다는 즐거움, 남들이 나를 알아준다는 뿌듯함, 저 사람을 이해한다는 즐거움, 여기 있는 사람들이 다 같은 마음이라는 행복감. 지금 여기에는 이 사람들과 나만 존재하는 것 같습니다.

가수들의 공연에서 관객들의 떼창으로 하나가 되는 순간의 느낌일 것입니다. 노래 한 곡이 끝나는 것이 아쉬워 앵콜을 연호하고 다시 노래가 시작되면 가수와 관객이 한 덩어리가 되어 목이 터져라 노래를 부르고 너 나 없이 일어서서 뛰어오르는 시간들. 경험하신 분들은 제가 무슨 말씀을 드리는지 아시겠죠.

그렇게 후회 없이 모든 것을 풀어 내면 그간의 스트레스나 한으로 표상되는 부정적인 감정들마저 다 쓸려 나간 상태가 되는데 이 또한 신명의 한 국면입니다. 후련함과 시원한 해방감이 찾아오고 자신감과 뿌듯한 행복감이 빈 곳을 채우는 느낌이 들죠.

그야말로 무엇과도 비교할 수 없는 최고의 경험입니다.

　　한국인들은 문화적으로 이러한 상태를 경험해 왔고 또 이러한 상태가 되고자 하는 동기를 지닌 것 같습니다. 즐거운 일이 있으면 그 즐거움을 극대화하려는 노력을, 슬프고 괴로운 일이 있어도 그것을 극복하여 마침내 신명을 맛보고 말겠다는 노력을 기울이는 것이죠. 이것이 신명이 예술의 영역을 넘어 한국 문화와 한국인들의 삶에 미친 영향입니다. 한국인들이 자기 앞에 처진 경계(선)를 자꾸 넘(찢)으려는 이유이기도 하고요.

일본인은 왜 빈집에 돌아와서도 인사를 할까

일본어에는 특정 상황에 거의 반드시 사용하는 표현들이 있습니다. 예를 들면, 인사말도 오전용(곤니치와), 오후용(곰방와)이 정해져 있고 밥 먹기 전에는 "이타다키마쓰(잘 먹겠습니다)"라고 말해야 하고 외출할 때는 "잇테키마스(다녀올게)", 집에 돌아올 때는 "타다이마(다녀왔어)"라고 말하는 것 등입니다.

다년간 일본 드라마와 애니메이션을 보면서 신기하다고 느꼈던 점은 특정 상황의 표현들은 그 상황이 되면 언제나 어김없이 등장한다는 것이었습니다. 그중에서 제가 제일 이상하다고 생각했던 것은 주인공이 아무도 없는 빈집에 돌아올 때도 "타다이마"라고 말한다는 점이었습니다.

"타다이마"는 짝이 있습니다. "오카에리(어서 와)"라는 표현입니다. 돌아온 사람이 "타다이마"라고 말하면 집에서 맞는 사람이 "오카에리"라고 대답하는 것이죠. 그런데 맞아 줄 사람이 없는데 "다녀왔어"라고 말을 한다? 아무래도 어색합니다.

물론 우리말에도 해당 상황에 따르는 표현들이 있습니다만 한국인들은 해당 상황이어도 그런 표현들을 반드시 해야 한다고 생각하지는 않습니다. 여러분들 중에도 혼자 사시는 분들 많으실 텐데 집에 와서 빈집에다가 "나 왔어!" 하고 들어오시지는 않잖습니까?

저도 10년 정도 혼자 살아 봤지만 한 번도 그랬던 적이 없는 것은 물론 그래야겠다는 생각조차 해 본 적이 없습니다. 우리말에도 "다녀왔어"라는 말이 있음에도 불구하고 말이죠.

그런 면에서 한국어는 꽤 융통성 있는 언어입니다. 일본어에서 "타다이마/오카에리"라고 표현해야 하는 상황에서 한국인들은 "다녀왔어" "갔다 왔어" "왔어" "나야" 등 어떻게든 내가 '왔다'고만 알리면 됩니다. 맞아 주는 사람도 "어서와" "들어와" 뿐 아니라 "잘 다녀왔어?" "갔다 왔어?" "왔어?"와 같이 의문형으로 표현하기도 하고, "고생했네" "수고했어" "밥 먹자" 등 어떻게든 내가 '맞아 주고 있음'을 표현하는 식이죠.

특정 문화에 두드러지는 습관이 있다는 사실은 이러한 행위 양식이 해당 문화에서 그만큼 중요하다는 뜻입니다. 빈집에 대고 하는 인사말에는 일본인들의 어떤 욕구가 숨겨져 있을까요?

어렴풋이 이상하다는 생각만 하다가 "타다이마/오카에리"의 의미를 짐작할 수 있었던 것은 〈혐오스런 마츠코의 일생〉이란 영화를 보았을 때였습니다. 2006년에 나온 이 영화는 일본 영화답지 않은 과감한 연출로 화제가 되었지만 제가 본 일본 영화 중에 가장 일본적이라 할 수 있는 영화였습니다.

마츠코는 사랑을 간절히 원하는 여성입니다. 몸이 아픈 동생 때문에 한 번도 아버지의 사랑을 받아 보지 못했고, 우연한 사건에 휘말려 촉망받던 교사에서 나락으로 떨어지는 인물입니다. 몸을 팔다가 결국 살인까지 저지르고 감옥에까지 가게 되지만 계속해서 자신을 사랑해 줄 사람을 찾아 헤매는 캐릭터죠.

거듭된 사랑의 실패에 좌절하던 마츠코는 감옥에서 친하게 지냈던 친구를 우연히 다시 만나 즐거운 시간을 보내다가 친구 집까지 놀러 가기로 합니다. 친구 집에 도착한 마츠코는 "다녀왔어(타다이마)"라고 말하는 친구를 맞아 주는 친구 남편의 "오카에리"라는 목소리에 안색이 굳더니 발길을 돌립니다.

자신과 달리 친구에게는 집에서 기다려 줄 사람이 있다는 사실이 다시 한번 마츠코를 절망에 빠뜨렸던 것입니다. 아버지와 동생에게조차 버림받은 마츠코를 맞아 줄 이는 세상천지에 아무도 없었습니다. 결국 마츠코가 평생 찾아 헤맨 것은 돌아갈 집이고, "오카에리"라는 말과 함께 돌아온 자신을 맞아 줄 누군가였던 것입니다.

마츠코는 죽어서야 집으로 돌아갈 수 있었습니다. 끝까지 사랑에 배신당하고 히키코모리로 살다가 야밤의 공원에서 불량 청소년들의 폭행으로 죽게 되죠. 불의의 죽음을 당한 마츠코의 영혼은 그토록 돌아가고 싶었던 집으로 돌아갑니다.

그곳에는 이미 세상을 떠난 동생이 마츠코를 기다리고 있습니다. 동생은 힘든 여행을 마치고 돌아온 언니에게 "오카에리"란 말을 건네고 마츠코는 웃으며 "타다이마"라고 대답합니다. 세간의 눈으로는 혐오스럽기만 했던 마츠코의 일생은 이 "오카에리(어서 와)"라는 말을 듣기 위해서였던 것입니다.

한 영화의 주인공일 뿐이지만 마츠코의 바람에는 일본인들의 욕구가 배어 있습니다. 〈혐오스런 마츠코의 일생〉은 야마다 무네키의 소설을 원작으로 드라마, 영화, 뮤지컬로 사랑받았으며 개봉 당시 어두운 영화는 흥행하기 어렵다는 관계자들의 우려(?)에도 불구하고 꽤나 흥행을 했다고 합니다.

일본인들의 삶은 집으로 돌아오기 위한 삶이라 할 수 있습니다. 한국인들도 '집이 최고다'라는 말을 하긴 하지만 집에 돌아왔을 때 일본인들이 느끼는 그 안정감을 이해하기는 어렵습니다.

《라쇼몽》의 작가 아쿠타가와 류노스케의 짧은 소설 중에 《도롯코》라는 작품이 있습니다. 여덟 살 먹은 소년 료헤이는 마을 밖 공사장에서 도롯코(공사용 수레)를 갖고 놀다가 어느 순간 집에서 너무 멀리 온 것을 깨닫습니다. 신이 나서 수레를 몰다가 자신이 모르는 동네까지 온 것이죠.

잔뜩 겁이 난 류노스케는 질질 짜면서 온 길을 되돌아 집으로 뛰어옵니다. 대문으로 들어오는 순간 큰 소리로 울음을 터뜨리고 놀란 식구들이 아무리 달래도 류노스케의 울음은 그칠 줄 몰랐답니다. 뭐 이런 정도의 스토리만 있는 아주 짧은 이야기입니다.

동네 밖을 처음 나가 본 여덟 살 먹은 아이의 순진한 모습에 절로 미소가 떠오르는 이 작품에는 집 밖은 무서운 곳이고 집 안에서야 안심할 수 있다는 일본인들의 문화적 인식과 욕구가 담겨 있습니다.

일본인들에게 바깥 세상은 해야만 하는 일들이 가득한 세상입니다. 일본 문화에서 자신에게 주어진 일에 충실하지 못할 때 주어지는 부담감은 상상 이상입니다. 늘 얼굴 맞대는 사람들로부터 하루아침에 손가락질을 받거나 이지메를 당할 수도 있습니다.

그래서일까요. 일본인들은 자신들의 삶을 종종 '싸움'으로 묘사합니다. 이러한 삶의 자세는 잇쇼켄메이一生縣命, 즉 목숨을 건다는 말로 요약할 수 있는데요, 일본의 애니메이션에는 목숨을 걸고 수많은 종류의 싸움에 나서는 주인공들이 등장합니다.

그런 일본인에게 집이란 전쟁과 같은 바깥 생활에서 지치고 힘들었던 나를 따뜻이 맞아 주는 나만의 공간입니다. 바깥과 안을 구분하는 내 경계 안쪽의 세계.

"타다이마"란 나를 맞아 주는, 그 세계에 대한 인사말일 것입니다.

일본인에게
'벽'이란 무엇일까

일본 문화콘텐츠, 특히 애니메이션에서 반복적으로 나타나는 설정 중에는 '벽'이 있습니다. 대표적으로 〈진격의 거인〉이나 〈블랙 불릿〉 등을 들 수 있는데요, 이러한 작품들에는 거대한 장벽으로 바깥세상과 분리된 사회가 나옵니다.

벽 밖에는 사람을 잡아먹는 거인(진격의 거인)이나 역시 사람을 죽이는 기생생물(블랙 불릿) 등 무시무시한 위험이 도사리고 있어서 사람들은 스스로를 보호하기 위해 벽을 쌓죠. 그러나 벽만으로는 안전하지 않아서 언젠가는 벽 밖의 위험과 맞서야 하는 상황입니다.

이러한 작품에서 나타나는 주된 갈등은 벽 밖으로 나가야 한다는 이들과 벽 안에 있어야 한다는 이들의 대립입니다. 벽 안에 있으면 안전하긴 하겠지만 갑작스럽게 벽이 뚫리거나 하면 더 큰 위험에 맞닥뜨릴 수밖에 없죠. 그래서 벽 밖으로 나가야 한다는 이들은 벽 밖의 위험과 맞서 싸워 아예 벽 밖에서 살 수 있게 해야 한다고 주장합니다.

'벽'이 등장하는 콘텐츠들은 대략 이러한 이야기 구조를 갖는데요, 이 벽은 일본인들의 심리를 이해하는 데 매우 중요한 상징입니다.

일본인들은 전통적으로 안과 밖을 명확히 구분해 왔습니다. 벽은 안과 밖을 나누는 경계의 역할을 합니다. 벽 안쪽은 나의 영역, 내가 아는 곳, 안심할 수 있는 곳입니다. 바깥은 오니(괴물 또는 적)의 영역, 미지의 세계, 안심할 수 없는 곳입니다.

사람들은 벽 안에서 보호받고자 합니다. 중국을 통일한 진시황도 자신이 아는 영역 밖의 존재들이 두려워 만리장성을 쌓았죠. 그러나 벽은 완전한 것이 아닙니다. 얇은 벽 하나만 지나면 무시무시한 괴물들이 우글거리는 곳입니다. 언제 괴물들이 벽을 부수고 안으로 들어올지 모릅니다. 만리장성이 그랬던 것처럼 말이죠.

여기서 사람들의 동기는 두 갈래로 갈라지게 됩니다. 벽을 더 튼튼히 하고 벽 안에서 살든지 벽 밖으로 나가 괴물들과 맞서든지 말입니다. 두려움이 크고 안전 욕구가 강한 이들의 선택은 벽 안입니다. 벽 밖으로 나갔다가 호되게 당한 이들은 아예 벽 안에서만 지내기로 마음먹습니다. 히키코모리가 그들입니다.

일본인들에게 벽은 시멘트와 벽돌로 이루어진 실제의 벽을 의미하지 않습니다. 때로는 사람과 사람 사이에서도 이러한 벽을 느끼는 듯한데요, 혼네와 다테마에로 요약되는 일본인들의 대인관계는 타인과 나 사이의 분명한 경계를 상정하고 있습니다.

오랫동안 알고 지냈고 많이 친하다고 생각했지만 '도저히 넘을 수 없는 어떤 벽 같은 것이 느껴졌다'. 일본에서 오래 사셨던 분들이 종종 하시는 말씀입니다. 친할수록 흉금 없이, 격의 없이, '터놓고' 지내는 데 익숙한 한국인으로서는 정말 익숙해지기 힘든 부분이죠.

〈에반게리온〉의 AT필드는 이러한 사람들 사이의 벽을 상징한다는 분석이 있습니다. AT필드는 지구를 공격해 오는 사도들의 주위에 펼쳐진 일종의 보호막입니다. 에바가 사도를 물리치려면 일단 AT필드를 뚫어야 하는데 이게 정말 더럽게 안 뚫립니다. 신지가 몇 번이나 좌절과 각성을 반복하고 필살기를 몇 번씩 써야 겨우 뚫리죠.

　어린아이가 자라서 집 밖으로 나가 자신의 싸움을 하려면 먼저 사람 사이의 보이지 않는 벽을 뚫을 수 있어야 한다는 의미일까요. 같은 맥락에서, 에바가 AT필드를 뚫고 사도를 무찌르기 위해서는 조종사와 에바와의 싱크로가 중요하다는 것도 상당히 의미심장합니다.

　아시다시피 에바(에반게리온)는 로봇이 아니라 생체 병기입니다. 신지 아버지인 겐도 박사 아내의 생체 정보로 만들어졌습니다. 다시 말해 조종사(신지)는 어머니와의 합일(싱크로)을 통해 타인의 AT필드를 뚫을 수 있는 힘을 얻게 된다는 것이죠.

　앞서 말씀드린 일본의 양육 방식을 고려해 보면 아이와 어머니의 싱크로율은 그다지 높지 않아 보입니다. 신지도 그랬고요. 다시 생각해 보니 신지가 그래서 에바를 타고 적과 싸우러 나가는 걸 그렇게 고민했나 싶습니다.

　이렇듯, 벽은 나를 보호해 주기도 하지만 때로는 내가 반드시 부수고 나아가야 할 것이기도 하죠. 벽 안에 있으면 안전하겠지만 그래서는 아무것도 할 수 없습니다. 그러나 벽 밖으로 나가는 것은 매우 큰 용기가 필요한 일입니다.

　바깥에는 무시무시한 괴물들이 즐비하기 때문이죠. 따라서 목숨을 걸고 싸울 각오가 없이는 벽 밖으로 나서기 힘듭니다. '벽'이 등장하는 애니메이션에서 벽 밖으로 나가야 한다고 주장하는 이들은 대개 군사 집단(예, 〈진격의 거인〉의 조사병단)이죠.

군인인 그들도 벽 바깥에서 수없이 죽어 갑니다. 하물며 전문적인 훈련을 받지 않은 일반인들은 어떻겠습니까. 때문에 일본인들은 잇쇼켄메이 정신으로 무장해야 하는 것이 아닐까요.

벽이 직접적으로 등장하지는 않지만 벽 바깥의 세상을 다룬 일본 애니메이션이 있습니다. 바로 〈원피스〉인데요, 바다로 가득 찬 행성에서 펼쳐지는 해적들의 이야기입니다. 바다에는 벽이 없습니다. 항구를 떠나는 순간 어떤 괴물과 적, 풍랑과 맞닥뜨릴지 모르죠.

그럼에도 불구하고 사람들이 바다로 나서는 이유는 벽 밖에서 얻을 것이 더 많기 때문입니다. 콜럼버스가 신대륙을 발견한 뒤 막대한 금은보화가 구대륙으로 흘러들어 왔습니다. 유럽은 이를 바탕으로 기술과 지식을 축적하여 세계를 리드할 수 있었죠.

벽을 넘는다는 것은 인식론의 한계를 넘어선다는 것을 의미하기도 합니다. 신대륙의 발견은 단지 새로운 땅을 발견했다는 것 이상의 의미를 갖습니다. 인간이 스스로의 한계를 넓힌 것입니다. 신대륙 이후의 넓어진 인식으로부터 근대의 막이 열리게 됩니다.

〈원피스〉의 해적들도 '원피스'라는 전설의 보물을 찾아서 세상의 모든 바다를 헤매 다니고 있죠. 바다라는 벽은 그들을 막을 수 없었던 것입니다. 바다가 대항해시대의 상선들을 막을 수 없었던 것처럼 말이죠.

그러나 두려운 건 어쩔 수 없습니다. 벽 바깥의 세상에서 일본인들이 의지할 대상은 '나카마仲間'입니다. 나카마란 일본 특유의 소집단 문화로 우리말로 '동료'쯤으로 옮길 수 있습니다. 〈원피스〉의 해적들이 그렇게 친구(나카마)에 집착(?)하는 이유가 이것입니다.

일본인들은 나카마 안에서 상당한 심리적 안정감을 얻습니다. 바다 괴물과 싸우다 팔 하나쯤 잘려 나가도 눈 하나 깜빡하지 않을 정도로 무서운 것 따위 없어 보이는 〈원피스〉의 해적들은 나카마가 되기 위해, 나카마를 위해 무엇이든 하는 모습을 보여 줍니다.

그들이야말로 거칠고 험난한 바다에서 믿고 의지할 수 있는 이들이기 때문이겠지요. 일본에서 〈원피스〉가 그토록 오랫동안 사랑받을 수 있었던 이유도 짐작할 수 있습니다. 집 밖에 나선 일본인들은 나카마들로 벽을 만들어 그 안에서 자신을 지키는 것입니다.

　무엇이든 안과 밖을 나누고 안에 머물기 좋아하는 것은 일본인들의 문화적 본성인 듯합니다. 그러나 언제까지나 안에만 머물 수는 없습니다. 벽 밖으로 나간다는 것은 인식론의 확장, 즉 자신이 사는 세계의 확장이자 그 안에서 활동하게 될 자아의 확장을 의미합니다.

　자신들이 아는 범위 안에서 머무르는 한, 새로운 세계와의 만남도 자아의 확장도 요원한 일일 겁니다. 벽 밖에도 사람이 살고 있고 그들은 무작정 나를 죽이려는 존재가 아니며 그들과 함께 얼마든지 어울려 지낼 수 있다는 메시지를 일본 애니메이션에서 찾게 되는 날이 있을까요.

일본에는 왜
변신물이 많을까

◆ ◆ ◆

일본의 문화콘텐츠에는 변신물들이 참 많습니다. 대표적인 게 변신로봇이지만 로봇과 사람을 가리지 않죠. 먼저 생각나는 로봇물로는 〈가오가이거〉 〈썬가드〉 〈그렌라간〉 〈겟타로보〉 시리즈 등이 있습니다. 일본 대표 로봇인 건담 같은 애들도 변신하는 종류들이 있죠.

트랜스포머로 알려진 변신로봇의 조상 역시 일본입니다. 일본의 장난감 회사 다카라토미에서 만든 다이아크론이 그 원형이죠. 이를 미국 장난감 회사 해즈브로가 사서 트랜스포머라는 제품으로 출시한 것입니다. 이걸 마블 코믹스에서 만화로 만들고 여기서 우리가 잘 아는 미국식 변신로봇물 〈트랜스포머〉 시리즈가 주르륵 나옵니다.

사람이 변신하는 종류로는 우선 마법소녀물이 있습니다. 왠지 모르게 두근두근 지켜봤던 〈요술공주 밍키〉의 변신 장면이 기억나는 분들 계실 겁니다. 조상격인 〈요술공주 샐리〉부터 〈천사소녀 네티〉〈빨간망토 차차〉〈달의 요정 세일러문〉 등 옛 추억이 마구 소환되는군요.

그 외에도 귀여운 여고생의 몸에서 미사일이 나오는 〈최종병기 그녀〉나 신체의 일부가 변하는 〈기생수〉 같은 신체 변형물들, 평소에는 모습을 숨기고 살다가 적이 쳐들어오면 변신하여 싸우는 〈후뢰시맨〉〈바이오맨〉〈파워레인저〉 등의 전대물도 변신물의 범주에 든다고 할 수 있겠습니다.

물론 우리나라에도 비슷한 유형의 변신물들이 없는 것은 아닙니다만 제작 시기로 볼 때 대개의 변신물들의 원형은 일본에 있다고 보는 것이 맞을 듯합니다. 그렇다면 자연스럽게 의문이 듭니다. 왜 일본은 변신이라는 주제에 민감한 것일까요?

일본 사람들이 보다 상상력이 뛰어나기 때문일까요? 아니면 일본의 제작자들이 감이 좋은 것일까요? 어떤 나라에서 두드러지는 문화 현상에는 그 나라 사람들의 심리가 자리하고 있으리라는 당연한 가정 하에 탐구를 시작해 보겠습니다.

변신물의 핵심은 정체성의 변화입니다. 한 인물이 전혀 다른 존재로 바뀌는 것이죠. 그렇다면 일본인들에게는 현재의 자신이 아닌 다른 존재가 되고자 하는 욕구가 있다고 짐작해 볼 수 있지 않을까요?

변신을 다룬 콘텐츠들은 서양 문화에서도 나타나는데요, 《지킬 박사와 하이드 씨》로부터 〈늑대인간〉〈뱀파이어〉〈헐크〉 등도 모두 변신한 주인공에 대한 것들입니다. 최근 유행하는 좀비물도 사람이 좀비로 바뀐다는 점에서 변신물(?)의 한 장르로 볼 수 있을 것 같습니다.

서양권 변신물의 특징은 변신한 모습이 대개 못생겼다는 점입니다. 강한 힘을 가지고 있다고는 하지만 외모는…… 누구에게나 선뜻 받아들여질 만한 분들이 아니죠. 이 점으로 미루어 서양권 변신물에서의 변신한 모습은 내면의 어두운 측면을 상징한다고 해석할 수 있을 것 같습니다.

누구나 마음 한 켠에 밖으로 드러내기 어려운 더럽고 위험한 욕망을 가지고 있을 텐데요, 정신역동이론가 융은 이를 그림자 shadow라 했습니다. 겉으로 드러나는 부분이 밝으면 밝을수록 내면의 그림자는 짙어지기 마련이죠.

　스스로 인식하기도 어렵고 인식했다 한들 인정하기 싫은 것이 그림자입니다. 《지킬 박사와 하이드 씨》는 그러한 내면의 그림자가 튀어나와 현실의 자신을 바꿔 버릴지 모른다는 불안에 대해 이야기하고 있습니다. 그리고 이러한 구조는 천재 과학자에서 분노로 가득 찬 괴물로 변신하는 마블코믹스의 영웅, 헐크에 그대로 반복됩니다.

　또 하나 언급할 만한 작품은 프란츠 카프카의 소설 《변신》입니다. 평범한 직장인에서 하루아침에 흉측한 벌레로 모습이 바뀐 그레고르라는 청년의 이야기입니다. 어려운 가족을 위해 헌신해 왔던 그레고르는 갑자기 벌레로 변했고, 가족들에게조차 버림받은 채 딱딱한 껍질 안에서 일체의 소통을 단절하고 죽어 갑니다.

　1915년 출간된 《변신》은 현대 산업사회에서 일과 관계로부터 소외된 인간의 불안을 그려 낸 작품으로 평가받고 있습니다. 인간은 오로지 일로서 가치를 평가받고 그 가치를 다하지 못하면 하루아침에 벌레 취급을 받게 됩니다. 이 작품 역시 존재에 대한 불안이라는 키워드로 읽어 낼 수 있습니다.

　독립적인 개인으로서 일관된 자아를 유지해야 하는 개인주의 문화권의 사람들은 겉으로 표현되고 스스로가 인식하는 자아와 유리된 내면의 또 다른 자신의 모습에 불안을 느끼게 될 가능성이 큽니다.

완벽한 신사 지킬 박사의 어두운 자아인 하이드 씨나 천재 과학자의 또 다른 모습인 분노한 헐크처럼 말입니다. 늑대인간이나 뱀파이어 역시 인간 본성의 어두운 측면을 다루고 있고, 인격 자체가 없는 좀비 또한 개성과 인간성이 사라져 가는 현대인에 대한 상징으로 읽히고 있죠.

그러나 일본 변신물에서의 변신한 모습은 주인공 내면의 또 다른 자아라기보다는 원래 주인공은 갖지 못했던 외모와 능력을 가진 상태입니다. 자신의 자아가 아닌 이상적 자아, 즉 되고 싶었던 자신의 모습에 가깝습니다.

일본의 변신물에서 주인공이 변신한 대상은 매우 강하거나 아름답고 신비한 능력을 갖고 있습니다. 변신한 주인공이 자신의 이전 정체성과 새 정체성 사이에서 고민을 하든 말든, 변신한 모습은 대개 예쁘고 아름답게 묘사됩니다.

일본 문화는 상당히 경직된 문화입니다. 사회에는 지켜야 할 규범들과 해야 할 의무들이 가득하고 해야 할 일을 제대로 하지 못하거나 하지 말아야 할 일을 하게 되면 주위 사람들에게 괴롭힘을 당하거나 말할 수 없는 수치를 느껴야 합니다.

이러한 문화 속에서 사는 이들은 주어진 일에 충실한, 정해진 일 외에는 생각하기 곤란한 제한적인 자아상을 갖게 됩니다. 주의가 타인에게 있으며 타인이 시킨 일을 수동적으로 행하는 자아를 문화심리학에서는 대상적 자기라고 부릅니다. 일본 문화에서 일본인들은 자신은 이러한 존재라는 생각을 지닌 채 거기에서 비롯된 욕망과 불안을 갖게 되는 것입니다.

따라서 현실의 나로서는 절대로 할 수 없는 일들을 가능하게 해주는 존재가 되고 싶다는 욕망이 발생하는 것이죠. 변신한 나는 아름답고 강하며 그 힘이라면 내게 주어진 모든 의무(친구들을 지킨다든지, 세상을 구해야 한다든지)를 수행하는 것이 가능해집니다.

변신한 주인공의 고민에도 차이가 있습니다. 서양권 변신물의 주인공들이 서로 다른 두 개의 자아 사이에서 어떤 내가 진짜 나인지를 고민한다면 일본 변신물의 주인공들은 별로 그런 고민이 없거나(마법소녀물, 전대물 계열), 하더라도 달라진 자신의 역할을 어떻게 받아들일지를 고민하지 어떤 자아가 진정한 자아인지에 대해서는 생각하지 않습니다.

사실 변화한 모습과 이전 모습 사이의 역할 혼란은 일본 변신물의 중요한 주제 중 하나입니다. 신지는 자신이 왜 에반게리온의 조종사가 되어야 하는지 끝까지 혼란스러워했고, 〈도쿄 구울〉의

카네키나 〈진격의 거인〉의 에렌도 자신이 왜 구울 혹은 거인이 되어야 하는지 이해하지 못하지만 결국 동료를 위해서나 누군가를 지키기 위해 그 정체성을 받아들이게 되는 과정을 보입니다.

서양권 변신물과 일본 변신물의 차이는 일단 개인주의 문화와 집단주의 문화의 다른 자기관에서 기인한다고 생각됩니다. 독립적이고 일관적인 자기를 유지해야 하는 개인주의 문화와 상황에 따라 다른 역할을 수행해야 하는 집단주의 문화에서 개인이 느끼게 되는 불안과 공포가 '변신'이라는 상징적 방식을 통해 표출되는 것이죠.

그런데 한 가지 의문이 남습니다. 자신이 수행해야 하는 서로 다른 역할 사이에서의 고민이 집단주의 문화에서 보편적인 것이라면, 동양의 다른 나라에서도 비슷한 내용의 문화콘텐츠가 좀 더 보편적이어야 하지 않을까요? 그러나 아시다시피 변신물은 일본이 본향입니다.

물론 우리나라에서도 변신로봇, 마법소녀, 전대물 등의 일본 콘텐츠들이 어린이, 청소년이나 일부 마니아 계층에서 많은 사랑을 받았지만 연령과 계층을 포괄하는 문화 현상이라고 하기에는 무리가 있습니다. 무엇보다 다른 나라(우리나라 포함)에서 생산되는 변신물들은 누가 봐도 그 원형인 일본 변신물의 공식을 그대로 따르고 있습니다.

그렇다면 변신물은 집단주의 문화의 보편성이 아니라 일본 문화의 특수성에 뿌리를 두고 있다고 보는 것이 옳을 듯합니다. 다시 말해, 본래 자신에게는 없는 이상적 모습으로의 변신이라든가, 변신 후 자신에게 닥친 새로운 역할에 대한 혼란 등은 집단주의 문화가 아니라 보다 일본적인 문화에서 기인한 것일 수 있다는 뜻입니다.

일본 애니 주인공은 왜 필살기에 집착할까

일본 만화를 보다 보면 꼭 나오는 장면이 있습니다. 바로 주인공이 필살기를 쓰는 장면이지요. 에네르기파, 진심펀치, 패왕색 패기 등등 익숙한 이름도 많으실 겁니다. 심지어 악당들은 주인공들이 필살기를 쓰기 위해 에너지를 모으고 여러 가지 불필요한 동작들을 하며 과거를 회상하는 동안 참을성 있게 기다려 줍니다.

그러고는 주인공의 필살기를 맞고 쓰러지면서 다음과 같은 대사를 남기죠.

"과연 강하구나……." "적이지만 인정할 수밖에 없군……."

등등.

손발이 오그라듭니다만, 또 이런 게 일본 만화 보는 맛이기도 합니다.

그렇습니다. 일본의 수많은 콘텐츠에 등장하는 필살기의 목적은 주인공의 강함을 돋보이게 하기 위함입니다. 적이 강할수록, 적과의 승부가 치열할수록 주인공에게는 더욱 강력한 필살기가 필요합니다. 주인공이 지거나 죽을 수는 없잖습니까. 그러면 스토리가 끝나 버리니까요.

강한 적을 만나 한두 번 져도, 주인공은 재야의 고수를 만나서 혹은 불굴의 의지로 새로운 필살기를 개발하고 다음에는 그 필살기로 마침내 적을 무찔러 버리죠. 치고받고 싸우는 만화뿐만이 아닙니다. 건담 같은 메커닉물이나 스포츠물에도 필살기는 반드시 등장합니다.

아재들은 익숙하실 〈축구왕 슛돌이〉의 독수리슛을 비롯해 축구, 배구, 농구, 테니스, 탁구 할 것 없이 필살기의 종류는 끝이 없죠. 그 상상력도 갈수록 웅대(?)해져서 요새는 뭐 테니스 치다가 시공이 바뀌고 막 그러는 수준이라더군요(〈테니스의 왕자〉).

일본인들의 필살기 사랑은 만화가 아닌 현실에서도 볼 수 있는데요, 특히 스포츠 장면에서 특정 선수의 시그니처 기술이 필살기처럼 애용되는 것입니다. 김연아 선수의 '라이벌'로 유명했던 아사다 마오의 트리플 악셀(3.5회전)이 그 대표적인 예죠.

평창올림픽 피겨 남자 싱글에서 금메달을 딴 일본의 하뉴 유즈루의 새 목표는 쿼드러플(4회전)을 넘어 5회전 점프를 성공시키는 것이랍니다. 이미 올림픽을 두 번 제패한 그가 4회전으로도 모자라 5회전 점프에 도전해야 할 이유는 무엇일까요?

필살기의 본질은, 한순간에 적을 압도하는 강력한 기술입니다. 그렇습니다. 필살기는 일본인들이 추구하는 '강함'이 극대화된 실체인 것입니다. 강한 것도 그냥저냥 강한 것이 아니라 '압도적'으로 강해야 합니다. 다시 말해서 일본인들이 추구하는 강함은 '압도적인 강함'입니다.

지난 평창올림픽 쇼트트랙 여자계주 준결승 경기에서 한국 팀은 한 선수가 중간에 넘어졌음에도 1위를 차지했습니다. 미국, 캐나다, 영국 등 서구권 해설진들이 환상적이다, 믿을 수 없다, 대단하다, 놀랍다는 반응이었던 데 비해 일본의 중계진은 '강하다'는 표현을 씁니다. 그것도 '압도적인 강함'이랍니다.

이 표현에서 일본인들에게 필살기가 어떤 의미인지를 짐작할 수 있습니다. 필살기는 주인공을 '압도적으로 강하게' 만들어주는 기술인 것이죠. 달리 말해 주인공은 상대를 압도할 만큼 강해야 하는 것입니다. 각종 문화콘텐츠의 주인공에게는 결국 해당 문화의 구성원들의 욕망이 투사됩니다. 일본인들은 강한 것으로는 모자라 압도적으로 강해야 하는 모양입니다. 그 이유는 과연 무엇일까요?

일본인들은 '모든 것(사람)은 정해진 곳에서 정해진 역할을 해야 한다'는 생각이 강합니다. 제2차 세계대전이 끝난 뒤로도 수십 년간 근무지를 지켰던 군인들이나 수백 년의 전통을 잇고 있는 장인들이 그 예입니다. 일본인들은 사회적으로 정해진 자기 자리에서 사회적으로 기대되는 역할을 하는 데 익숙하고 또 편안함을 느낍니다.

그러나 그러지 못할 때에는 반대로 상당한 불편감과 불안감을 느낍니다. 이러한 감정은 일본에서 수치, 즉 하지로 표상됩니다. 시험에 떨어지거나 경쟁에서 패한 경우, 하지는 분발을 유도하는 자극이 되기도 하지만 일본인들에게는 자신감을 잃고 우울에 빠지는 원인으로 작용하는 경우가 많습니다.

루스 베네딕트의 《국화와 칼》에 인용된 연구에 따르면, 경쟁은 미국인들을 자극해 최선의 노력을 다하게 만드는 반면 일본인들에게는 작업 능률을 떨어뜨리는 원인이 됩니다. 질지도 모른다는 생각에 일이 손에 잡히지 않게 되는 것이죠. 경쟁을 외부로부터의 공격이라 생각해 자신의 일에 전념하는 대신 자신과 공격자의 관계에 주의력을 빼앗기고 마는 것입니다.

이것이 일본인들이 승패가 갈리는 경쟁에 취약한 이유입니다. 실력을 인정받는, 이름 있는 사람일수록 자신에게 집중되는 다른 이들의 기대를 잘 알고 또한 자신이 그 기대에 부응해야 함을 무겁게 인식합니다. 그래야 '자신에게 주어진 자리에서 제 역할을 하는' 셈이 되니까요.

그러나 찰나의 순간에 승패가 갈리는 승부의 현장에서 이러한 생각은 집중력을 저해하고 자신의 능력을 발휘하지 못하게 하는 걸림돌입니다. 따라서 필살기는 일본인들에게 경쟁의 불안과 패배로 비롯될 수치를 제거하는 역할을 해 줍니다.

내가 상대보다 압도적으로 강하다면 승부에서 혹시라도 질까 봐 걱정하지 않아도 되고 내게 쏟아지는 다른 이들의 기대를 저버리지 않아도 되니까요. 다시 말해, 필살기란 일본인들에게 '내가 내 자리에서 내 역할을 하게 해 주는' 도구인 것입니다.

이는 반대로, 일본 사회에서 '자기 자리에서 제 역할을 해야 한다'는 압력이 얼마나 큰가에 대한 증거라고 해석할 수 있을 것 같습니다. 한 사람이 사회에서 자기 역할을 하기 위해 '필살기'까지 필요할 정도니 말이죠.

거인과 제국주의의 향수

일본에는 거대로봇, 거인, 괴수 등등 거대한 무언가가 등장하는 콘텐츠들이 많습니다. 먼저 거대로봇을 보자면, 가장 일본적인 로봇 건담을 비롯해 헤아릴 수 없이 많은 거대로봇이 있습니다. 한참 동안 우리나라 만화인 줄 알았던 〈마징가 Z〉와 〈철인 28호〉 〈짱가(강가)〉〈그랜다이저〉. 이 외에도 〈겟타로보〉〈메칸더 브이〉 〈고바리안〉〈패트레이버〉〈가오가이거〉 등등 일일이 이름을 옮기는 것 자체가 무의미할 정도죠.

다음으로 거인 종류가 있습니다. 작가의 군국주의 논란이 있었던 〈진격의 거인〉이 대표적이고요, 어린 시절에 많이 봤던 〈울트라맨〉 시리즈의 울트라맨도 사실 외계에서 온 거인족입니다. 키가 수십 미터에 달하는 종족이죠. 또 〈신세기 에반게리온〉의 에바도 사실 로봇이 아니라 거인인데요, 로봇처럼 보이는 이유는 거인의 몸을 보호하기 위한 장갑 때문입니다.

거인은 아니지만 거신巨神이라 불리는 존재도 빼놓을 수 없는데요, 그 이름처럼 거대한 크기와 엄청난 힘을 가진 존재입니다. 예를 들면 〈바람계곡의 나우시카〉의 거신병은 과거 단 7일 만에 세계를 불바다로 만들어 버렸다고 하죠. 거신은 〈천공의 성 라퓨타〉에서도 등장하고, 카드 뽑아서 싸우는 게임 만화 《유희왕》에서도 나옵니다(오벨리스크의 거신병).

다음은 괴수로 가 보겠습니다. 가장 대표적인 일본 괴수는 고지라입니다. 무려 1954년에 데뷔한 고지라는 핵폭탄의 방사능을 맞고 깨어난 고대의 괴수죠. 입에서 광선을 내뿜고 어떤 무기로도 상처를 입지 않는 대단한 녀석입니다. 고지라 외에도 고지라의 최대 라이벌 킹기도라, 괴수계의 양대 산맥인 가메라, 눈이 커서 귀여운 모스라 등 다양한 괴수들이 등장하는 괴수 영화가 줄을 이었죠. 이러한 괴수들은 로봇물이나 전대물의 단골 악당으로 등장하기도 합니다. 주인공이 강하면 적도 아무래도 강해야 할 테니까 말이죠.

어릴 적에 친구들과 머리 맞대고 《괴수 대백과 사전》을 보면서 누구랑 누구랑 싸우면 누가 이기냐는 등의 의미 없는 토론으로 열을 올렸던 기억이 떠오르는군요. 종류만 읊었을 뿐인데도 글이 이렇게 길어졌는데요, 나이 좀 되시는 독자 여러분께서는 잠시 옛 추억에 젖으셨을 것 같습니다.

거대로봇, 거인(거신), 괴수의 공통점은 크고 강하다는 것입니다. 일본 애니메이션의 로봇들은 크기가 5, 6여 미터에서 수백 미터에 이르는데 마크로스 같은 경우는 1킬로미터를 넘고, 믿기 힘들지만 그렌라간의 어떤 로봇은 광년 단위를 넘기도 합니다. 거인과 괴수들 역시 로봇들에 비하면 상대적으로 아담한 편이긴 하지만 그래도 80~100미터 넘는 친구들을 쉽게 볼 수 있습니다. 일개 인간이 어떻게 비벼 볼 수 있는 대상이 아니죠.

말 그대로 절대적이고 압도적인 존재입니다. 일본 문화콘텐츠에서 두드러지는 거대하고 압도적인 존재들에 대한 끊임없는 희구는 정신역동이론에서 이야기하는 동일시라는 방어기제로 이해할 수 있습니다.

네 살 정도에 인지가 발달하면서 아이들은 자신을 하나의 존재로서 인식하게 됩니다. 아빠 엄마, 친척들과의 관계를 물어보거나 성별 구분을 따지는 것이 그 시작입니다. 프로이트는 이 시기를 '남근기'로 명명하고 성적 욕구로 설명을 시도했는데, 그 유명한 '오이디푸스 콤플렉스'가 그것입니다.

남자아이는 엄마를, 여자아이는 아빠를 이성으로서 사랑하게 되지만, 각각 아빠와 엄마의 존재는 아이들의 욕망에 걸림돌로 다가옵니다. 아이들은 욕망을 실현하기는커녕 생명의 위협마저 느끼고 불안과 공포에서 벗어나기 위한 노력을 기울이는데, 이것이 동일시라는 방어기제입니다. 아버지에게, 어머니에게 스스로를 동일시하면서 불안을 해결하고 자신의 새로운 자아를 찾아가는 것이죠.

대부분 프로이트의 남근기를 성적 욕망으로만 해석하는 경향이 있는데요, 사실 그 못지않게 중요한 것이 정체성 문제입니다. 오이디푸스 콤플렉스에는 아이가 자신을 객관적 실체로 인식하고 그다음에 자신이 어떤 모습이 되어야 할지를 결정하는 과정이 묘사되어 있습니다.

그 결과 남자아이는 아버지처럼, 여자아이는 어머니처럼 되고 싶다는 새로운 욕망이 자리 잡게 되고 이는 가정에서 이루어지는 사회화의 기본적 토대가 됩니다. 즉, 강하고 거대한 존재에 대한 선망은 유아/청소년기의 보편적인 동기입니다. 작고 미성숙한 존재인 그들이 자신의 모습을 투사할 수 있는 대상에 끌리는 것은 자연스러운 일이죠.

아이들 키우다 보면 네 살에서 일곱 살 사이에 꼭 만나게 되는 '공룡 시대'가 있는데요, 아이들이 유난히 공룡에 꽂히고 또 집착하는 시기입니다. 요 시기 저희 둘째는 장래희망이 '알로사우르스'였었죠. 어린이들이 공룡을 사랑하는 이유는 공룡과 자신을 동일시하기 때문입니다. 자아가 발달하기 시작하는 시기, 작고 약한 현재의 내가 엄청나게 크고 대단한 존재였으면 좋겠다는 희망이 공룡에 대한 관심으로 나타나는 것이죠.

정체성이 또 한 번 이슈가 되는 시기는 청소년기입니다. 이시기 청소년들은 이미 성숙한 신체와 상대적으로 미숙한 정신 사이에서, 또 한없이 이상적이기만 한 자신의 자아상과 그에 미치지 못하는 현실의 자아 사이에서 혼란을 겪습니다. 자신의 이상적 자아를 투사할 대상이 필요한 청소년들은 자신만의 영웅을 찾기 마련입니다.

엄청난 능력을 가진 거대로봇은 정체성 혼란을 겪는 청소년들이 동일시하기 좋은 대상입니다. 거대로봇에 탑승하는 조종사는 대개 가녀린 소년/소녀입니다. 술도 못 마시고 투표도 못 하는 이 소년 소녀들은 세상을 구할 임무를 부여받고 로봇에 오릅니다.

로봇의 조종사가 된 청소년들은 갑작스럽게 생긴 거대한 힘에 자신감 넘치다가도 그 힘에 대한 책임감에 번민하기도 하죠. 하지만 주인공들은 결국 자신과 로봇의 합일(싱크로)을 이루어 내고 자아를 확대하는 데 성공합니다.

그러나 일본 문화에서 나타나는 거대한 존재에 대한 선망을 아동기나 청소년기의 일시적 욕구로 해석하는 것은 매우 피상적인 분석입니다. 문화에서 어떠한 현상이 반복적으로 많이 나타난다는 사실은 그와 관련된 구성원들의 문화적 욕구가 있다는 증거로 볼 수 있기 때문입니다.

따라서 거대한 존재에 대한 선망의 심리적 원인으로 추정되는 동일시라는 방어기제는 그들의 욕망이 남근기나 청소년기 시절의 가정을 넘어 일본 문화 전반으로 확대되어 있음을 짐작케 합니다.

방어기제는 말 그대로 욕구의 좌절이나 욕구의 충족을 어렵게 하는 가혹한 현실에서 자아를 보호하는 기능을 합니다. 다른 각도에서 보자면, 거대한 존재에 대한 동일시가 지속적으로 나타난다는 것은, 일본인들에게는 끊임없이 거대한 존재가 되고자 하는 욕구가 있다는 뜻이고 그 욕구는 충족되기 매우 어려운 종류의 것이라는 추정이 가능합니다.

즉, 일본인들은 현실에서 충족하기 어려운 힘 있고 영향력 있는 존재가 되고자 하는 욕구를 문화콘텐츠의 거대로봇, 거인, 괴수들에게 스스로를 동일시하면서 충족하고 있다는 것입니다. 또한 여기에는 일본인 개개인의 욕구와 함께 일본인들이 바라는 '일본'의 모습 역시 투영되어 있다고 생각됩니다.

일본인들에게 가장 사랑받는 로봇 건담은 대놓고 사무라이의 형상입니다. 트레이드마크인 칼(빔샤벨)과 뿔 모양의 투구는 누가 봐도 사무라이를 연상시키죠. 사무라이는 일본인으로 동일시하기 좋은 대상임과 동시에 일본을 대표하는 문화 표상입니다.

거인 또는 거신은 주로 '고대의 존재'로 묘사되는데 고대란 현대가 아닌 과거입니다. 일본 역사에서 가장 안정적이었고 문화적, 경제적으로 꽃을 피웠던 에도 막부 시대나 세계적인 강대국으로 자리매김하던 20세기 초 일본의 이미지가 거인 또는 거신이라는 존재에 투사된 것이 아닌가 합니다.

괴수 역시 마찬가지입니다. 일본 괴수의 시조로 꼽히는 고지라는 핵폭발로 깨어난 고대의 괴수입니다. 고대는 위에서 말씀드린 그런 내용으로 짐작이 됩니다. 고지라가 압도적인 모습으로 적들을 쓸어 버리는 모습에는 제2차 세계대전에서 원자폭탄을 두 발이나 맞은 일본이 다시금 과거의 영광을 되찾기 바라는 일본인들의 욕망이 감춰져 있는 것입니다.

최근 방영된 〈진격의 거인〉의 한 에피소드에서 이러한 분석을 지지할 만한 내용이 나옵니다. 〈진격의 거인〉은 거인 외에도 '벽 안의 세계'와 '벽 밖으로부터의 위협'이라는 대단히 일본적인 코드를 갖고 있는 작품인데요, 해당 에피소드는 이제껏 주인공들을 위협했던 거인의 정체에 대한 부분입니다.

적이라고만 생각했던 거인들은 사실 벽 안에 사는 사람들과 같은 종족이었습니다. 고대에 강하고 완벽한 문명을 건설했던 그들은 전쟁에서 패배한 뒤, 영광스러운 과거를 잊고 벽 안에 갇혀서 비굴하게 살게 되었다는 것입니다.

따라서 강하고 완전했던 거인이라는 스스로의 정체성을 되찾아, 과거를 치욕스럽게 기억하지 말고, 다시 거인들이 주인 되는 세상을 열자, 뭐 이렇게 진행이 될 것 같은데 바로 여기가 〈진격의 거인〉의 문제가 드러나는 지점입니다.

〈진격의 거인〉 최근 스토리에서 드러나는 거인의 역사와 그에 대한 주인공들의 인식은 징용, 위안부 등 식민지 국민들에게 저지른 일과 패전의 역사를 잊고 군사대국화를 꿈꾸고 있는 작금 일본의 행보와 놀랄 정도로 유사합니다. 이것이 우연일까요?

사실 과거 일본에는 거인 이야기보다는 오히려 소인小人 이야기가 많았다고 합니다. 엄지손가락만 한 잇슨보우시一村法師, 복숭아에서 태어난 모모타로桃太郎, 사람이 조그만 인형만 하게 작아지는 마메에몬, 일본판 엄지공주 카구야 히메 등이 그 예죠. 이들 이야기는 몸은 작지만 용감하고 지혜로운 주인공들이 적을 물리친다는 공통적 구조를 갖고 있습니다.

이로 볼 때 분명 과거 어느 시점까지 일본인들은 스스로를 작은 존재로 여기고 있었던 것 같습니다. 작지만 지혜롭고 용감한 그런 이미지로요. 하지만 현대 일본에 나타나는 거인에 대한 동경은 그러한 자의식이 이제는 변화했음을 보여 줍니다.

스스로 '작은 존재'임을 받아들이고 살아가기에는 현대 일본 사회가 일본인 개개인에게 요구하는 '강함'의 수준이 너무나 큰 나머지 압도적으로 크고 강한 자아가 필요해진 것일까요? 아니면 언제부턴가 정체되고 또 초라해지는 자신들의 모습에 크고 강했던 과거를 떠올리는 것일까요.

일본인이 선을 넘는 경우

일본인들은 모든 일에 벽을 쳐 두고 그 안에서 행동하는 것을 선호하는 사람들입니다. 그러나 그런 일본인들이 벽을 넘는 경우가 몇 가지 있는데요, 그중에 가장 대표적인 것이 탈아입구입니다.

탈아입구脫亞入歐란 아시아를 벗어나脫亞 유럽에 들어가야入歐 한다는 말로 일본 근대화의 아버지 후쿠자와 유키치의 주장脫亞論에서 비롯된 표현입니다. 조선, 청 등 아시아 나라들은 미개하기 짝이 없어 같이 지내 봤자 득 될 것이 없으니 일본은 아시아를 벗어나 유럽과 함께해야 한다는 이야깁니다.

일본은 실제로 유럽의 문물을 받아들여 아시아에서 최초로 근대화에 성공한 국가가 되었습니다. 유럽의 전철을 충실히 밟은 일본은 한국과 중국, 동남아시아 등을 침략하여 영국, 프랑스처럼 제국을 건설하게 되죠.

오랫동안 일본이라는 영역 안에서 살아가는 것이 익숙했던 일본인들에게는 자연적으로 둘러쳐져 있던 섬나라라는 한계를 벗어나는 경험이었을 겁니다. 물론 일본도 유럽 여러 나라들처럼 식민지와 좋은 추억을 쌓지는 못했습니다.

일본의 탈아입구는 독일, 이탈리아와 세계를 분할 지배하겠다는 망상으로 이어졌고 결국 태평양 전쟁을 일으킨 뒤 패전으로 마무리되었죠. 유럽 열강들과 함께 세계를 주름잡던 기억이 그리도 짜릿했던지 '탈아입구'는 일본의 대외 인식에 중요한 축이 되고 맙니다.

그래서일까요. 일본의 문화콘텐츠들을 보면 유럽인들이 주인공인 것들이 적지 않습니다. 〈들장미 소녀 캔디〉나 〈베르사유의 장미〉를 비롯해서 여러 〈건담〉 시리즈나 〈진격의 거인〉까지 말이죠. 유럽인의 외모를 하고 유럽인의 이름을 가진 주인공들은 일본어로 대화하며 놀랄 만큼 일본적인 행위 양식을 보이는데요, 이들은 아마도 일본인들이 투사하고 있는 스스로의 모습인 듯합니다.

요약하자면, 탈아입구로 대표되는 일본인들의 인식은 아시아는 미개하고 유럽은 우월하며 자신들은 아시아보다는 유럽에 가깝다는 것입니다. 이러한 인식이 엉뚱하게 불거진 사건이 있었는데요,《중국이 세계를 지배하면》의 저자 마틴 자크에 따르면 일본은 1999년 실제로 EU에 가입하겠다는 제안을 한 적이 있답니다.

물론 일본 정부가 EU에 공식적으로 요청한 건 아니고 한 회의에서 나온 얘기인 것 같긴 하지만 귀를 의심케 만드는 주장이 아닐 수 없습니다. 하마터면 EUEuropean Union의 의미가 뭔지 사전을 찾아볼 뻔했지 뭡니까. 일본은 실제로 자신들이 유럽이라고 생각하는 걸까요?

일본이 탈아입구를 기치로 근대화에 힘쓰던 19세기 후반에서 1세기하고도 반이나 시간이 흘렀지만 당시에 만들었던 아시아와 일본 사이의 벽은 지금도 뚜렷한 것 같습니다. 자신들이 한때 발아래 두었던 한국이며 중국이 그동안 어떤 변화를 거쳐 어떤 위상이 되었는지 굳이 눈을 돌리려 하지 않는달까요?

이러한 일본의 태도는 저어기 현실이 있는데 애써 그쪽은 보지 않고 자신들이 상상한 내용을 사실이라고 믿는 누군가를 보는 듯합니다. 그러고 보니 일본에는 이와 비슷한 방식의 문화가 또 존재합니다.

그것은 바로 코스프레입니다. 코스프레란 코스튬+플레이의 일본식 약자로, 어떤 애니메이션이나 게임 또는 영화의 등장인물처럼 의상과 소품을 갖춰 입고 지정된 장소에 모여 사진도 찍고 노는 문화입니다. 코스프레라는 용어에서도 알 수 있듯이 이 문화가 일본에서 발원했다는 것은 자타가 공인하는 일입니다.

현실에서는 그토록 명확하게 자신의 영역과 역할을 구분 짓는 일본인들이 의외로 현실과 상상의 벽을 넘나드는 이러한 문화를 만들어 냈다는 것이 놀랍기도 하고 한편으로는 재미있기도 합니다.

물론 코스프레는 우리나라에서도 좋아하는 사람들은 좋아하지만 일본처럼 1년에 4000~5000건의 행사가 열리지는 않죠. 코스프레를 통해 충족되는 일본인들의 욕망에 주목할 필요가 있습니다. 심리학자 히라마쓰 류엔은 사람들이 코스프레를 통해 일상의 자신으로부터 해방감을 맛본다고 분석합니다.

일본은 지켜야 할 일상의 규범이 많은 사회입니다. 개개인역시 자신에게 주어진 역할과 사회의 시선이 부담스러울 만도 합니다. 물론 이런 점은 한국도 마찬가지입니다. 사회의 구성원으로 제대로 살아가려면 지켜야 할 규칙도 많고 해야 할 일도 많은 것은 어느 사회에서나 보편적일 테지요.

다른 점은 그러한 스트레스에 대처하는 방식입니다. 일본인들은 평소의 자신이 아닌 다른 기분을 맛보고자 코스프레라는 문화를 만들었다는 것이죠. 그러나 짚고 넘어가야 할 부분이 있습니다. 코스프레로 변신한 나는 현실의 내가 아니라는 점입니다. 코스프레는 다들 그러기로 약속한 곳에서 잠시 내가 아닌 척하는 행위입니다.

그것은 현실을 직면하지 않으려는 욕구에서 비롯되었을 수 있습니다. 코스프레 하는 사람들은 자신이 상상한 세계 속의 그 인물로 현실에 모습을 드러내지만 그것은 실제로 존재하는 것이 아니기 때문입니다. 행사장을 조금만 벗어나도 미쳤다는 소리를 듣기 십상이죠.

더 큰 문제는 현실의 자신입니다. 현실을 회피하는 것으로는 현실의 문제들을 해결할 수 없습니다. 현실의 사람들과 제대로 된 관계를 맺기 어려운 것은 물론입니다. 이들에게 필요한 것은 상상 속에서 나와 현실과 마주하는 것입니다. 코스프레 하는 개개인들이 이렇다는 게 아니라 현실을 회피하려는 시도들이 미칠 수 있는 영향에 대해 말씀드린다는 점 다시 한번 강조합니다.

코스프레를 하면서 환상 속의 주인공이 된 나를 느끼듯이 탈아입구라는 허황된 구호를 통해 자신들은 아시아가 아닌 유럽이라는 환상에 빠져 있는 일본인들이 있습니다. 심지어 국가의 운영에 중요한 영향을 미치는 지위에 있는 사람들이죠.

그들은 자신들의 상상 속에서 유럽인이 되고 한국, 중국 등 여전히 미개하고 상종 못 할 족속들 사이에서 달콤한 우월감을 느끼려는 것 같습니다. 19세기 말의 유럽 열강들이 그랬던 것처럼 미개한 이웃들을 눈 아래로 깔아 보며 자신들의 말에 따를 것을 요구합니다.

하지만 그것은 현실이 아닙니다. 혼자만의 상상 속에서 나와 세상을 바로 보고 문제가 있으면 문제를 해결하고 관계가 틀어진 이웃이 있다면 관계를 개선할 현실적인 노력을 보여 주는 자세가 이들에게 필요한 것은 아닐까 합니다.

과거에 대한 반성은커녕 피해자라도 된 양 피해자 코스프레를 하는 것도 현실을 마주하기 싫은 일본인들의 심리가 반영된 현상은 아닐까요.

포켓몬스터로 본
일본의 친구 개념

포켓몬스터는 최근 가장 큰 인기를 모았던 일본의 문화콘텐츠입니다. 주머니(포켓)에서 꺼낸 공 모양 캡슐(몬스터볼)에서 각양각색의 몬스터들이 나오는 이 애니메이션은 1997년 첫 방송된 이후 세계적인 문화 현상으로 자리매김하고 있습니다.

우리나라에서도 애니메이션의 인기는 물론, 마트 장난감 코너에 수년째 포켓몬스터 구역이 확고하게 자리 잡고 아이들의 시선을 끌어모으고 있습니다. 수년 전에는 포켓몬고라는 증강현실 모바일 게임이 어른 아이 할 것 없이 세계적으로 선풍적인 인기를 끌었었죠.

포켓몬들이 나오는 스폿에는 수많은 사람이 모여서 핸드폰을 들이대는 진풍경이 벌어졌었고 포켓몬을 잡다가 어디 걸려 넘어지거나 부딪치는 사고도 많았던 것으로 기억합니다. 당시 다섯 살이었던 저희 둘째가 포켓몬 잡겠다고 바다로 뛰어드는 거 말리느라 진땀을 뺐던 기억이 생생하군요.

지금 이 글을 쓰는 오늘도 저희 집에는 이상해씨, 꼬부기, 이브이 등 포켓몬 인형들과 포켓볼들이 굴러다니고 있는 상태고요. 아직도 잊을 만하면 어느 녀석이 500원에 몇 장 들어 있는 포켓몬 카드를 사 오는 중입니다.

저는 이제 애니메이션은 물론 피규어, 인형, 게임 등 관련 상품의 판매 수익만으로도 독보적인 세계 1위를 달리고 있는 이 희대의 문화콘텐츠를 통해 일본인들의 친구에 대한 생각들을 살펴보고자 합니다.

포켓몬스터의 이야기 구조는 간단합니다. 주인공이 여러 곳에 서식하고 있는 몬스터들을 수집하여 몬스터볼에 넣고 다니다가 적(?)을 만나면 자신의 몬스터를 내보내서 싸우게 하는 것이죠.

아동청소년용 애니메이션답게 밝고 아기자기한 그림체에 귀엽고 깜찍한 캐릭터들이 등장합니다만, 포켓몬스터의 내용은 적을 무찌르면 더 강한 적이 나오고, 더 강한 적을 무찌르기 위해 더 강함을 추구하는 전형적인 일본식 스토리 라인을 따르고 있습니다.

여기에 추가된 것이 바로 포켓몬들입니다. 포켓몬스터에서는 주인공이 직접 싸우는 것이 아니라 주인공이 수집한 포켓몬스터들이 대신 싸우는 형태를 보입니다. 몬스터들은 포켓몬스터의 세계 여기저기에서 살고 있는 존재들입니다.

잉어킹처럼 별 볼일 없기로 유명한 몬스터부터 아르세우스처럼 창조주 급의 몬스터까지 다양한 포켓몬들이 있는데요, 포켓몬들은 자유롭게 살아가다가 하루아침에 포획당하여 몬스터볼에 갇히는 신세가 됩니다. 그리고 이들과 소유주의 관계는 친구로 규정되죠.

뭐 좀 어렵게 잡히는 놈들도 없진 않지만 걔들도 일단 몬스터볼 안에 들어간 다음부터는 주인의 명령을 거스르는 경우는 없습니다. 아무 때나 몬스터볼을 꺼내 던지면 나와서 처음 만나는 적과 싸우고, 싸우다가 힘이 약해 쓰러져도 결코 물러나는 법이 없습니다. 싸움에 지면 주인은 잠시 안쓰러워하다가 "더 강해지자!" 등의 말로 포켓몬을 독려합니다.

이런 관계를 '친구'라고 할 수 있을까요? 놀랍게도 포켓몬스터에서는 이 관계에 대한 더 이상의 고민은 나타나지 않습니다. 언제나 가까이 (주머니 속에) 있고 내가 원할 때 나와서 내 일을 대신 해 주는 것이 포켓몬들이 하는 일의 전부입니다.

조금 단순화시킨 면이 없지 않지만 이러한 '친구 관계'는 다른 일본 문화콘텐츠에서도 발견할 수 있습니다. 해적왕 루피의 이야기 〈원피스〉에서 루피는 세계의 여러 곳을 돌아다니며 친구들을 모으죠.

이들은 나름 구구절절한 각자의 사연을 갖고 있지만 "너, 내 친구가 돼라"라는 일방적인 루피의 요구에 결국 친구가 되고, 그때부터는 하늘이 두쪽 나도 변치 않는 우정을 보여 줍니다. 물론 친구들을 진심으로 이해해 주는 루피라는 캐릭터의 힘도 무시할 수는 없겠습니다만, 일본 콘텐츠에서 친구들과의 갈등이나 반목, 배신 등은 좀처럼 보기 힘든 요소입니다.

친구들은 친구가 위험에 처하면 자신의 목숨을 돌보지 않고 친구를 구합니다. 평상시에도 늘 즐겁게 웃고 서로에게 좋은 이야기를 해 주죠. 약간의 다툼이나 갈등이 있을라치면 누군가가 나타나 원론적이고 아름다운 표현으로 우정의 소중함을 설파합니다.

특히 파워레인저 유의 전대물에서 흔하게 볼 수 있는 일본의 이러한 친구 개념을 '나카마仲間' 의식이라고 하는데요, 나카마는 일본인들을 이해하기 위한 중요한 개념 중 하나입니다.

문화인류학자 요네야마 도시나오에 따르면, 나카마는 일종의 직업적 공동체, 혹은 패거리를 뜻하며 나카마 의식이란 그들이 갖는 동료 의식을 말합니다. 나카마는 나카마 의식을 통해 집단을 결속하고 집단의 이익을 공유하며, 타 집단에 대해서는 배타적인 성격을 갖게 됩니다.

나카마에는 나카마를 유지하기 위한 규칙들이 존재하며 이를 위반하거나 집단에 비협조적인 이들에게는 가차 없는 응징이 이루어집니다. 야쿠자 영화 같은 데서 많이 볼 수 있는 장면들이죠.

나카마는 일본인들에게 심리적 안정감을 제공해 주는 기본적인 집단입니다. 나와 비슷한 사회적 지위와 역할을 하는 이들로 구성된 나카마의 존재는 일상적으로 역할 갈등을 겪는 일본인들의 자아에 버팀목이 되어 줍니다.

따라서 일본인들은 나카마의 규범에서 벗어나거나 나카마의 눈 밖에 나는 일을 극도로 피하게 됩니다. 나카마 안에서는 늘 화기애애하고 서로를 위하는 모습을 보여야 하는 것이죠. 역할 갈등을 겪는 청소년들이 또래 집단의 규범에서 벗어나지 않으려하는 것과 유사한 현상이라고 볼 수 있겠습니다.

한편, 이러한 나카마 의식의 폐해를 지적하는 학자들도 있습니다. 사회학자 도이 다카요시는 일본의 젊은 세대는 소위 '친구 지옥'에 빠져 있다고 말합니다. 친구, 즉 나카마로부터 따돌림을 당할지 모른다는 두려움 때문에 겉으로 보여지는 좋은 관계를 유지하는 데 에너지를 쏟게 되고, 결국 그것이 그들의 삶을 피폐하게 만들고 있다는 것입니다.

사회학자 미야다이 신지는 일본의 젊은 세대가 '섬 우주'에 살고 있다는 표현을 씁니다. 자신과 중요한 관계에 있는 나카마에게 과도하게 몰두하면서 다른 집단들과는 단절된, 자신들만의 세계를 구축한다는 것입니다. 타인과의 단절, 그리고 집단 안에서 발생할 수 있는 갈등의 회피가 나카마로 이루어지는 일본식 친구 관계의 문제입니다.

한국에서도 친구와의 우정은 대단히 소중하게 그려집니다. 친구는 언제나 내 편이 되어 주고 곁에 있어 준다는 생각만으로도 마음이 든든해지는 존재입니다. 그러나 한국의 문화콘텐츠에 등장하는 친구들은 이상적이고 바람직한 언행만 주고받지는 않습니다.

〈친구〉〈써니〉, 〈응답하라〉 시리즈 등에서 볼 수 있는 친구들은 끊임없이 싸우고 화해하고를 반복합니다. 사이가 좋을 때도 있지만 사소한 오해나 주도권 싸움, 이성을 사이에 둔 삼각관계 등 이런저런 갈등이 계속해서 나타나죠.

한국인들에게 우정이란 그런 오해와 반목, 갈등과 질투 속에서 단단해져 가는 관계를 의미합니다. 친구이기 때문에 사이좋게만 지내야 한다는 생각은 유아들이 주로 보는 〈뽀로로〉에서도 찾아보기 힘듭니다.

다음은 〈뽀로로〉 주제가 가사 중 일부인데요, 아시는 분은 따라 부르셔도 좋습니다.

생긴 건 다르고 성격이 달라도 우리들은 친구죠
때로는 다투고 때로는 토라져도
언제나 돕고 언제나 이해하는 우리들은 친구죠, 사이좋은 친구죠

조금 큰 아이들이 보는 〈안녕, 자두야〉나 〈검정 고무신〉만 봐도 친구들 사이의 꽤 심각한 갈등들이 묘사됩니다. 때로는 모질고 심한 말로 친구들에게 상처를 주기도 하고 대놓고 치고받다가 쌍코피가 터지기도 합니다. 때로는 그러한 갈등의 정도나 묘사가 꽤 심해서 '교육상 좋지 않다'는 부모님들도 계실 정도죠.

우리에게 친구는 그런 겁니다. 재수 없을 때도 있고 기분 나

쁘게 굴 때도 있죠. 오해일 수도 있고 성격 때문일 수도 있습니다. 하지만 친구와는 오해는 풀고 잘못은 사과하고, 잘 모르겠으면 혼나고 배워 가면서 지내는 겁니다. 그래도 풀리지 않는 것들은 술 한잔 하면서(어른이 되고 나서), 그래도 안 되겠으면 주먹을 주고받고서라도 해결하면서 사는 거죠.

친구에 대한 이러한 생각의 차이는 우선적으로 나카마와 친구의 개념 차이에서 비롯된다고 볼 수 있습니다. 일본의 나카마는 직업 및 계층 공동체에서 비롯된 개념인지라 다소 공적인 성격이 강하고 나카마 내에서의 의무 등이 강조된다면, 한국의 친구는 '오래 사귀어 친한 사람'이라는 어원에서 드러나듯이 역사성이 두드러집니다.

그리고 그 역사 속에는 수많은 오해와 반목, 갈등과 화해의 기억들이 함께하는 것이죠. 그 모든 과정을 함께한 사이가 친구이니만큼 친구끼리는 서로 과하게 예의를 차리거나 입에 발린 말을 할 필요가 없습니다. '허물없다'는 말은 친구 사이에 가장 잘 어울리는 표현입니다. 한국인들에게 친구는 긴장되고 피곤한 일상에서 마음 놓고 쉴 수 있는 존재를 의미합니다.

《친구 지옥》의 저자 도이 다카요시는 나카마 내에서의 원만한 관계만 추구하는 일본의 젊은이들에게 필요한 것은 직면의 용기라고 말합니다. 갈등을 회피하고 누군가의 고통과 상처를 외면하는 것으로는 타인과의 진정한 관계는 불가능합니다. 인간에게 타인과의 관계 없이 이루어지는 삶이란 있을 수 없으니 말입니다.

과거의 역사를 외면하고 자신들이 일방적으로 정해 놓은 기준을 지킬 것을 요구하는 일본의 한국에 대한 태도는 어쩌면 일본의 뿌리 깊은 나카마에 대한 생각에서 비롯된 것일지 모릅니다. 그러나 한국은 몬스터볼 안에 조용히 있다가 일본이 "너로 정했다!" 하고 던지면 아무 때나 튀어나와 원하는 대로 움직여 주는 '칸코쿠몬(한국몬)'이 아닙니다.

오랜 시간, 많은 일을 함께 겪어 온 두 나라가 진정한 친구가 되려면 먼저 일본이 다른 나라 사람들은 친구를 무엇이라 생각하는지 이해할 필요가 있어 보입니다.

문화 연구에 무의식이 중요한 이유

문화와 문화에서 비롯된 인간의 행동을 연구하는 데 무의식은 대단히 중요한 주제입니다. 인간의 행동은 의식 수준에서만 일어나지는 않기 때문이지요. 물론 어떤 행동을 한 사람에게 그 이유를 물어보면 뭔가 대답은 나오겠지만 그게 꼭 진실은 아닐 수 있다는 말씀입니다.

문화에는 겉으로 드러나는 현시적 기능과 그 문화의 구성원들조차 인식하기 어려운 잠재적 기능이 있습니다. 예를 들자면, 기우제의 현시적 기능은 '비를 내리게 하기 위해서'이지만 잠재적 기능은 '불안의 감소와 집단 결속력의 강화'입니다.

대부분의 문화 현상에 대한 사람들의 대답은 현시적 이유이기 쉽습니다. 사람들은 왠지 모르지만 예전부터 해 오던 일들을 하면서 살아가기 때문이죠. 문화의 잠재적 기능은 오랜 시간 동안 사람들이 부여한 의미와 절차에 의해 묻혀 버리고 말았습니다.

따라서 문화적 현상의 진정한 의미를 이해하기 위해서는 자기보고식 설문지나 인터뷰 이상의 방법이 필요합니다. 겉으로 드러나지 않은 행동의 이유에 대한 심리학 이론은 지그문트 프로이트의 정신역동이론이 가장 대표적입니다. 무의식의 존재와 무의식이 생성되는 이유, 그리고 그것이 인간의 행동에 미치는 영향에 대한 이론이죠.

하지만 정신역동이론과 무의식은 심리학에서 철저히 따돌림을 당해 왔습니다. 주로 '비과학적이다'라는 이유 때문이었죠. 존재하는지 아닌지 당사자조차 알 수 없는 무의식이라는 주제는 과학적인 방법으로 연구하기가 불가능합니다. 물론 무의식이 생성되는 이유와 무의식이 인간 행동에 미친 영향도 과학적으로는 검증할 수 없죠.

그래서 오랜 시간 동안 무의식은 심리학의 연구 영역 밖에 소외돼 있었습니다. 정신역동이론과 무의식에 근거한 프로이트나 에릭슨의 발달이론이 대부분의 심리학 개론서에서 중요한 비중을 차지하고 있는 것이 오히려 아이러니한 일입니다.

그러나 문화심리학이 부상하면서 심리학의 지나친 실험 중심 패러다임에 이의를 제기하고, 실험을 통한 설명explanation만이 마음에 대한 유일한 접근법이 아니라 현상에 대한 해석interpretation이 대안으로 제시되면서 무의식은 문화 연구에 또 하나의 중요한 주제로 떠오릅니다.

이제부터 제가 참조하고 있는 문화심리학의 무의식 이론들이 어디서 왔는지 소개해 드리려고 합니다. 제가 쓴 글들의 주장에 뿌리가 있음을 확인시켜 드리려는 의도와 앞으로 문화심리학의 영역이 더 넓어지길 바라는 마음이 함께합니다.

프로이트의 정신역동이론으로부터 무의식에 대한 이론이 시작되었다고 볼 수 있지만, 인간의 심리에 영향을 미치는 무의식적 유산이 있음을 지적한 사람은 심리학의 아버지로 불리는 빌헬름 분트입니다. 심리학 실험실을 만들었다는 이유로 과학적 심리학의 아버지가 되신 양반이지만, 한편으로 《민족심리학》이라는 역작을 남기기도 했죠.

분트의 민족심리학은 실험으로 밝힐 수 없는 인간의 고등 정신과정을 이해하기 위해서는 그들이 살아온 역사와 문화를 알아야 한다는 주장입니다. 문화는 어떤 사람들이 오랫동안 살아오면서 만들어 놓은 맥락context으로, 그 맥락 안에서의 인간행동을 이해하고자 한다면 그들이 공유해 온 역사와 신화, 전설, 민담 등의 문화적 유산을 이해하는 것이 반드시 필요하다는 것이죠.

분트의 이러한 생각은 카를 융에게 직접적으로 이어집니다. 성적 욕구를 중심으로 하는 개인적 무의식을 강조한 프로이트에 비해, 융은 집단에서 공유되는 '집단무의식'을 강조합니다. 집단무의식을 형성하는 것은 분트가 《민족심리학》에서 언급한 신화, 전설, 민담 등이죠.

융의 집단무의식은 아득한 선조 때부터 이어져 온 지식들과 감정들입니다. 이런 집단무의식은 꿈이나 오래된 상징을 통해 알 수 있는데 그러한 이미지나 상징을 원형archetype이라고 하죠. 융은 이 외에도 이성이나 의식에 대비되는 그림자shadow, 남성의 무의식적 여성성anima, 여성의 무의식적 남성성animus 등의 개념을 창안하여 인간의 마음을 깊이 있게 탐구할 수 있는 틀을 제공했습니다.

집단으로서 군중의 행동에 대한 연구는 귀스타브 르봉으로부터 시작되었습니다. 프랑스 대혁명 이후의 혼란기를 대상으로 군중의 동기에 대한 《군중심리학》을 남겼죠. 군중을 이해하기 위해서는 군중의 욕구, 특히 무의식적 욕구를 이해하는 것이 중요하다는 것입니다.

르봉의 입장은 현대의 모스코비치로 이어집니다. 루마니아 출신의 프랑스 사회심리학자인 모스코비치는 실험 위주인 현대사회심리학에 정신역동이론, 인류학, 사회학적 관점을 도입해 인간의 사회적 행동에 대한 폭넓은 설명을 시도했습니다.

특히 모스코비치의 사회적표상이론social representation theory은 제가 문화 연구의 주된 방법론으로 차용하고 있는 이론입니다. 사람들에게 공유된 이미지, 행위 양식, 사고방식 등을 사회적 표상이라고 하는데, 다양한 자료를 통해 사회적 표상들을 추출하여 그 이면의 심리를 분석하는 방법이라고 할 수 있죠.

잘 모르는 사람들은 무의식과 정신역동이론이 비과학적이라고 비판하지만 그것은 그야말로 잘 몰라서 하는 얘기들입니다. 정신역동이론이 주로 비판을 받는 부분은 검증이 불가능하다는 점인데, 이론의 타당성과 검증 가능성은 별개의 문제입니다.

실험을 통해 인과관계에 대한 실증적인 증거를 제시할 수는 없지만 현상에 대한 의미 있는 해석은 얼마든지 가능하다는 것입니다. 그리고 실증과학과 해석과학은 누가 더 우월하고 열등한 것이 아니라 복잡다단한 인간의 행위를 설명하기 위해 반드시 둘 다 필요한 것이죠.

정신역동이론은 핵심만 말하자면, 욕망에 대한 것입니다. 인간은 욕망을 가진 존재고, 그 욕망을 충족하기 위해 살아갑니다. 현실에서 충족될 수 없는 욕망은 무의식으로 억압되고, 억압된 욕망은 자신도 모르는 사이에 스스로를 움직이는 원인이 되죠.

문화는 욕구와 욕구 충족의 체계입니다. 인류학자 말리노프스키의 주장이자, 문화심리학자로서 제가 채택하고 있는 문화에 대한 정의입니다. 말리노프스키는 트로브리안드 군도에서의 관찰을 통해 오이디푸스 콤플렉스가 사회화 과정에서 나타나는 훈육자에 대한 태도와 관련 있음을 밝힌 바 있지요. 말리노프스키의 심리기능주의는 심리인류학으로 이어져 문화심리학의 한 축이 됩니다.

마음이 바쁘신 분들을 위해 세 줄 요약 들어갑니다.

1. 무의식은 인간의 욕구 충족 과정에서 나타난다.
2. 문화는 욕구 충족의 체계다.
3. 따라서 문화적 현상 중에는 무의식과 관련된 것도 있다(많다).

종의 나라 vs 칼의 나라

지금까지 여러 문화 현상을 가지고 한국과 일본, 두 나라 사람들의 심리를 구성해 보았는데요, 이를 어떻게 요약할 수 있을까요.

인류학자 루스 베네딕트는 일찌기 일본의 문화를 '국화와 칼'이라는 두 단어로 축약한 바 있습니다. 이를 두고 많은 사람들이 일본은 '앞에서는 국화를 내밀지만 뒤로는 칼을 숨기고 있다' 쯤으로 받아들이고 있는데 이러한 해석은 대단히 피상적인 이해입니다.

물론 양면성은 일본 문화의 중요한 특질입니다. 하지만 '국화와 칼'의 상징성은 거기서 그치지 않습니다. '과학자'들은 상징과 같은 해석 체계를 우습게 여기는 경향이 있는데 그 또한 대단히 우스운 일입니다. 과학자 자신들도 자신의 연구 결과를 끊임없이 해석하는데 거기에는 본인의 주관과 관점, 지식들이 반영될수밖에 없다는 것을 스스로 깨닫지 못하고 있다는 뜻이죠.

문화심리의 가장 기본적 토대가 되는 것은 해당 문화 속 사람들의 인식론, 즉 '앎'에 대한 이해일 것입니다. 인식론epistemology이란 '안다는 것은 무엇인가' '어떻게 알 수 있는가' '알고 난 다음에는 무엇을 해야 하는가' 등의 질문에 답하는 철학의 한 분야입니다.

'앎'을 어떻게 규정하느냐는 매우 중요한 문제입니다. 앎에 대한 인식에서부터 해당 문화 사람들의 세상에 대한 인식, 즉 세계관이 나오기 때문입니다. 세계관에서는 사람에 대한 이해인 인간관이, 인간관에서는 나에 대한 생각인 자기관과 대인 관계에 대한 생각, 그에 따른 행위 양식들이 차례로 파생됩니다. 따라서 앎에 대한 생각, 인식론이 마음 이해의 가장 중요한 부분이라는 겁니다.

3부 말미에서 말씀드렸듯이 일본인들의 안다는 것에 대한 생각은 와카루分かる라는 단어에서 짐작할 수 있습니다. 나눌 분分

이 들어가 있지요. 일본인들에게 안다는 것은 무언가를 '나누는' 일과 밀접한 관계가 있다는 뜻입니다.

이 외에도 일본어에는 칼 도刀나 칼 검劍, 칼로 벤다는 뜻의 절切이나 참斬 자가 들어가는 표현이 대단히 많습니다. 몇 개만 예로 들면 옆에서 돕는 것, 또는 조력자를 '스케다치助太刀'라 하는데 큰 칼太刀로 도와준다는 뜻이고, '우라기리裏切り'의 뜻은 배신으로 뒤에서 칼로 찌른다는 의미입니다.

딱 떨어지는 산뜻한 기분 또는 뛰어난 솜씨를 '기레아지切味 (베는 맛)'라고 하거나 원고 같은 것의 마감을 죄어서 자른다는 뜻의 '시메키리締切り'라고 하는 등 저는 일본어 전공이 아니라 잘 모르지만 엄청 많다고 합니다. 우리도 많이 쓰는 진검眞劍승부 같은 말도 일본 문화에서 온 표현이죠.

이렇듯 일본인들은 칼로 찌르고 자르고 벰으로써 자신을 이해하고 관계를 맺고 세계를 구축합니다. 칼은 뭔가를 자르고 베고 나눔으로써 내가 그것을 알 수 있도록 해 주는 '인식의 도구'인 것입니다.

칼이 지닌 또 하나의 의미는 '강함'의 상징입니다. 일본 문화에서 강함이 갖는 의미를 여러 차례 말씀드렸는데요, 자신에게 주어진 역할과 의무를 다하기 위해서, 또 내가 가진 소중한 것들을 지키기 위해서 일본인들은 강해야 할 필요가 있습니다. 그러나 맨 몸의 일본인들은 몇 가지 심리적 취약성을 가지고 있습니다.

일본 문화의 특성 때문에 일본인들은 어느 정도의 시기까지 인생의 베이스캠프 역할을 해 주어야 할 부모와의 관계나 유아기 경험에서 비롯되는 자존감, 삶에서 경험하는 여러 부정적 감정들을 관리해야 할 능력 등에서 문제를 보이게 되는 것 같습니다.

칼은 이러한 취약성을 극복하고 나를 강하게 만들어 줍니다. 아무리 왜소하고 힘이 약해도 칼을 들면 얘기가 달라지죠. 칼 든 사람을 무시할 이는 아무도 없을 겁니다. 부족한 자존감을 채워 주고 다른 사람들 앞에서 다이죠부大丈夫 할 수 있게 만들어 주는 것. 이것이 일본이 '칼의 문화'인 두 번째 이유입니다.

나아가 칼을 든 사람은 무사, 즉 사무라이입니다. 사무라이 는 명예를 중시하고 주군의 명령에 따르는 이들이죠. 매사에 전쟁에 나가는 무사의 마음으로 임하고 명예를 지키지 못했을 때 한없이 수치스러워하는, 그래서 수치스러울 일을 만들지 않기 위해 때로는 책임질 일을 회피하기까지 하는 일본인들의 행위 양식이 여기에서 비롯됩니다.

칼이 수행해 온 이러한 여러 측면의 기능 때문에, 오랜 역사 동안 대다수의 일본인들이 사무라이가 아니었음에도 불구하고,

칼은 일본 문화를 가장 본질적으로 상징하는 대상이 될 수 있는 것입니다.

한국도 칼이 있습니다. 하지만 한국은 칼의 문화가 아니죠. 흔히 일본을 칼을 든 사무라이의 문화로, 한국을 붓을 든 선비의 문화로 요약합니다. 사무라이와 선비는 두 나라의 지배계급이었고 그들이 사용하는 주된 도구인 칼과 붓은 정확히 같은 비교 차원의 대상인 만큼 이러한 비유도 상당 부분 타당합니다.

칼을 든 일본의 사무라이처럼 조선의 선비들은 붓으로 자신을 규정하고 자신이 살아갈 세상을 정의했습니다. 때로는 한없이 부드러운 붓으로 칼보다 더한 피바람을 불러일으키기도 했죠. 펜(붓)은 칼보다 강하다는 말이 괜히 있는 게 아닐 겁니다.

붓이 연필로, 연필이 볼펜으로, 볼펜이 키보드로 바뀐 현재, 선비들의 후예인 한국인들이 오늘도 키보드 배틀에 여념이 없는 걸 보면, 붓이 한국을 상징하는 것도 꽤 괜찮아 보입니다.

그러나 저는 한국 문화를 가장 잘 나타내 주는 상징물로 '종'을 들고 싶습니다. 《축소 지향의 일본인》에서 이어령 선생님도 비슷한 말씀을 하신 적이 있는데요, 일본인들이 쇠로 세상에서 가장 날카로운 칼을 만들었다면 한국인들은 세상에서 가장 멀리까지 가는 소리를 내는 종을 만들었다는 것이죠.

이 차이는 무엇일까요.

종은 불교의 사물四物 중 하나입니다. 좀 규모 있는 절에 가면 법고法鼓, 운판雲版, 목어木魚, 범종梵鍾을 다 볼 수 있습니다. 법고는 땅에 사는 네발짐승들을, 목어는 물에 사는 생물들을, 운판은 하늘에 사는 날짐승들을 구원하기 위해 울리는 것입니다. 범종은 사물 중 으뜸으로 인간을 포함한 모든 중생을 깨우치기 위한 소리를 내는 것인데요, 특히 범종의 소리는 지옥에서 고통받는 이들에게까지 닿는다고 하죠.

이 종은 불교가 전파된 나라들에서 보편적으로 발견됩니다만 한국의 종은 그중에서도 독보적인 위치를 점하고 있습니다. 그 크기나 주조 기술, 조형미 등 여타 문화의 종들과 비교하여 가장 뛰어나다고 평가받고 있습니다. 가장 두드러지는 점은 소리입니다.

가장 크고 가장 멀리 가는 한국 종소리의 비밀은 '맥놀이 현상'이라 하여 서로 다른 두 개의 주파수가 맞물리면서 발생하는 현상인데요, 그 결과 종소리가 커졌다 작아졌다를 반복하며 마치 물결치듯 멀리까지 전달될 수 있는 것입니다.

세상에서 가장 날카로워 모든 것을 베는 일본의 칼과 세상에서 가장 멀리까지 가서 세상 모든 만물을 아우르는 한국의 종소리. 여기가 두 나라 문화의 가장 본질적인 차이가 드러나는 부분입니다.

위에서 말씀드린 것처럼, 칼은 일본인들의 인식 도구이자 자신을 완전하게 해 주는 도구입니다. 저는 한국의 종도 칼과 정확히 같은 역할을 한다고 생각합니다.

종소리는 세상 만물을 아우르는 속성을 가지고 있습니다. 이 '아우르다'는 말이 '알다'가 되었으리라는 것이 제 견해입니다. 무엇인가를 안다는 것은 곧 그것을 내 인식의 범위 안으로 아우른다는 의미와 통하기 때문입니다.

'깨닫다' 역시 '깨서 아우르다'로 이해할 수 있습니다. 기존 인식의 틀을 깨고 새롭게 아울렀다는 것이죠. 사실 이런 추정은 과학적으로 증명할 수 없는 성격의 일입니다. 그러나 제가 이런 주장을 하는 이유는 이 '아우른다'는 행위가 한국인의 심성에 매우 밀접하게 닿아 있기 때문입니다.

한국인들은 타인에게 영향력을 미치는 주체적 존재(주체성 자기)로서 자신을 규정합니다. 이는 한국 문화의 몇 가지 특성들, 요약하자면 관대한 양육 태도와 거기서 비롯된 자기애적 성향과 비현실적일 정도로 높은 자기 가치감 등과 관련 있을 것으로 추정됩니다.

한국인들의 성격을 한 마디로 요약하자면, '인플루언서' 즉 남에게 영향을 미치는 사람입니다. 한국인들은 누가 나를 무시하면 자존심이 상하고 내 마음을 몰라주면 화병이 납니다. 현실의 내 모습이 내가 생각하는 모습과 차이가 날 때 굉장한 불편감을 느끼고 그 차이를 메우려고 무섭게 노력하기도 하지만, 안 되겠다 싶으면 허세로라도 자신의 영향력을 과장하죠. 한국에 목소리 큰 사람이 많다는 것도 같은 맥락이 아닐까 싶습니다.

목소리가 큰 사람들과 크고 멀리까지 가는 소리를 내는 종. 따라서 종이야말로 모든 것을 자신의 세계 안에 아우르고 싶어 하고 자신의 영향력이 주위에 널리 퍼지기를 원하는 한국인들을 가장 잘 나타내 주는 상징일 수 있는 것입니다.

그렇다면 한국인들은 과연 언제부터 이런 사람들이었을까요? 최근의 학자들은 한국인들이 자기주장이 강하고 과시성 소비 등 자기현시적인 행동을 하는 이유로 경제 수준의 향상과 개인주의의 발달 등을 꼽고 있는데 제 생각은 좀 다릅니다.

일단 세계에서 가장 큰 종(성덕대왕 신종)을 만든 시기가 최소 통일신라 시대고, 이미 단군신화에 '널리 인간을 이롭게 한다弘益人間'는 말이 나오는 걸 보면 우리가 이런 건 생각보다 훨씬 오래 전부터였을 수 있다는 생각이 드는군요.